城市轨道交通信号基础

主 编：谭丽娜 李晓红
副主编：南 洋 王 珂
参 编：高 帅 白 冰 姜 悦 李 巍

北京理工大学出版社
BEIJING INSTITUTE OF TECHNOLOGY PRESS

内 容 提 要

本书依据城市轨道交通信号系统的基本构成要素,从作者多年的教学实践出发,结合城市轨道交通企业员工理论实践培训的基本内容,较全面地叙述了城市轨道交通信号设备的基本组成与基本原理,并辅以相关实践教学内容。全书共分城市轨道交通信号系统概述、信号基础设备、联锁系统、区间闭塞技术、列车自动控制系统、列车定位与车-地通信技术6章。

本书可作为高等职业教育城市轨道交通专业的专业基础性课程教材以及城市轨道交通相关专业的教学参考书使用,还可以作为城市轨道交通企业的职业培训教材,同时也可供从事城市轨道交通运营的专业技术人员参考。

版权专有　侵权必究

图书在版编目（CIP）数据

城市轨道交通信号基础/谭丽娜,李晓红主编.—北京:北京理工大学出版社,2018.8（2021.8重印）

ISBN 978-7-5682-6083-1

Ⅰ.①城…　Ⅱ.①谭…②李…　Ⅲ.①城市铁路-交通信号-高等学校-教材　Ⅳ.①U239.5

中国版本图书馆CIP数据核字（2018）第184878号

出版发行 / 北京理工大学出版社有限责任公司	
社　　址 / 北京市海淀区中关村南大街5号	
邮　　编 / 100081	
电　　话 /（010）68914775（总编室）	
（010）82562903（教材售后服务热线）	
（010）68948351（其他图书服务热线）	
网　　址 / http://www.bitpress.com.cn	
经　　销 / 全国各地新华书店	
印　　刷 / 三河市天利华印刷装订有限公司	
开　　本 / 787毫米×1092毫米　1/16	责任编辑 / 王玲玲
印　　张 / 21	文案编辑 / 王玲玲
字　　数 / 492千字	责任校对 / 周瑞红
版　　次 / 2018年8月第1版　2021年8月第4次印刷	责任印制 / 李　洋
定　　价 / 54.00元	

图书出现印装质量问题,请拨打售后服务热线,本社负责调换

前　言

城市轨道交通是城市重要的基础设施。自 1956 年北京地下铁道筹建处成立，至今中国地铁已走过 62 年的发展历程。截至 2017 年 12 月 31 日，中国内地城市轨道交通运营总里程 4 712 km，运营城市 33 个，161 条线路。目前在建地铁线路长度 6 218 km，在建项目批复投资额累计 38 691 亿元。截至 2017 年年末，共有 62 个城市的城市轨道交通线网规划获批，规划线路总长 7 293 km，中国将成为世界最大的轨道交通市场。轨道交通的迅速发展，带动了对轨道交通人才的需求。目前轨道交通领域人才缺口非常大，尤其是在生产一线从事施工、维修养护、运营管理、监理等中、高级应用型人才。培养生产一线的高级应用型技能人才是高等职业教育的目标，为了满足城市轨道交通专业高等职业教育的需要，北京理工大学出版社组织有关学校和企业共同开发编写了这本教材。

本书对城市轨道交通信号系统进行了较全面、系统的叙述。内容包括城市轨道交通信号系统概述、信号基础设备、联锁系统、区间闭塞技术、列车自动控制系统、列车定位与车－地通信技术 6 章。本教材旨在体现职业知识与职业意识教育相结合，使教材具有职业教育的本位和特色，具有针对性和操作性，突出学生技术技能的培养，注重学生职业能力的提高，努力让学生通过学习做到"学以致用"。

本书编写分工为：吉林交通职业技术学院王珂编写第一章，长春职业技术学院谭丽娜编写第二章（第一节至第五节），长春职业技术学院白冰编写第二章（第六节和第七节），吉林交通职业技术学院李晓红编写第三章，长春职业技术学院李巍编写第四章，长春职业技术学院南洋编写第五章，吉林交通职业技术学院高帅、姜悦编写第六章。本书的编写得到了长春市轨道交通集团有限公司、吉林交通职业技术学院、长春职业技术学院等单位的大力支持，在此表示衷心的感谢。本书还引用了许多国内外专家、学者发表的有关城市轨道交通的相关资料和文献，在此谨向有关专家和部门致以诚挚的谢意。

鉴于编写人员的技术水平和实践经验的局限性，书中疏漏之处在所难免，敬请专家和读者提出宝贵意见，以便以后修正和完善。

目 录

第一章 城市轨道交通信号系统概述 ········· 1

第一节 城市轨道交通信号系统及其发展 ········· 2
1.1.1 城市轨道交通系统 ········· 3
1.1.2 城市轨道交通信号系统 ········· 3
1.1.3 城市轨道交通信号系统的发展及应用 ········· 6
1.1.4 我国城市轨道交通信号技术发展趋势 ········· 11
【思考与练习】 ········· 14
【技能训练】 ········· 14
    技能训练1 国外城市轨道交通信号技术发展过程认知 ········· 14
    技能训练2 国内城市轨道交通信号技术发展过程认知 ········· 15

第二节 城市轨道交通信号系统的组成及特点 ········· 15
1.2.1 城市轨道交通信号系统组成 ········· 16
1.2.2 城市轨道交通信号系统特点 ········· 22
1.2.3 城市轨道交通信号系统功能层次及实现 ········· 23
【思考与练习】 ········· 24
【技能训练】 ········· 24
    技能训练1 车辆段/停车场信号设备认知 ········· 24
    技能训练2 正线信号设备认知 ········· 25

第三节 城市轨道交通信号安全技术 ········· 26
1.3.1 故障—安全技术 ········· 27
1.3.2 现代信号系统安全技术的特点 ········· 28
1.3.3 降级模式 ········· 29
1.3.4 后备模式 ········· 31
【思考与练习】 ········· 33
【知识链接】 ········· 33
    地铁信号"故障—安全"原则应用举例 ········· 33

第二章 信号基础设备 ········· 35

第一节 信号继电器 ········· 36

  2.1.1 信号继电器的基本工作原理 ………………………………………………… 37
  2.1.2 信号继电器的分类 ……………………………………………………………… 38
  2.1.3 安全型继电器 …………………………………………………………………… 39
  2.1.4 交流二元继电器 ………………………………………………………………… 48
  2.1.5 信号继电器名称、定位规定及图形符号 ……………………………………… 49
  2.1.6 信号继电器的作用及基本电路 ………………………………………………… 52
  2.1.7 信号继电器的故障处理 ………………………………………………………… 53
【思考与练习】 …………………………………………………………………………… 54
【技能训练】 ……………………………………………………………………………… 54
  技能训练1　信号继电器电检修 …………………………………………………… 54
  技能训练2　信号继电器电气性能测试 …………………………………………… 55
  技能训练3　信号继电器电路制作 ………………………………………………… 57
第二节　信号机 …………………………………………………………………………… 58
  2.2.1 信号机的用途 …………………………………………………………………… 59
  2.2.2 信号的显示 ……………………………………………………………………… 59
  2.2.3 常用色灯信号机 ………………………………………………………………… 63
  2.2.4 信号点灯单元 …………………………………………………………………… 70
【思考与练习】 …………………………………………………………………………… 73
【技能训练】 ……………………………………………………………………………… 73
  技能训练1　认识各种信号机的结构 ……………………………………………… 73
  技能训练2　LED色灯信号机电气性能测试 ……………………………………… 74
第三节　轨道电路 ………………………………………………………………………… 75
  2.3.1 轨道电路概述 …………………………………………………………………… 77
  2.3.2 JZXC-480型（工频交流连续式）轨道电路 ………………………………… 79
  2.3.3 FTGS型数字编码式轨道电路 ………………………………………………… 81
【思考与练习】 …………………………………………………………………………… 87
【技能训练】 ……………………………………………………………………………… 87
  技能训练1　工频交流连续式轨道电路电气性能测试 …………………………… 87
  技能训练2　FTGS型数字轨道电路的养护与检修 ……………………………… 88
第四节　转辙机 …………………………………………………………………………… 90
  2.4.1 道岔的组成 ……………………………………………………………………… 91
  2.4.2 转辙机概述 ……………………………………………………………………… 92
  2.4.3 ZD6型电动转辙机 ……………………………………………………………… 93
  2.4.4 ZD(J)9型电动转辙机 …………………………………………………………… 97
  2.4.5 S700K型电动转辙机 …………………………………………………………… 100
  2.4.6 ZY(ZYJ)7型电液转辙机 ……………………………………………………… 101
【思考与练习】 …………………………………………………………………………… 102
【技能训练】 ……………………………………………………………………………… 102

技能训练 1　认识 ZD6－A 型转辙机的基本结构 ……………………… 102
　　技能训练 2　练习手摇道岔 …………………………………………… 103
　　技能训练 3　ZD6－A 型转辙机电气性能测试 ………………………… 104
第五节　计轴器 ………………………………………………………………… 105
　2.5.1　电子计轴系统 ………………………………………………………… 106
　2.5.2　微机计轴系统 ………………………………………………………… 110
　2.5.3　计轴设备复零 ………………………………………………………… 111
　2.5.4　计轴点的设置 ………………………………………………………… 112
【思考与练习】………………………………………………………………… 113
【技能训练】…………………………………………………………………… 114
　　技能训练 1　AzLM 型计轴系统故障诊断与维护处理 ………………… 114
　　技能训练 2　西门子 AzS(M)350U 微机计轴系统故障诊断与处理 …… 114
第六节　应答器（信标）……………………………………………………… 115
　2.6.1　应答器的分类 ………………………………………………………… 117
　2.6.2　应答器的组成与工作原理 …………………………………………… 118
　2.6.3　应答器的设置原则 …………………………………………………… 121
　2.6.4　应答器传送的信息 …………………………………………………… 121
　2.6.5　应答器的主要功能 …………………………………………………… 122
　2.6.6　应答器的技术指标和环境条件 ……………………………………… 123
【思考与练习】………………………………………………………………… 124
【技能训练】…………………………………………………………………… 124
　　技能训练 1　无源应答器的安装 ………………………………………… 124
　　技能训练 2　应答器的维护 ……………………………………………… 125
第七节　交叉感应电缆环线 …………………………………………………… 126
　2.7.1　交叉感应电缆环线通信设备组成 …………………………………… 127
　2.7.2　交叉感应电缆环线工作原理 ………………………………………… 129
【思考与练习】………………………………………………………………… 131
【技能训练】…………………………………………………………………… 131
　　技能训练 1　交叉感应电缆环线的故障处理 …………………………… 131
　　技能训练 2　交叉感应电缆环线室内设备的养护与检修 ……………… 133

第三章　联锁系统 …………………………………………………………… 135

第一节　联锁 …………………………………………………………………… 136
　3.1.1　联锁的定义 …………………………………………………………… 137
　3.1.2　联锁的基本内容 ……………………………………………………… 137
　3.1.3　联锁系统的结构层次 ………………………………………………… 138
　3.1.4　联锁系统的功能 ……………………………………………………… 139
　3.1.5　联锁系统的运营模式 ………………………………………………… 142

【思考与练习】 153
【技能训练】 154
  技能训练1 进路选择实验 154
  技能训练2 进路解锁实验 155
 第二节 联锁设备 156
  3.2.1 6502电气集中联锁设备 157
  3.2.2 计算机联锁设备 161
【思考与练习】 169
【技能训练】 169
  技能训练1 6502电气集中联锁操作 169
  技能训练2 计算机联锁操作 169

第四章 区间闭塞技术 171

 第一节 传统的闭塞技术 172
  4.1.1 站间闭塞 173
  4.1.2 自动闭塞 175
【思考与练习】 176
 第二节 列控系统中的闭塞技术 176
  4.2.1 固定闭塞 177
  4.2.2 准移动闭塞 180
  4.2.3 移动闭塞 182
【思考与练习】 184

第五章 列车自动控制系统 185

 第一节 列车自动控制系统综述 186
  5.1.1 列车自动控制系统概述 187
  5.1.2 ATC系统组成 188
  5.1.3 ATC系统功能 190
  5.1.4 ATC系统结构类型 191
  5.1.5 ATC系统技术要素与分类 193
  5.1.6 ATC系统应用 195
【思考与练习】 197
【技能训练】 198
  技能训练1 列车自动控制系统认知 198
  技能训练2 ATC系统仿真软件操作 199
 第二节 ATP系统 204
  5.2.1 ATP系统概述 205
  5.2.2 ATP系统设备组成 206

5.2.3　ATP 系统主要功能 …… 211
　　5.2.4　ATP 系统基本工作原理 …… 216
　　5.2.5　ATP 系统应用 …… 222
【思考与练习】 …… 223
【技能训练】 …… 223
　　技能训练1　车载 ATP 系统认知 …… 223
　　技能训练2　ATP 系统轨旁设备认知 …… 224
　　技能训练3　车载 ATP 设备维护 …… 225
第三节　ATO 系统 …… 227
　　5.3.1　ATO 系统概述 …… 228
　　5.3.2　ATO 系统设备组成 …… 229
　　5.3.3　ATO 系统主要功能 …… 230
　　5.3.4　ATO 系统基本工作原理 …… 232
　　5.3.5　ATO 与 ATP 的关系 …… 235
　　5.3.6　ATO 系统应用 …… 236
【思考与练习】 …… 237
【技能训练】 …… 238
　　技能训练1　ATO 系统车载设备认知 …… 238
　　技能训练2　ATO 系统车站定位停车操作 …… 238
　　技能训练3　ATO 系统列车出库运行试验 …… 239
　　技能训练4　ATO 系统列车正线运行实验 …… 240
　　技能训练5　ATO 系统列车入库运行实验 …… 241
第四节　ATS 系统 …… 242
　　5.4.1　ATS 系统概述 …… 244
　　5.4.2　ATS 系统设备组成 …… 244
　　5.4.3　ATS 系统主要功能 …… 250
　　5.4.4　ATS 系统基本工作原理 …… 252
　　5.4.5　ATS 系统应用 …… 257
【思考与练习】 …… 260
【技能训练】 …… 260
　　技能训练1　ATS 系统设备认知 …… 260
　　技能训练2　城市轨道交通 ATC 行车调度仿真培训系统认知实验 …… 261
　　技能训练3　列车早点调整 …… 261
　　技能训练4　列车晚点调整 …… 262
第五节　基于轨道电路的 ATC 系统 …… 263
　　5.5.1　基于轨道电路的 ATC 系统概述 …… 264
　　5.5.2　基于模拟轨道电路的 ATC 系统 …… 265
　　5.5.3　基于数字轨道电路的 ATC 系统 …… 269

  5.5.4 基于轨道电路的 ATC 系统应用 …… 273

 【思考与练习】…… 274

 【技能训练】…… 275

  技能训练 1 列车运行自动控制仿真实验 …… 275

  技能训练 2 ATC 系统故障处理 …… 275

 第六节 CBTC 系统 …… 276

  5.6.1 CBTC 系统概述 …… 277

  5.6.2 CBTC 系统基本原理 …… 283

  5.6.3 CBTC 系统的结构与组成 …… 284

  5.6.4 CBTC 系统功能 …… 286

  5.6.5 CBTC 系统应用 …… 288

 【思考与练习】…… 291

 【技能训练】…… 292

  技能训练 1 ZC 移动授权单元 MAU 与 ATS 通信故障行车处置 …… 292

  技能训练 2 ZC 移动授权单元故障行车处置 …… 293

  技能训练 3 绘制 CBTC 系统列车限制速度曲线 …… 294

第六章 列车定位与车 – 地通信技术 …… 301

 第一节 列车定位技术 …… 302

  6.1.1 列车定位技术的作用 …… 303

  6.1.2 列车定位技术的分类 …… 303

 【思考与练习】…… 309

 【知识链接】…… 310

  LZB700M 型城市轨道交通信号系统列车定位技术 …… 310

 第二节 车 – 地通信方式 …… 315

  6.2.1 基本通信原理 …… 317

  6.2.2 主要技术指标分析 …… 319

 【思考与练习】…… 320

 【知识链接】…… 320

  定位及车 – 地通信设备维修 …… 320

 【技能训练】…… 322

  技能训练 1 同步环线的调整与维护与故障处理 …… 322

  技能训练 2 感应环线的调整与维护与故障处理 …… 324

参考文献 …… 326

第一章
城市轨道交通信号系统概述

城市轨道交通的基本任务是安全、准时，高效率、高密度地运送旅客，因此，必须采用可靠、安全的信号系统来指挥列车的运行。从传统的闭塞、联锁信号设备发展到现代化的列车运行自动控制系统，城市轨道交通信号系统无时无刻不在确保列车运行的安全及平稳。

第一节　城市轨道交通信号系统及其发展

 任务导入

近年来，我国城市轨道交通已经进入快速发展时期，城市轨道交通作为城市的交通命脉，其运营安全工作是第一位的。城市轨道交通信号系统是城市轨道交通系统中重要的技术装备，肩负着指挥列车安全运行、提高运输效率的重要任务。

 学习要点

知识目标

1. 掌握城市轨道交通系统的定义及特点；
2. 掌握城市轨道交通信号及信号系统的定义及作用；
3. 了解国内外城市轨道交通信号系统发展及应用情况；
4. 了解我国城市轨道交通信号技术发展趋势及其国产化进展。

技能目标

1. 能够列举城市轨道交通信号系统作用实例；
2. 能够对轨道交通相关资料进行分析及总结。

 相关案例

2017年11月下旬，在上海举办的2017（第十二届）中国国际轨道交通展览会上，中国城市轨道交通协会常务副会长周晓勤表示："中国的工程建设装备制造、运营管理已开始走出国门走向世界，开始参与相关国际标准的研究和制定工作。以国产化装备为主导的城市轨道交通装备制造体系和城市轨道交通产业在国际上已具有影响力。"

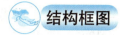

结构框图

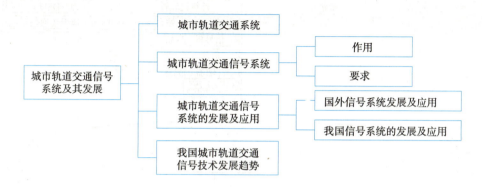

1.1.1 城市轨道交通系统

1. 城市轨道交通系统定义

城市交通肩负着市民日常生活中必需的"行"的任务,是城市服务最重要的基础设施之一。随着城市化发展进程的推进,城市的范围越来越大,城市人口增长的速度越来越快。传统的城市道路交通因其自身的特点,如占地面积大、运量小、能耗大、污染大、道路建设跟不上汽车增长速度等,已无法适应现代城市的发展。

城市轨道交通是指以轮轨运输方式为主要技术特征,以城市客运公共交通为服务形式的交通运输方式。国际上对城市轨道交通并没有统一的定义,我国的国家标准《城市公共交通常用名词术语中》中,将城市轨道交通定义为:"通常以电能为动力,采取轮轨运转方式的大运量公共交通的总称。"

2009年我国颁布了《城市公共交通技术规范》,其中将城市轨道交通定义为:"采用专用轨道导向运行的城市公共客运交通系统,包括地铁系统、轻轨系统、单轨系统、有轨电车、磁悬浮系统、自动导向轨道系统、市域快速轨道交通系统。"

2. 城市轨道交通系统的特点

城市轨道交通以其鲜明的特点赢得了城市管理者和市民的青睐。其特点包括:
①采用列车编组化运营,运量大;
②良好的线路条件与控制体系,速度快;
③电力牵引,污染少、环保好;
④可采用地下和高架敷设方式,占地面积小;
⑤全隔离的路权方式,安全性、可靠性好;
⑥良好的环控体系和候车环境,乘车舒适性佳。

1.1.2 城市轨道交通信号系统

城市轨道交通信号,就是应用于城市轨道交通系统中实现行车指挥和列车运行控制安全间隔控制技术的总称,其功能是保证行车安全,提高运输效率。

城市轨道交通信号系统是实现行车指挥、列车运行监控和管理所需技术措施及配套装备的集合体。图1-1-1为信号系统概况示意图。

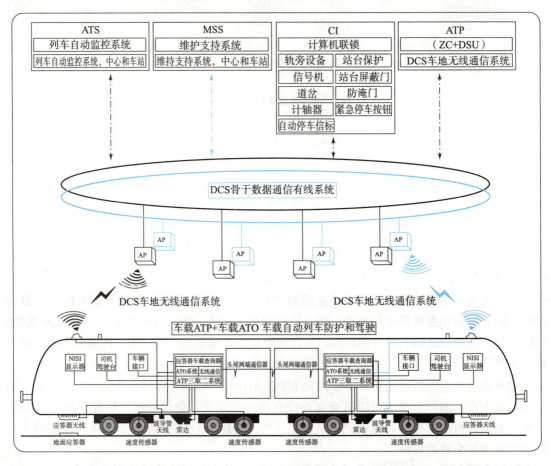

图1-1-1 信号系统概况示意图

列车运行控制由机车信号车载设备、车站信号及地面轨旁设备、控制中心设备等共同完成。在图1-1-1中，车-地通信媒介采用轨道电路现代大运量城市轨道交通信号系统，是整个城市轨道交通运输自动化系统中的重要组成部分，具有完成并保证列车和乘客的安全，实现列车快速、高密度、有序运行的功能，其核心是列车自动控制系统（ATC），它由计算机联锁、列车自动防护系统、列车自动驾驶系统和列车自动监控系统组成，各子系统之间相互渗透，实现地面控制与车上控制相结合、就地控制与中央控制相结合，构成了一个以安全设备为基础，集行车指挥、运行调整及列车驾驶自动化等功能为一体的自动控制系统。

信号系统随着信息技术（微电子技术、计算机技术、通信技术和控制技术等）的不断发展，也产生了"革命性"的变化，原来的"地面信号"逐渐由"车载信号"所替代。其"信号"的内容，已发生根本性的变化，它不再是用"颜色"显示不同的速度等级，而由车载信号直接接收列车运行的"目标速度""目标距离"或"进路电子地图"，并且由车载计算机直接控制列车的自动运行，实现列车在车站的自动定位停车和区间运行的自动超速防护；随着数字编码技术的不断发展，模拟技术的信号系统将被数字信号系统所替代，这一点在信号系统的"轨道电路"技术发展中尤为突出。模拟轨道电路中，只能向列车传送有限的"固定信息",而利用数字编码轨道电路可以向列车传送各种不同的"变量",以实现列车运行的自动控制;光纤通信传输技术和无线通信技术都在信号系统中得到充分应用。

1. 城市轨道交通信号系统作用

城市轨道交通线路、车辆、供电、通信、信号、环控、售检票等系统,在运营管理人员的协调下,共同完成着旅客输送任务,实现旅客的位移。在城市轨道交通中,信号系统担负着保证行车安全、指挥列车运行的重要任务,其作用主要表现在:

(1) 确保列车运行的安全

轨道交通信号系统是指挥列车安全运行的关键设备,只有在列车运行前方的轨道区段空闲、道岔位置正确、信号机开放、敌对进路锁闭等条件满足时,才允许向列车发出允许列车前行的信号,所以,只要严格按照信号的显示运行,就能够确保列车的安全运行;反之,如果列车不遵循信号的显示运行(违章运行),将导致事故。因此,信号系统可以保障列车运行的安全性,可以减少或杜绝列车运行事故,并且可以降低事故等级,减少事故损失。

(2) 提高轨道交通的运行效率

在城市轨道交通中,先进的信号系统可以代替人工作业,在保障安全行车的基础上缩短行车间隔,将早期 10 min 左右的行车间隔调整到 2 min 左右,提高了行车密度。此外,列车自动监控系统可以合理安排列车运营计划,缩短列车停站时分,指导列车按照计算机系统设定的列车运行时刻表,自动、安全地指挥列车按列车运行图运行。

2. 城市轨道交通对信号系统的要求

城市轨道交通系统的安全、速度、运输能力和效率与信号控制系统密切相关,信号控制系统是城市轨道交通的重要技术装备,对于确保行车安全、提高运输效率、改善工作条件、促进管理现代化起着至关重要的作用。

就目前的技术水平而言,无论是新建还是改建的线路,在运行高峰期的追踪运行间隔最小可达 80~90 s,这对信号控制系统提出了较高的要求。

(1) 可靠性、可用性和安全性要求高

首先,城市轨道交通列车运行速度快,在高峰期发车间隔时间短,车站站间距较短,作为城市大运量客运系统,只依靠行车调度员、车站值班员、车站站务员和列车司机等来防止运行事故的发生已远不能满足运行安全的要求。

其次,城市轨道交通地下和高架线路的设备发生故障后,排除难度大,发生事故后救援困难,易造成重大影响或损失,因此,对信号控制系统的可靠性、可用性和安全性要求都较高。凡涉及行车安全的子系统、设备或器材的必须满足相应的安全完整度等级的要求,符合"故障—安全"原则设计,普遍采用硬件或软件冗余及安全编码技术。

另外,为满足现代化维护管理和快速排除故障的需求,信号各子系统应具有自检测、故障诊断定位和报警功能。

(2) 信号控制技术高度自动化

由于城市轨道交通的行车间隔短,列车密度大,行车频繁,所以必须采取高度自动化的信号控制技术。同时,由于城市轨道交通的列车运行线路比较单一,易于实现自动控制,使得调度指挥系统能根据轨道交通运行的实际情况,借助先进的计算机控制技术及时自动调整列车运行,用于实现列车的自动驾驶或无人驾驶,使整个轨道交通系统达到最优化,提高了

运行效率,也大大降低了劳动强度。其高度自动化主要包括以下4个方面:

①城市轨道交通信号系统中的列车自动监控系统(ATS)可实现运行管理及调度指挥的自动化。当列车运行偏离运行图时,信号控制系统能自动进行纠正和控制。

②城市轨道交通信号系统中的列车自动驾驶系统(ATO)具备实现自动驾驶的功能,以便最大限度地提高效率。

③城市轨道交通信号控制系统提供站台精确停车功能,使停车精度满足停站、折返和存车作业的要求;安装屏蔽门/安全门的车站列车停站精度,要求列车停站车门的位置与站台屏蔽门/安全门位置相对应,以保证乘客有序候车及车门与屏蔽门/安全门的开度相适应,误差一般控制在 ±0.25 ~ ±0.5 m 的范围内。

④当列车运行控制系统设备发生故障时,能自动或人工转入降级运行模式下的信号控制系统。

(3) 行车控制信息网络化

信息网络化使轨道交通的各类信息能够迅速上通下达,准确获得轨道交通系统运营的各类实时信息。地面局域网及车-地无线通信网将轨道交通的控制中心、车站及列车连成一个有机整体,使控制中心能够全面了解辖区内的各种情况,灵活配置系统资源,在保证轨道交通安全、高效运营的同时,大大提高了为旅客服务的智能化。

1.1.3 城市轨道交通信号系统的发展及应用

城市轨道交通列车运行控制系统是城市轨道交通的主要技术装备,它担负着指挥列车运行、保证行车安全、提高运输效率、实现列车运行自动化的重要任务。

1. 国外城市轨道交通信号系统发展概况

19世纪,欧洲工业革命的成功促进了社会经济的发展和城市的繁荣,蒸汽机的发明促使轨道交通在英国诞生。

交通工具的机械化和现代化使得城市轨道交通控制方式的"瓶颈"日益凸现出来。根据英国学者韦伯思特(Webster V.)和柯布(Cobber M.)的著作记述,为保证城市轨道交通运行安全和减少交通事故的发生,1868年英国伦敦出现了一种红绿两色的臂板式信号灯,从此揭开了城市轨道交通列车运行控制的序幕。1918年,纽约安装了一种手动的三色信号灯,首次出现了真正现代意义上的列车运行控制装置,这也是列车运行控制的雏形。

随着社会的发展,城市车辆不断增多,传统的交通信号灯已不能满足轨道交通控制的需求,交通工程师开始寻求借助其他工程领域的技术来解决交通信号控制问题,由此带来了交通控制技术的迅速发展。1926年,英国在沃尔佛汉普顿安装了一种结构简单的机械式交通信号机,它通过电动机带动齿轮机械辗动,实现单时段定周期的红绿灯切换。这种机械式的信号机首次实现自动控制,奠定了城市交通信号自动控制的基础。

交通信号的控制,由手动信号机到自动信号机,由固定周期到可变周期,控制方式由点控到线控和面控,从无车辆检测器到有车辆检测器,经历了近百年的历史。进入20世纪70年代,随着计算机技术和自动控制技术的发展,数字技术和自动化技术的介入,世界各国城市轨道交通控制技术发生了质的变化,技术上日趋成熟。较为先进的轨道交通系统已摒弃了"用信号显示指挥列车"的旧有概念,引进了ATC(Automatic Train Control)系统,司机操作台上显示的是反映列车运营状态的信息。

最早的列车指挥由一位戴绅士礼帽、穿黑大衣和白裤子的铁路员工在列车前骑马引导列车运行,他一边跑一边以各种手势发出信号指挥列车前进和停止。

为确保安全,人们开始研究使用固定的信号设备:用一块长方形的板子指挥列车,板子上的横向线路是停车信号,顺向线路是行车信号。可是,顺向线路的板子实际上很难观察,故又在顶端加块圆板。当晚间开车时,就以红色灯光表示停车信号,以白色灯光表示行车信号。

1841 年,英国人戈里高利提出用长方形臂板作为信号显示,装设在伦敦车站,这是铁路上首次使用臂板式信号机,如图 1-1-2 所示。随着光电技术、电子的发展,城市轨道交通控制方式由壁板信号机逐渐过渡到色灯信号机和机车信号。

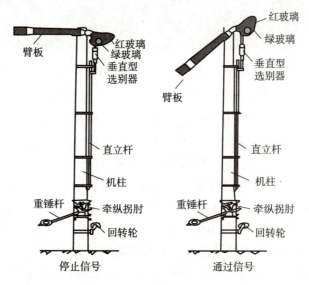

图 1-1-2 臂板式信号机

城市轨道交通色灯信号机(用灯光的颜色、数目及亮灯状态表示信号的含义,指挥列车运行)一般设于车站出站口、道岔处、转线处等,分别指挥列车出站、防护道岔、转线作业等。色灯信号机结构如图 1-1-3 所示。

将地面信号传递给机车,在司机操作台上显示的信号为机车信号。机车信号是指通过设在机车司机室的机车信号机自动反映运行条件、指示司机运行的信号。为实现机车信号而装设的整套技术设备称为机车信号设备。机车信号机如图 1-1-4 所示。

图 1-1-3 色灯信号机

为保证行车安全,提高运输效率及改善司机的劳动条件,在机车上要安装机车信号车载设备,在线路上也要安装机车信号地面设备,使机车上能接收到反映地面信号的信息。在线路条件不好、气候条件不好的情况下,机车信号的作用

图 1-1-4 机车信号机

是非常大的。

但在城市轨道交通线路中，由于站间距小、运营线路条件差，仅仅靠机车信号显示和由司机来控制机车是很难做到大密度运营的。因此，西门子公司、GRS 公司、USSI 公司、西屋公司、日立公司、阿尔斯通公司、泰雷兹集团等从 20 世纪 80 年代开始广泛采用先进的数字化信号控制系统，确保列车运行达到最大的安全和效率。

当前，列车自动控制系统大体上分为两种制式，即基于数字轨道电路的准移动闭塞和基于感应环线通信的移动闭塞制式 CBTC 系统，或基于无线（Radio）通信的虚拟闭塞制式 CBTC 系统。基于城市轨道交通领域业内人士对移动闭塞制式 CBTC 系统可靠性、安全性的认可，对互联互通和对无线通信接口的标准的统一，发展移动闭塞是今后 ATC 系统的主流已经成为共识。

2. 国外主要城市轨道交通信号系统应用情况

按照闭塞方式的不同进行划分，世界主要城市轨道交通控制系统应用情况见表 1-1-1。

表 1-1-1 世界各国城市轨道交通控制系统应用情况一览表

控制模式	供应商	主要应用情况
固定闭塞制式	西屋公司（WESTING HOUSE，英国）	新加坡 1 号线
	美国通用铁路信号有限公司（GRS，美国）	纽约地铁
	西门子公司（SIEMENS，德国）	在德国广泛应用
	阿尔斯通公司（ALSTOM，法国）	法国巴黎南北线
	美国联合道岔与信号国际公司（US-SI，美国，现属安萨尔多集团）	美国洛杉矶绿线 韩国首尔地铁
	西屋公司（WESTING HOUSE，英国）	英国伦敦 Jubilee 新线 西班牙马德里地铁

续表

控制模式	供应商	主要应用情况
移动闭塞控制模式	阿尔卡特公司（ALCATEL，法国，现属泰雷兹集团）	温哥华1、2号线（环线） 肯尼迪国际机场全自动轻轨系统（环线） 拉斯维加斯单轨线路（无线）
	西门子公司（SIEMENS，德国）	巴黎地铁14号线（环线） 纽约卡纳西线（无线，建设中）
	阿尔斯通公司（ALSTOM，法国）	新加坡东北线（波导管）
	庞巴迪公司（BOMBATDIER，美国）	美国旧金山机场线（无线）

3. 国内城市轨道交通信号系统发展概况

城市轨道交通（包括地下铁道和轻轨铁路）是现代化都市所必需的交通工具，它具有运量大、速度快、安全可靠、污染低、受其他交通方式干扰小等特点，能有效改变城市交通拥挤、乘车困难、行车速度下降的状况。城市轨道交通是城市现代化的标志。我国北京、上海、天津、重庆、广州、深圳、佛山、南京、苏州、无锡、杭州、宁波、武汉、成都、沈阳、大连、长春、哈尔滨、西安、郑州、昆明、长沙等已建成档次和规模不同的地铁，并不断进行扩展和延伸，福州、南昌、合肥、南宁、贵阳、石家庄、太原、济南、兰州、东莞、青岛、厦门、徐州、南通等正在或计划建设城市轨道交通，我国城市轨道交通出现了建设高潮，前景十分广阔。

城市轨道交通系统的安全、速度、输送能力和效率与城市轨道交通信号系统密切相关，以速度控制为基础的列车自动控制系统已成为城市轨道交通信号控制系统的共同选择。城市轨道交通信号系统实际上已成为城市轨道交通调度指挥和运营管理的中枢神经，选择合适的信号控制系统，可以带来较好的经济效益和社会效益。

城市轨道交通信号系统是城市轨道交通的重要基础设施之一，它对于确保列车的运行安全和提高行车效率必不可少。从20世纪中后期开始，随着计算机技术和微电子技术的飞速发展，信号控制系统因为数字技术和自动化技术的介入，发生了质的变化，技术上日趋成熟。

从20世纪90年代起，国内新建造或改造的北京、上海、广州和天津等地的地铁开始引进国外先进的地铁信号控制系统设备：北京地铁1号线引进英国西屋公司设备，上海地铁1号线引进美国GRS公司设备，广州地铁、深圳地铁及南京地铁1号线引进德国西门子公司设备，上海地铁2号线引进美国USSI公司设备，上海地铁3号线引进法国阿尔斯通公司设备，上海地铁5号线引进德国西门子公司设备。国产信号控制系统由于多种原因，至今没有得到大规模应用。

阿尔卡特公司（现属泰雷兹集团）在世界上较早推出CBTC系统，有比较成熟的技术，上海自仪股份公司选择与泰雷兹集团合作，不仅适应了地铁建设的需要，而且有助于在一个较高的起点上发展公司的自动控制系统新产业。

西门子公司凭借"全面交通解决方案"的理念，将其先进的CBTC解决方案引进到中国城市轨道交通中,并提供模块化产品——"Train guard MT"列车运行自动控制系统,其采用基于无线 AP 的 WLAN 作为车-地通信通道,是目前在我国开通较早且遂行稳定的设备之一,为我国城市轨道交通的发展提供了新的选择和方向。

4. 国内主要城市轨道交通信号系统应用情况

我国城市轨道交通控制系统的主要应用情况见表 1-1-2。

表 1-1-2 国内城市轨道交通控制系统应用情况一览表

控制模式	供应商	主要应用情况
固定闭塞制式	西屋公司(WESTING HOUSE,英国)	北京地铁 1 号线(含复八线)、八通线、13 号线
	美国通用铁路信号有限公司(GRS,美国)	上海地铁 1 号线
	西门子公司(SIEMENS,德国)	上海地铁 5 号线(点式应答器)
准移动闭塞制式	西门子公司(SIEMENS,德国)	广州地铁 1、2 号线 深圳地铁 1 号线 南京地铁 1 号线
	阿尔斯通公司(ALSTOM,法国)	上海地铁 3、4 号线 香港机场快速线
	美国联合道岔与信号国际公司(US-SI,美国,现属安萨尔多集团)	上海地铁 2 号线 天津滨海线
	西屋公司(WESTING HOUSE,英国)	北京地铁 5 号线 天津地铁 1 号线
移动闭塞控制模式	阿尔卡特公司(ALCATEL,法国,现属泰雷兹集团)	武汉轻轨 1 号线(环线) 广州地铁 3 号线(环线) 上海地铁 6、7、8、9、11 号线(环线) 北京地铁 4 号线、大兴线(无线) 港九铁路西线(环线) 南京地铁 4 号线、机场线 合肥地铁 1 号线
	西门子公司(SIEMENS,德国)	广州地铁 4、5 号线 深圳地铁 4 号线(无线) 广佛线(无线) 北京地铁 10 号线(无线) 南京地铁 2、3 号线(无线) 苏州地铁 1 号线(无线)
	阿尔斯通公司(ALSTOM,法国)	北京地铁 2 号线(无线+波导管) 北京机场线(波导管) 广州地铁 6 号线(波导管) 上海地铁 10 号线(无线)
	庞巴迪公司(BOMBATDIER,美国)	首都机场捷运系统(无线)

续表

控制模式	供应商	主要应用情况
移动闭塞控制模式	美国联合道岔与信号国际公司（US – SI，美国，现属安萨尔多集团）	沈阳地铁 1、2 号线 深圳地铁 2、3 号线 西安地铁 2 号线 成都地铁 1 号线（无线） 郑州地铁 1 号线（无线）
	北京交控科技有限公司	北京地铁亦庄线、昌平线、7 号线 成都地铁 3 号线 长沙地铁 1 号线 深圳地铁 7 号线 天津地铁 6 号线 石家庄地铁 3 号线 越南河内轻轨线

1.1.4 我国城市轨道交通信号技术发展趋势

1. 国内轨道交通信号技术发展趋势

城市轨道交通信号系统是保障行车安全、提高运输能力的关键技术装备。城市轨道交通信号技术随着微电子技术、计算机技术、通信技术的发展而不断发展。在城市轨道交通信号系统中，地面与车载设备的安全信息传输方式大致经历了模拟轨道电路、数字轨道电路和无线通信三个阶段。

（1）基于模拟轨道电路的 ATC 系统

轨道电路是将区间线路划分为若干固定的区段，作为进行列车占用检查和向车载 ATC 设备传送信息的载体。列车定位以固定的轨道电路区段为单位，采用模拟轨道电路方式由地面向车载设备传 10~20 种信息。列车采用阶梯式速度控制，称为固定闭塞，如图 1-1-5 所示。模拟轨道电路在我国应用的代表产品有：从英国西屋公司引进的 FS-2500 无绝缘轨道电路（北京地铁 1 号线、13 号线）；从美国 GRS 公司引进的无绝缘数字调幅轨道电路（上海地铁 1 号线）；大连轻轨采用的国产 WG-21A 轨道电路。

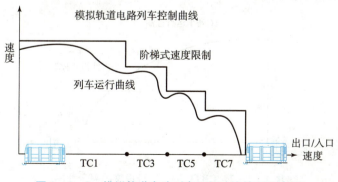

图 1-1-5 模拟轨道电路列车运行速度控制示意图

从系统整体角度来看，基于模拟轨道电路的 ATC 系统中各子系统处于分立状态，技术水平明显落后，维修工作量大，制约了列车运行速度和密度的进一步提高，将逐步退出历史舞台。

（2）基于数字轨道电路的 ATC 系统

数字轨道电路采用数字编码方式，地面向车载设备传送数十位数字编码信息，列车可实现一次模式曲线式安全防护，缩短了列车运行间隔，提高了舒适度。数字轨道电路列车速度控制曲线如图 1–1–6 所示。

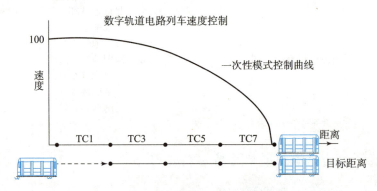

图 1–1–6 数字轨道电路列车运行速度控制示意图

采用数字轨道电路的 ATC 系统，列车可实现一次模式路线式安全防护，因此称之为准移动闭塞。数字轨道电路在我国应用的代表产品有：美国 USSI 公司的 AF–904 无绝缘数字轨道电路（上海地铁 2 号线、津滨轻轨等），德国西门子公司的 FTGS 无绝缘数字轨道电路（广州地铁 1、2 号线，南京地铁 1 号线等）。数字轨道电路的 ATC 系统采用微电子技术、计算机技术和数字通信技术，延续了轨道电路故障安全的特点，目前在我国和世界范围内开通运用较多，系统的可靠性和稳定性得到了充分的验证。

（3）基于通信的列车运行控制系统（CBTC）

CBTC 系统的特点是实现车地之间连续的双向通信，通过安全数据传输，将为每列通信列车提供一个 LMA，并不断更新和重建，实现一次模式曲线式安全防护，并且其防护点能够随前车的移动而实时更新，有利于进一步缩小行车间隔，提高运输效率，称为移动闭塞。CBTC 系统列车运行速度控制如图 1–1–7 所示。

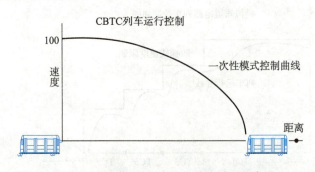

图 1–1–7 CBTC 列车运行速度控制示意图

CBTC 系统采用当前先进的计算机技术和信息传输技术，不与牵引供电争轨道，有利于牵引供电专业合理布置设备；不需要在轨道上安装设备，易形成疏散通道。采用 CBTC 技术具有多方面优势（提高效率，易于延伸线建设和改造升级），可以充分利用国内现有的好产品和资源，易于实现国产化。其中具有完全自主知识产权的计算机联锁设备和 ATS 子系统已经成功在现场开通使用。但目前 CBTC 系统的应用在国际上还处于初期阶段，国外厂商都在结合工程实践不断完善，开通投入商业运营的线路并不多，开通过程中主要存在以下技术"瓶颈"，需要在今后的研制和工程实施中加以解决：

①CBTC 系统的列车定位和移动授权依赖无线信息传输，如果某列车或地面某点发生无线通信中断或故障，就会失去对列车的定位，将对运营造成较大的影响，且故障处理将比原来的轨道电路系统复杂。对 CBTC 系统的研制已进行了近 30 年，最大的技术难题就是一旦发生通信故障时，如何保障行车安全和降低对运营的影响。为此，绝大多数采用 CBTC 系统的工程都配置了后备信号控制系统，以解决上述问题。

②除采用环线通信外，目前 CBTC 系统采用的 IEEE 802.111 系列的 WLAN 标准是一个开放的无线频段，该频段不限制其他用户使用，用户较多时，容易造成相互干扰，特别是在高架区段，抗外部干扰问题尤为重要。

③列车从地面的一个 AP 切换到另一个 AP 时，信息传输会有中断，存在一定程度的丢包现象，如何提高信息传输的可靠性也有待研究。

2. 城市轨道交通信号系统国产化进程

国内开发的城市轨道交通系统基本上都采用 CBTC 基于无线的列车控制系统。主要开发进展情况如下：

①中国铁道科学研究院充分利用专业齐全的优势，通过多年的研发，完成了 CBTC 系统的所有子系统（ATS、联锁、ATP、ATO、DCS、应答器等），并进行了室内系统调试、现场试验和调试。中国铁道科学研究院的 ATS 子系统、计算机联锁子系统是国内成熟技术，具有城市轨道交通业绩，已经具备工程实施的条件。中国铁道科学研究院的 CBTC 系统对无线故障情况下的后备转换进行了深入的研究，能够在保证行车安全的情况下尽量减少对正常运营的干扰，达到了先进的水平。在安全性方面，与研发同步进行第三方安全认证工作，已签署安全认证合同并开展安全认证工作。

②2004 年，北京交通大学、北京地铁运营公司、北京和利时公司申请北京市科学技术委员会"基于通信的城轨 CBTC 系统研究"科研项目，在北京地铁试车线进行了 ATP、ATO 试验，并在大连设立了 10 km 试验段，包括地面线路和地下线路，进行了两列列车的追踪试验。北京地铁亦庄线于 2011 年年底开通 CBTC 全系统全功能。

③北京全路通信信号研究设计院也正在进行城市轨道交通 CBTC 的研发，它们利用自身研发的通过 SⅡ4 级的安全控制平台进行 ATP 的研发。

目前，中国的城市轨道交通建设规模空前，方兴未艾。列车运行控制系统已成为中国城市轨道交通建设的关键"瓶颈"，政府部门也在思索良策，在大力引进国外先进的 CBTC 的同时，地铁、轻轨业主呼吁国内有社会责任感的公司提供自主知识产权的信号控制系统，以打破垄断，改变目前受制于人的窘境。北京交通大学研发的 LCF - CBTC 在北京地铁亦庄线的成功应用，标志着国产 CBTC 技术将成为今后城市轨道交通列车控制系统的发展趋势。

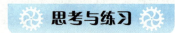
思考与练习

1. 简述城市轨道交通系统的定义及其特点。
2. 什么是城市轨道交通信号？什么是城市轨道交通信号系统？
3. 简述城市轨道交通信号系统的作用。
4. 简述城市轨道交通对信号系统的要求。
5. 简述国外城市轨道交通信号系统的发展过程。
6. 举例说明国外主要城市轨道交通信号系统的应用情况。
7. 简述国内城市轨道交通信号系统的发展过程。
8. 举例说明国内主要城市轨道交通信号系统的应用情况。
9. 我国轨道交通信号技术发展的三个趋势是什么？
10. 简述我国城市轨道交通信号系统的国产化进展情况。

 技能训练

技能训练 1　国外城市轨道交通信号技术发展过程认知

1. 实验目的

通过查阅书籍或上网查阅相关资料，进一步加深学生对国外城市轨道交通信号系统发展过程的认识，进一步加深对各信号系统的应用情况的了解，培养学生的自主学习能力及对资料的分析总结能力。

2. 实验设备

城市轨道交通相关资料、计算机等。

3. 实验内容

①以小组为单位，以国外城市轨道交通信号系统为核心，查找相关参考资料及手册；

②查阅有关参考资料和手册，能正确认知并总结其发展过程；

③查阅有关参考资料和手册，了解国外主要城市轨道交通信号系统的应用情况；

④对相关内容进行小组讨论，将讨论结果填入表 1-1-3；

⑤根据相关材料撰写实习报告。

表 1-1-3　国外城市轨道交通信号系统认知

序号	项目	认知内容		
1	国外城市轨道交通信号系统发展过程			
2	国外主要城市轨道交通信号系统的应用情况	城市	信号系统	特点

技能训练2　国内城市轨道交通信号技术发展过程认知

1. 实验目的

通过查阅书籍或上网查阅相关资料，进一步加深学生对国内城市轨道交通信号系统发展过程的认识，进一步加深对各信号系统的应用情况的了解，培养学生的自主学习能力及对资料的分析总结能力。

2. 实验设备

城市轨道交通相关资料、计算机等。

3. 实验内容

①以小组为单位，以国内城市轨道交通信号系统为核心，查找相关参考资料及手册；

②查阅有关参考资料和手册，能正确认知并总结其发展过程；

③查阅有关参考资料和手册，了解国内主要城市轨道交通信号系统的应用情况；

④对相关内容进行小组讨论，将讨论结果填入表1-1-4；

⑤根据相关材料撰写实习报告。

表1-1-4　国内城市轨道交通信号系统认知

序号	项目	认知内容		
1	国内城市轨道交通信号系统发展过程			
2	国内主要城市轨道交通信号系统的应用情况	城市	信号系统	特点

第二节　城市轨道交通信号系统的组成及特点

任务导入

城市轨道交通是现代化都市的重要基础设施，城市轨道交通信号系统已成为城市轨道交通调度指挥和运营管理的中枢神经，是列车安全运行和提高行车效率的保障。先进的信号系统是城市轨道在交通运量大、运行密度高的运营条件下，保证城市轨道交通安全、高效、有序的关键基础设备。

学习要点

知识目标

1. 掌握城市轨道交通信号系统按照设备区域分布划分的设备组成；
2. 掌握城市轨道交通信号系统按照设备安装位置划分的设备组成；
3. 掌握城市轨道交通信号系统的特点；
4. 了解城市轨道交通信号系统设计的功能层次；
5. 了解实现城市轨道交通信号系统功能的方法。

技能目标

1. 能够认识信号系统车辆段信号设备；
2. 能够认识信号系统正线段信号设备。

相关案例

2017年6月30日7时18分，长春地铁1号线一期工程正式开通试运营，这是长春的第3条轨道交通线路，是吉林省的首条地铁线路。为了保证列车快速、安全地运营，长春轨道交通集团有限公司选用了先进的信号系统来为列车运营保驾护航，全面体现了城市轨道交通信号系统的特点及优势。

结构框图

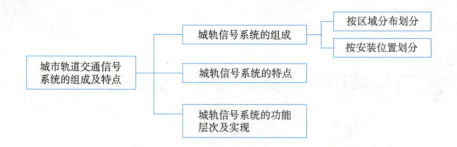

1.2.1 城市轨道交通信号系统组成

世界各国城市人口急剧膨胀对城市轨道交通的载客能力提出了越来越高的要求，最重要而有效的措施就是缩短列车的运行间隔。在这种情况下，随着计算机技术的飞速发展，城市轨道交通信号技术日趋成熟，成为城市轨道交通不可缺少的组成部分。

1. 按照设备区域分布划分

城市轨道交通线路按照区域划分，主要可以分为正线和车辆段两个区域。因此，从设备区域分布来看，城市轨道交通的信号系统通常由列车运行自动控制系统（ATC）和车辆段信号控制系统两大部分组成，如图 1-2-1 所示，用于列车进路控制、列车间隔控制、调度指挥、信息管理、设备状况监测及维护管理，由此构成了一个高效的综合自动化系统。

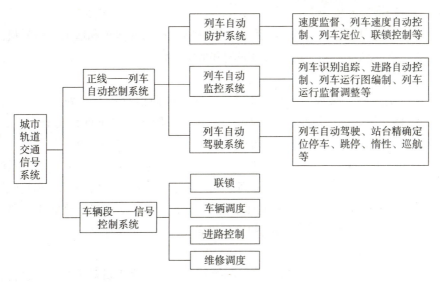

图 1-2-1　城市轨道交通的信号系统组成框图

（1）列车自动控制系统

列车自动控制系统（ATC），包括列车自动防护子系统（ATP）、列车自动驾驶系统（ATO）及列车自动监控系统（ATS）三部分，简称"3A"子系统。列车自动控制系统需设置行车控制中心，沿线各车站设计为区域性联锁，其设备放在控制站（一般为有岔站），列车上安装有车载控制设备。控制中心与控制站通过有线数据通信网连接，控制中心与列车之间可采用无线通信进行信息交换。ATC 系统直接与列车运行有关，因此 ATC 系统中的数据传输要求比一般通信系统的安全性、可靠性、实时性更高。

1）ATP 子系统

ATP 子系统的功能是对列车运行进行超速防护，对与安全有关的设备实行监控，实现列车位置检测，保证列车间的安全间隔，保证列车在安全速度下运行，完成信号显示、故障报警、降级提示、列车参数和线路参数的输入，与 ATS、ATO 及车辆系统接口并进行信息交换。

ATP 子系统不断地将从地面获得的前行列车位置信息、线路信息、前方目标点的距离和允许速度信息等通过轨道电路等传至车上，由车载设备计算得到当前所允许的速度，或由行车指挥中心计算出目标速度传至车上，由车载设备测得实际运行速度，依此来对列车速度实行监督，使其始终在安全速度下运行，以缩短列车运行间隔，保证行车安全。

采用轨道电路传送 ATP 信息时，ATP 子系统由设于控制站的轨旁单元、设于线路上各轨道电路分界点的调谐单元和车载 ATP 设备组成，并包括与 ATS、ATO、联锁设备的接口设备。

ATP 子系统由轨旁 ATP 设备和车载 ATP 设备组成，其主题逻辑计算机一般采用二乘二取二、三取二的安全冗余结构或具备安全算法体系的双机热备系统。

17

正线计算机联锁功能一般集成在轨旁 ATP 子系统功能内，有独立的正线联锁设备，采用双机热备或三取二冗余系统。计算机联锁子系统主要是确保进路上道岔、信号机和轨道区段的联锁。联锁条件不符时，禁止进路开通。敌对进路必须相互照查，不得同时开通。计算机联锁必须满足"故障—安全"原则。

联锁的主要控制内容包括：列车进路、引导进路、进路的解锁和取消、信号机的开放和关闭、道岔的进路操纵及锁闭、站台紧急关闭和取消等。

2）ATO 子系统

ATO 子系统主要用于实现"地对车控制"，即用地面信息实现对列车驱动、制动的控制，包括列车自动折返，根据控制中心的指令使列车按最佳工况正点、安全、平稳地运行，自动完成对列车的启动、牵引、惰行和制动，传送车门和屏蔽门同步开关信号。

使用 ATO 后，可使列车经常处于最佳运行状态，避免了不必要的、过于剧烈的加速和减速，因此明显提高了乘客的舒适度，提高了列车正点率并减少了能量消耗和轮轨磨损。

ATO 子系统包括车载 ATO 单元和地面设备两部分。地面设备有站台电缆环路、车－地通信设备（TWC）及与 ATP、联锁系统的接口设备。

3）ATS 子系统

ATS 子系统主要实现对列车运行的监督和控制，辅助调度人员对全线列车进行管理，其功能包括：调度区段内列车运行情况的集中监视与控制，监测进路控制、列车间隔控制设备的工作，按行车计划自动控制道旁信号设备以接发列车，列车运行实迹的自动记录，自动生成、显示、修改和优化，运行数据统计及报表自动生成，设备运行状态监测，设备状态及调度员操作记录，运输计划管理等，还具有列车车次号自动传递等功能。

（2）车辆段信号控制系统联锁设备

就目前而言，国内车辆段（停车场）设一套联锁设备，用以实现车辆段的进路控制，并通过 ATS 车辆段分机与行车指挥中心交换信息。车辆段联锁设备均采用计算机联锁，图 1－2－2 所示为长春轻轨 4 号线车场计算机联锁系统。

图 1－2－2　长春轻轨 4 号线南四环车场计算机联锁系统

先进的车辆段信号控制系统的特点是信号一体化，包括联锁系统、进路控制设备、接近通知、终端过走防护和车次号传输设备等。这些设备由局域网连接并经过光缆与调度中心相通。列车的整备、维修与运行相互衔接成一个整体，保证了城市轨道交通的高效率和低成本。车辆段内试车线设置与正线相同的 ATP 轨道电路和 ATO 地面设备，用于对车载 ATC 设备进行静、动态试验，如图 1-2-3 所示。

图 1-2-3　长春轻轨 3 号线湖光路车场

为了实现信号一体化，车辆段/停车场信号系统通过数据通信子系统（Data Communication Subsystem，DCS）与中央相连，保证了车辆出入段线的监控。车辆段/停车场设备主要包括 ATS 车辆段分机、微机联锁设备、微机监测设备、轨道电路及信号机等，如图 1-2-4 所示。

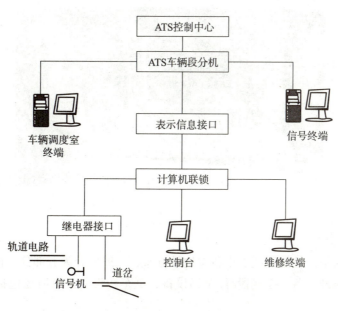

图 1-2-4　车辆段信号控制系统组成

1）ATS 分机

车辆段/停车场设一台 ATS 分机，用于采集车辆段内存车库线的列车占用情况，以及进或出车辆段的列车信号机的状态，用来在控制中心的显示屏上给出以上信息的显示。

2）联锁设备

车辆段/停车场单独设置一套联锁设备，实现车辆段内的信号控制，并通过 ATS 车辆段分机与控制中心交换信息。

3）微机监测设备

微机监测设备主要实现对车辆段/停车场范围内基础设备的实时状态监测。例如，信号灯丝状态、轨道电路、转辙机、电源及电缆绝缘等的实时状态监测，是信号设备实现"状态修"的必要手段。

4）轨道电路

车辆段/停车场内轨道电路多采用 50 Hz 相敏轨道电路，用来检查列车的占用和空闲情况。

5）信号机

在车辆段/停车场的入口处设进段（场）信号机，出口处设出段（场）信号机，存车库线中间进段方向设列车阻挡信号机，段内其他地点根据需要设调车信号机。

6）转辙机

车辆段/停车场内每组道岔一般设一台转辙机进行牵引。

7）电源设备

车辆段/停车场信号设备设有专用电源屏供电，电源屏一般采用模块化结构；对有不间断供电和抗干扰要求的设备，应设不间断（UPS）电源设备，UPS 蓄电池采用免维护电池，其后备时间一般按 30 min 设计。图 1-2-5 所示为长春轻轨 4 号线南四环车场 UPS 设备界面。

图 1-2-5　长春轻轨 4 号线南四环车场 UPS 设备界面

2. 按照设备安装位置划分

城市轨道交通信号控制系统的设备按地域分布，一般可分为五部分：控制中心设备、车站及轨旁设备、车载设备、车辆段/停车场设备、试车线设备。有时还包括维护及培训中心设备。

（1）控制中心设备

控制中心设备属于 ATS 子系统,是 ATC 的核心,如图 1-2-6 所示。ATS 子系统通过数据通信网络与其他子系统交换数据和命令。中央 ATS 系统主要配置 ATS 中央计算机系统、主任/调度员工作站、运行图工作站、维护工作站、DCS（Data Communication System,数据通信设备）、运行综合显示屏接口服务器、与其他系统接口的通信服务器、培训工作站、电源设备等,以及 ATC 输出和系统运行状态信息打印设备及运行综合显示屏。各设备分设于中央控制室、信号 ATC 设备室、运行图编辑室、培训室及控制中心信号电源室中。

图 1-2-6　地铁控制中心

（2）车站及轨旁设备

车站分为设备集中站和非设备集中站。

设备集中站一般为有道岔车站。设备集中站设有车站 ATS 分机、车站联锁设备、ATP/ATO 系统地面设备、电源设备、维修终端、信号机、转辙机、列车检测设备、发车指示器、紧急停车（关闭）按钮、自动折返按钮等。各设备分设于车站控制室、车站信号设备室、车站站台层及轨旁线路层。非设备集中站设有发车指示器、紧急停车（关闭）按钮等。

轨旁线路层上设置信号机、转辙机、列车检测设备及车地通信设备等。

（3）车载设备

车载设备即车载 ATP/ATO 计算机单元,用来接收轨旁设备传送的 ATP/ATO 信息,计算列车运行曲线、测量列车的运行速度及走行距离,实现列车运行超速防护及列车自动运行,保证行车安全和为列车提供最佳运行方式。每套车载 ATC 设备包括车载 ATP/ATO 计算机单元、司控单元、人机界面、测速传感器、定位补偿设备、发送/接收天线、应答器（信标）天线等车地通信设备。

车载 ATP 设备的车内信号是行车的主体信号。车内信号至少包括列车实际运行速度、列车运行前方的目标速度,在两端司机室内均应设速度显示、报警装置和必要的切换装置。

（4）车辆段/停车场设备

（5）试车线设备

试车线一般设置在车辆段内,为检修后的列车做在线测试所用,如图 1-2-7 所示。车辆段联锁设备能对其所辖的试车线上的道岔、信号机实行集中控制，对试车线一般设非进路调车功能。试车线道岔区段的占用/空闲、信号机开放/关闭能反映到信号楼控制室的操作显示工作站上。

图 1-2-7 轨道交通试车线

试车线按照信号系统试车要求装设与正线相同的 ATP 和 ATO 轨旁设备，为列车提供与正线相同的工作环境，在列车完成维修或长期存放后，对列车车载 ATC 设备进行动态试验，以评估车辆的动态性能，检查列车是否可安全投入运营。

设车险室内及现场设备包括：测试工作站、试车工作站及控制台、与车辆段联锁系统接口、ATP/ATO 室内设备、列车检测设备、车地通信室内/外设备、电源设备（含 UPS 及蓄电池）、继电接口、精确停车现场设备等。

试车线满足对车载信号设备进行双方向 ATC 功能测试的要求，基本测试功能包括：ATP 防护、ATO 自动驾驶、ATO 精确停车、车门监控、车地通信及驾驶模式的转换等。

1.2.2 城市轨道交通信号系统特点

在一定程度上，城市轨道交通的信号系统沿袭铁路的制式，但由于其自身的特点，故它与铁路的信号系统有一定的区别。城市轨道交通信号系统的特点是：

1. 正线信号设置成自动信号

由于城市轨道交通每天承担集中时段巨大的客流量，因此要求较短的列车运行间隔，并对信号系统的列车运行速度监控提出了极高的要求，以确保列车运行安全。城市轨道交通的站间距离一般为 0.8~1.5 km，相对较短，并且列车编组统一，所以列车行车时刻表的规律性很强，按工作日和节假日不同时段的行车时刻表运行。城市轨道交通的信号系统（注：城市轨道交通正线信号由 ATC 系统控制，轨旁信号平时都设置成自动信号或连续通过信号），按时刻表编制的程序，具有进路自动排列功能。当然，在必要的时候，控制中心和联锁集中站都可以人工介入变更进路。

2. 联锁关系较"简单",但技术要求高

城市轨道交通的大多数车站没有配线,不设道岔,甚至也不设地面信号机,仅在少数有岔站及车辆段才设置道岔和地面信号机,正线联锁设备由集中站和非集中站设备组成。通常一个控制中心即可实现全线的联锁功能。

城市轨道交通信号自动控制最大的特点是把联锁关系和 ATP 编/发码功能结合在一起,且包含一些特殊的功能,如自动折返、自动进路、紧急关闭、扣车等,增加了技术难度。

3. 具有完善的列车速度监控功能

城市轨道交通所承担的客运量巨大,对行车间隔的要求很高,最小行车间隔可达到 90~120 s,因此对列车运行速度监控的要求极高。

4. 数据传输速率较低

城市轨道交通的列车运行速度不高,最高运行速度通常为 80 km/h,所以信号系统可以采用速率较低的数据传输系统。但是,随着城市轨道交通信号自动化技术的不断发展,对信息需求越来越多,信号系统也逐步采用速率较高且独立的数据传输系统。

5. 车辆段独立采用联锁设备

城市轨道交通的车辆段类似于铁路区段站,可对列车编解、接发列车和进行频繁的调车作业,线路较多,道岔较多,信号设备较多,国内一般独立采用一套联锁设备。

6. 自动化水平高

由于城市轨道交通的线路长,站间距离短,列车种类较少,行车规律性很强,因此它的信号系统中通常包含自动排列进路和运行自动调整的功能,自动化强度高,人工介入极少。

1.2.3 城市轨道交通信号系统功能层次及实现

城市轨道交通的基本任务是安全、准时、高效率、高密度地运送旅客,因此,必须采用可靠的列车运行控制设备来指挥列车的运行,以确保列车的安全运行。从传统的"闭塞、联锁信号设备",到现代化的列车运行自动控制(ATC)系统,是长期实践、经验的积累,是技术不断改进和发展的结果。

城市轨道交通信号系统是指挥列车安全运行的关键设备,只有在列车运行前方的轨道区段没有列车占用、道岔位置正确、敌对或相抵触的信号没有建立等条件满足时,才允许向列车发出允许前行的信号,所以列车只要严格遵循信号的指示运行,就能够确保安全运行;反之,如果列车不遵循信号的指示运行,将导致事故。所以,信号系统担负着确保运输安全的重要使命,有了信号系统的保障,可以杜绝和减少列车运行事故。

1. 城市轨道交通信号系统的功能层次

在《城市快速轨道交通工程项目建设标准——试行本》中,把信号系统划分成三个层次:第一层次,设备在运量较小、行车密度较低的线路上,可配置联锁设备、自动闭塞、机车信号和自动停车系统;第二层次,设备在运量较大、行车密度较高的线路上,可配置 ATS 系统和 ATP 系统;第三层次,设备在运量大、行车密度高的线路上,配置"3A"系统,即全套 ATC 系统。

第一层次系统配置属最低水平等级,只适于行车间隔大于 3 min 的线路运用,然而,其国产化率水平是最高的,工程造价是最低的。

第二层次的信号系统配置,适于行车间隔在 2 min 以上的线路运用,行车安全可以完全由列车自动防护系统来保证。虽然其国产化率水平降低,工程造价增高,但是该层次设备技术先进,便于向第三层次扩展。

第三层次的系统配置具备很高的现代化技术水平,适于行车间隔小于 2 min 的线路运用,不仅行车安全可以完全由列车自动防护系统来保证,而且列车自动运行系统还可以完成站间自动运行、定位停车,接收控制中心运行指令,实现列车运行自动调整,使整套信号系统能够满足列车高速、高密度运行的需要。这种系统的国产化率水平低,工程造价高。

2. 城市轨道交通信号系统的功能实现

城市轨道交通信号系统的功能实现,可以按照系统不同的特征,主要从以下几方面进行实现。

(1) 按照区间闭塞方式实现

闭塞方式是列车控制系统最主要的特征,城市轨道交通信号系统按照闭塞方式,可分为固定闭塞、准移动闭塞和移动闭塞 3 种类型。相应地,信号系统的功能也按此实现。

(2) 按照信息的传输方式划分类型实现

按照车地间的传输方式,主要分为点式、连续式。

(3) 按照信息的传输介质划分类型实现

按照车地间的传输介质划分,主要包括依靠轨道电路、电缆坏线、漏泄电缆、应答器点式设备、无线等。

思考与练习

1. 城市轨道交通信号系统按照设备分布区域划分,由哪几部分组成?
2. 正线列车自动控制系统由哪些系统组成?各有什么作用?
3. 城市轨道交通信号系统按照设备安装位置划分,由哪几部分组成?
4. 城市轨道交通信号系统控制中心设备有哪些?
5. 城市轨道交通信号系统车站及轨旁设备有哪些?
6. 简述城市轨道交通信号系统试车线设备作用。
7. 城市轨道交通信号系统的特点是什么?
8. 城市轨道交通信号系统的功能层次是什么?

技能训练 1 车辆段/停车场信号设备认知

1. 实验目的

①了解车辆段/停车场内线路特点。

②认识车辆段/停车场内的信号设备，并初步了解其功能。
③初步建立车辆段/停车场信号系统框架，认识信号平面布置图上各设备的图形符号。

2. 实验设备

车辆段/停车场信号设备（有条件可现场参观）的视频资料、图片或信号平面布置图。

3. 实验内容

①观察车辆段/停车场内线路特点，了解各线路的名称和作用。
②认识车辆段/停车场内各种信号机，观察其设置位置、灯光配列及名称。
③认识车辆段/停车场内的转辙机，观察转辙机设置的位置及其与道岔的关系。
④观察比较轨道电路的设备设置，并仔细观察有钢轨绝缘处轨缝和无钢轨绝缘处轨缝部件的异同。
⑤观察信号楼控制室内设备及信号设备室内的信号设备，了解通过操作信号楼控制室设备可控制室外的转辙机、信号机的概念。
⑥认识转换轨处的信号设备，观察一度停车与信号机之间的位置关系。
⑦在信号平面布置图上能指出相关信号设备并简单说明其作用。

4. 注意事项

①本次实训以认知为主，可了解设备的一般功能。
②注意建立各设备间的联系。

技能训练 2　正线信号设备认知

1. 实验目的

①了解正线的线路特点。
②认识正线上的信号设备，并初步了解其功能。
③初步建立正线信号系统框架，认识信号平面布置图上各设备的图形符号。

2. 实验设备

正线信号设备（有条件可现场参观）的视频资料、图片或信号平面布置图。

3. 实验内容

①认识控制中心的信号设备，观察综合显示屏的显示内容，尤其是对列车追踪的显示法，比较与调度员工作站显示内容的异同。
②认识车站的信号设备，观察发车指示牌的显示与列车发车的关系；找到站台上紧急车的位置；观察乘客向导牌上的内容。
③观察列车的停站位置、车门与屏蔽门/安全门的开关情况。
④认识车载信号设备，观察司机室的人机界面显示内容。

4. 注意事项

①本次实训以认知为主，可了解设备的一般功能。
②注意建立各设备间的联系。
③正线线路层的信号设备在正常运营期间是无法现场参观的，在以视频或图片认识设备时，采用不同信号制式线路的信号设备要分开观看，以免造成不同线路间的设备混淆。

第三节 城市轨道交通信号安全技术

任务导入

城市轨道交通信号系统作为保证列车安全、正点、快捷、舒适、高密度不间断运行的重要技术装备，在城市轨道交通系统中有着举足轻重的地位。因此，信号系统的安全性就显得尤其关键和重要。

学习要点

知识目标

1. 掌握故障—安全原则的定义；
2. 掌握传统故障—安全技术的主要方法；
3. 了解现代信号系统安全技术的特点；
4. 了解信号系统的降级模式及其控制方法；
5. 了解信号系统的后备模式及应用情况。

技能目标

1. 能够判断应用的传统故障—安全技术类型；
2. 能够列举城市轨道交通信号系统降级模式或后备模式实例。

相关案例

2018 年 4 月 9 日，西安地铁运营分公司发布官方微博，针对地铁信号故障发表声明，称"今早 6 点 35 分，地铁 3 号线保税区联锁区发生信号故障，造成桃花潭至保税区段列车降级运行，部分列车延误。7 点 04 分故障排除"。

结构框图

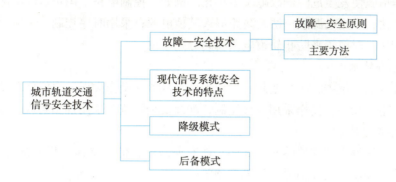

1.3.1　故障—安全技术

1. 故障—安全原则

信号系统的第一使命是保证行车安全，相关系统必须满足"故障—安全"的导向原则。狭义的故障—安全技术是指：设备或系统发生故障时，不会错误地给出危险侧输出，能使设备或系统导向安全侧的手段。狭义的故障—安全技术以设备或系统本身具有的性能为特点，城市轨道交通的信号安全技术以采用综合技术为特点，提高信号系统的可靠性与安全性。

2. 传统的故障—安全技术的主要方法

（1）安全侧分配法

对涉及行车安全的信号器件或设备，选取安全或相对安全的状态为安全侧，故障以后导向安全侧，这对断线、断电起到有效保护。例如，信号机以关闭状态为安全侧，道岔以维持现有的密贴状态为安全侧。

（2）排除法

利用自然法则或特殊材质制造非对称性信号器材，或利用特殊结构电路排除一些故障。例如，最典型的就是利用重力法原理和不粘连材质的接点构成安全型继电器；采用高强度绝缘线和隔开连接端子等措施预防室内继电电路混线故障，采用电源与继电器分离法或利用极性继电器的特点保护控制线混线的方法预防室外混线故障。

（3）闭环法

利用闭环原理使电路或设备形成完整系统，并具有自监测功能，以便及时发现故障。闭环法的运用小到单元电路，使电路具有自测功能。例如，数字轨道电路信息的发送和检测，形成列控系统的一个闭环，使故障能及时被发现。

（4）联锁法

利用逻辑处理及时发现故障，并使单个故障能导向安全状态。例如，车辆段/车场内轨道电路发生瞬时分路不良或短路故障的可能性较大，所以，联锁中采用三点检查法，要求前方区段解锁、本区段占用并出清、下区段占用三个条件都具备，才能正常解锁本区段。

3. 其他的信号安全技术

（1）危险侧故障率最小化技术

采取安全措施使发生危险侧故障率最小化。例如，控制电路采用正负电源侧加入同样控制条件的双断法；采用电源隔离法，防止混入其他电源；采用时序控制，来减少危险侧故障率，例如，利用延时解锁来防止轨道电路瞬间分路不良。

（2）防错办技术

在有人介入的系统中，减少或防止操作失误，或即使操作失误，也能使系统处于安全状态。例如，继电联锁中，操作采用双按钮制，涉及安全的按钮采用加铅封或计数。

（3）故障弱化技术

当设备或系统发生局部故障时，某些功能有所减弱，但在整体上仍能维持使用。例如，灯光转移或降级显示、引导信号、故障解锁等。

（4）冗余技术

通过提高设备或系统的可靠性来减少故障。例如，设备或系统的热备、冷备、三取二、二乘二取二和信号灯的双灯丝等。

（5）多重化技术

利用多套软件或硬件，实现数据比较和正确性检查，控制危险侧输出。例如，计算机联锁主机的三取二或二乘二取二系统。

（6）安全冗余技术

利用参数或时间等的冗余，使系统具有较大的安全系数。例如，采用不满负荷、设计元器件降额使用、延时解锁等。

（7）故障检测与诊断技术

利用检测与诊断技术及时发现故障并定位故障，有利于及时排除故障。可以采用设备或系统的自检测、联机检测和脱机检测。

（8）故障恢复技术

在检测出和定位故障后，应最快排除故障，使系统迅速恢复工作。例如，采用插拔式继电器、插接式连接、带电插拔和轨道停电恢复等。

（9）过程控制技术

对系统和设备研发的过程进行控制。例如，安全性评估、安全性认证和测试审查等。

1.3.2 现代信号系统安全技术的特点

现代信号系统是以通信、计算机、控制技术一体为基础的，但故障—安全技术仍应区别于其他行业的特性。

现代信号系统以前的信号系统，以具有非对称故障特性的安全型信号继电器和闭环原理为基础，实现信号系统的故障—安全，力图建立一种绝对化的故障—安全性系统。随着可靠性理论的发展，对故障的分析建立在概率论的基础上，揭示了故障—安全也应该是一个具有概率特性的概念。于是不具有非对称故障的电子元器件和非安全通信通道也应用于铁路信号系统，通过采用各种可靠性技术和容错技术等来实现现代信号系统的故障—安全特性。

现代信号系统的故障—安全特性，是建立在高可靠性基础上的。新概念认为：设备或系统的故障不可避免，可以足够小，但不可能为零。故障的后果可分为危险侧和安全侧，危险侧故障概率应足够小；安全侧故障也应尽量小，不然可用性就差。

现代信号系统依据新特点、新概念采取一系列有效的措施，来实现现代信号系统的故障—安全特性，主要包括：

①沿用了传统的安全技术。
②采用各种可靠性技术和容错技术。
③完整和详细的标准。
④加强过程控制。
⑤加强故障检测和系统测试，对系统自身的检测和专门的检测都很重视。

1.3.3 降级模式

移动闭塞方式的信号系统核心是列车自动控制系统（ATC），它由列车自动监控子系统（ATS）、列车自动防护子系统（ATP）、计算机联锁子系统（CI）和列车自动驾驶子系统（ATO）组成，采用车地双向通信，是基于通信的列车控制技术。图1-3-1所示为ATC系统结构框图。

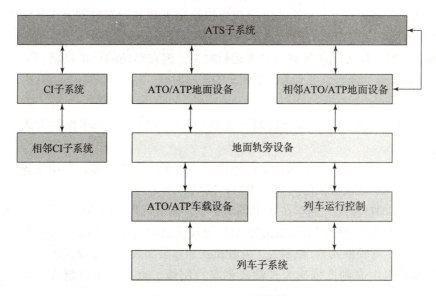

图1-3-1　ATC系统框图

当移动闭塞的信号系统ATC出现故障或一些突发事件时，ATC系统无法正常工作；在ATC的运营和检修过程中，当无车载设备的工程车、救援列车或非本线路车辆等在线路上运行时，ATC系统无法识别这些车辆，为了解决上述问题，信号系统应支持降级模式。

降级模式是ATC系统在本级行车控制模式下不能工作时，自动或手动转换到下一级行车控制模式下，并维持运营的方式。一般来说，降级式是比上一级模式系统功能降低、级别降低的一种方式。

ATC系统的降级控制模式，按照ATC系统的各个组成子系统的不同情况，可分为以下几种。

1. ATS 子系统故障下的降级控制方式

ATS 控制级别由高到低依次为 ATS 中心自动控制、ATS 中心人工控制、ATS 车站自动控制和 ATS 车站人工控制。

部分地铁项目除设有控制中心外，还设有备用控制中心。正常运营时，控制中心进行全线控制，备用控制中心不做运行控制，只用于在线监视、培训或维护。当控制中心发生通信中断、系统被病毒感染、控制中心地区因疾病应被隔离、控制中心建筑电力供应出现重大事故问题等故障和突发事件时，控制中心不能继续使用，备用控制中心转换到正常控制模式，保障列车在 ATS 功能下继续运行，此时，降级模式下的备用控制中心可能不具备控制中心完备的运行时刻表功能和由于远程登录造成通信实时性差的功能缺失，但可以保障系统正常运行。ATS 子系统与信号其他子系统结合，根据列车运行时刻表进行进路的中心自动控制，必要时中心调度员可介入进行中心人工控制。

当控制中心设备或通信通道故障或运行需要时，系统可自动降级为车站自动控制。当运营需要时，可通过中心调度员与车站值班员办理授、受权手续后，实现各设备集中站自动控制或车站人工（本地）控制。在挤岔等特殊情况下，需要执行特定的操作，这些操作只能在车站 ATS 分机上执行。

在车站自动控制方式下，车站 ATS 分机可以根据下载的列车时刻表或从轨旁设备接收有关接近列车的车次号、目的地号、列车位置等信息进行列车进路的车站自动控制。当车站自动控制时，车站 ATS 系统不能调整列车运行时刻，但在车站的现地控制 LCP 盘上人工进行"扣车/终止扣车"操作，可人为改变列车的停站时间，达到调整列车运行的目的。

2. ATP/ATO 子系统故障下的降级控制方式

ATP/ATO 子系统故障下的降级控制方式即列车驾驶模式和列车控制模式的降级控制方式。

正常运行时，ATC 系统根据联锁表、运行图、列车位置等信息，自动生成并输出进路控制命令，传送到联锁设备，排列列车进路，同时，列车运行指令由 ATS 系统通过轨旁设备发给车载 ATP/ATO 系统，列车在 ATP 的防护下，按运行指令由 ATO 实现列车的驾驶。

列车的驾驶模式级别由高到低依次为 ATO 模式（自动运行驾驶模式）、ATP 模式（ATP 速度监控下的人工驾驶模式）、限制人工驾驶模式和非限制人工驾驶模式。

列车控制等级由高到低依次为连续式列车控制级、点式列车控制级、联锁级列车控制级。

（1）在基于移动闭塞的连续式列车控制等级下的降级控制

在正常运行时，列车可在 ATO 模式下运行；在 ATO 的轨旁设备或车载设备故障，而 ATP 的轨旁设备和车载设备正常时，列车可在降级的 ATP 模式下运行；在 ATO 的轨旁设备或车载设备故障、ATP 的轨旁设备故障，而 ATP 车载设备正常时，列车可在降级的限制人工驾驶模式下运行。

（2）在基于固定闭塞的点式列车控制等级下的降级控制

当 ATO 和 ATP 的轨旁设备故障或轨旁设备和车载设备间的通信故障时，可以由连续式列车控制等级降级为点式列车控制等级，此时的列车移动授权不能由无线通信的轨旁设备得到，可通过轨旁电子单元获得，此时的列车仍可以在 ATO 模式下运行。在上述情况下，

ATO 车载设备又故障时,列车可在降级的 ATP 模式下运行。在 ATO 和 ATP 车载设备均故障时,列车可在降级的联锁级列车控制等级下运行。

(3) 在联锁级列车控制等级下的列车控制

在系统正常运营时,有未装备车载系统的车辆进入运营线路时,此时该车辆所在的区段部分可降级至联锁级列车控制等级的非限制人工驾驶模式下运行,其他区段仍可在原列车控制等级下运营。在未装备车载系统的车辆和 ATO/ATP 车载设备均故障的车辆所在的联锁级列车控制等级区段前方应进行防护,防止有后续列车接近该区段。此时的列车移动授权通过司机人工辨认地面信号机显示实现,行车安全由司机人工保证。

3. 计算机联锁子系统故障下的降级控制方式

(1) 车站联锁设备故障

车站计算机联锁设备通常采用多重冗余结构,可靠性高,一台设备故障时,不影响系统正常运行。如果多台设备同时故障,其控制范围内将丧失进路控制、联锁和 ATP/ATO 功能,此时列车的安全完全由人工保证。

(2) 车辆段联锁设备故障

当车辆段联锁设备故障时,仅能利用人工引导列车运行,此时行车安全由行车组织保证。

1.3.4 后备模式

1. 后备模式的由来及必要性

目前国内在建及拟建的城市轨道交通项目中,信号系统大多采用基于通信传输信息的列车控制(CBTC)系统,该系统为目前主流的列车运行控制系统,国外有 CBTC 系统无后备系统的运营经验,但是根据目前国内实施的 CBTC 项目来看,CBTC 系统采用适当的后备模式还是有必要的。后备模式是移动闭塞系统在非完整 ATC 模式下的一种简化运营,主要应用在如下情形:

①线路开通初期,信号系统不具备 ATP/ATO 开通条件的临时过渡期间列车运行;
②未配备车载设备的车(如工程车或不兼容本线信号系统的列车)运行时;
③正线的轨旁通信设备故障(如轨旁通信网络故障或轨旁 AP 故障),而联锁完好时;
④车载设备故障,为了使故障列车尽快撤离,恢复系统正常运营时。

上述情况发生时,车载设备与轨旁设备间无法形成连续通信,移动闭塞 CBTC 系统可采用后备模式降级使用。不同的运行等级可以使用一个比较低的等级作为后备级,后备模式是以车站联锁设备正常运行为基础的。联锁设备利用计轴器或轨道电路设备判断区间的占用/空闲状态,根据进路要求,控制道岔的定/反位操作,根据轨道区段、道岔位置、信号状态,控制防护信号机和出站信号机的开放/关闭,限制列车按后备模式运行。当故障消除后,后备模式自动恢复为正常模式。

尽管后备模式系统不是 CBTC 必需的系统,但是目前国内的 CBTC 系统项目均选择了适当的后备模式系统,对于 CBTC 系统工程的建设、保证行车安全和效率还是非常有益的。

2. 后备模式

移动闭塞系统是城市轨道交通信号控制系统未来的发展方向之一,通常采用基于通信的列车控制系统（CBTC）来实现，目前主要有感应环线、漏泄波导管、漏泄电缆、无线扩频等传输方式。通常情况下，移动闭塞系统工作在 ATC 模式。当控制中心通信故障（如环线或多个扩频电台故障、区域控制单元故障等）时，系统出现 ATC 模式无法处理的故障，就会出现大面积的瘫痪。另外，在日常检修中，故障车、工程车、救援车等无车载设备的车辆需在线路上运行，为了解决上述问题人们引入了后备模式的概念。

后备模式是移动闭塞系统在非 ATC 模式下的一种简化了的运营方式。在该模式下，可完成对道岔和信号机的控制，实现部分或全部联锁功能。同时，驾驶员根据信号机显示和相关运营组织安全规则驾驶列车。提供这种运营模式的设备称为后备系统，它不但可以解决移动闭塞系统部分或全部故障情况、城市轨道交通正常运营的问题，而且能够解决 ATP 闭塞系统尚未开通时的临时过渡问题。

后备系统，即线路辅助系统或第 2 列车控制系统，能够为故障列车和没有装载 ATP 的"裸车"提供全部或部分的列车自动保护功能，是移动闭塞系统"故障—安全"原则的体系。当然，后备系统也包含车载设备。

在移动闭塞系统正常运营情况下，后备系统处于备用状态，不直接参与正常运营。只有在移动闭塞系统部分或全部故障（即系统瘫痪）的情况下，后备系统才以自动或人工的方式启动。根据设计要求及线路的实际情况，也可以将后备系统作为移动闭塞系统的 1 个子系统，参与正常运营。

通常，后备系统需要具备列车定位、列车安全间隔保证、道岔防护等功能，从而保证后备系统启用时，线路实现自动闭塞或站间闭塞。

3. 主要 CBTC 信号系统厂商的后备模式系统构成

各 CBTC 信号系统厂家主要选择计轴器作为辅助检查设备，设置 CBTC 信号机、有源应答器（信标）等轨旁设备实现不同的后备模式功能。目前国内外部分实施的 CBTC 项目后备模式应用情况见表 1-3-1。

表 1-3-1　目前国内外 CBTC 项目后备模式应用情况

项目	ALSTOM 公司			SIEMENS 公司	Alcatel 公司	USSI 公司
供货业绩	新加坡东北线（已开通）	北京地铁2号线改造	北京机场线	广州 4 号线、广州 5 号线、北京 10 号线、南京地铁 2 号线	上海地铁 8、9、6 号线、广州地铁 3 号线	沈阳地铁 1 号线，成都地铁 2 号线
后备设备	点式 ATP + 站间闭塞	点式 ATP + 站间闭塞	站间闭塞	点式 ATP + 站间闭塞	简单点式超防 + 站间闭塞	站间闭塞	点式 ATP + 站间闭塞
辅助检查设备	轨道电路	计轴	计轴	计轴	计轴	计轴	计轴

4. 后备系统的选择

各个系统供货商目前正在实施的工程点式超防功能存在很大的差异，有的只是实现简单的超过线路限速的超防功能及闯红灯时的自动停车功能。

后备系统的选择应考虑线路和运营的具体需求，不宜要求过高。若后备模式过于复杂，不可避免地导致接口和轨旁设备的增加，造成系统复杂，初期投资及运营维护成本加大，失去了选用移动闭塞轨旁设备简单的优势。

思考与练习

1. 什么是故障安全技术？
2. 传统的故障—安全技术的主要方法有哪些？
3. 现代信号系统安全技术的特点有哪些？
4. 什么是降级模式？
5. 简述 ATS 子系统故障下的降级控制方式。
6. 简述 ATP/ATO 子系统故障下的降级控制方式。
7. 简述计算机联锁系统故障下的降级控制方式。
8. 什么是后备模式？
9. 简述设置后备模式的必要性。
10. 举例说明各 CBTC 信号系统厂家选用的后备模式。

知识链接

地铁信号"故障—安全"原则应用举例

地铁信号故障—安全的设计有：

1. 信号机常态：亮红灯，并显示不能升级。
2. 关键设备采用二乘二取二或三取二设计，如联锁机（A、B 机）、车载 CC、ZC/LC、车载 DCS 天线。
3. 并存 CBTC 和后备两种运营模式。
4. 主要由中央 OCC 控制，但保留本地 LATS 站控。
5. 主要服务器通常设两台，一主一备。
6. 道岔的动作及表示也符合"故障—安全"原则。
7. 骨干网通信设置有主、备用光纤，并且设有 OLP。当主用骨干网故障时，自动切换至备用。
8. ATP 功能中定义了列车开关门，并且以下几种情况遵循了"故障—安全"原则：
   (1) 受控列车过了定义的停站时间，车门自动关闭；
   (2) CBTC 模式下所有车门关好后，列车才能发车；
   (3) 受控列车离站，在区间检测到有车门未关闭，列车自动触发 EB。
9. 车载内部以太网通信设置红蓝双套网络。

10. 列车驾驶模式里，高防护级别的驾驶模式往低防护级别的驾驶模式转换时，需要停车转换；低防护级别的驾驶模式往高防护级别的驾驶模式转换时，不需要停车转换。

11. CBTC 模式下，ZC 发送给列车的 LMA/EOA（移动权限）里已经将保护区段及列车制动的最坏的情况考虑在内。

12. 机柜电源一般都设两路独立电源供电，如 DCS 机柜分红网、蓝网，分两路电源左右走线。

13. 信号用电为一级负荷，供电采用两路独立互不影响的市电供入。为了防止供电的中断，信号机房设有 UPS 不间断电源。并且为了保持电压的稳定，所有供给设备的电源，都会先经过信号电源屏处理后送至负载。

14. 室外高架露天区域设备及室内至室外可能遭受雷击的设备设有防雷元件，以防止雷击致使设备故障，从而危及行车安全（如露天区域每个 TRE 外箱需另加防雷元件）。

15. 检查区段状况的 GJ 继电器，用落下状态来表示区段占用，用吸起状态来表示区段空闲，符合"故障—安全"原则。

16. 采用波导管通信方式的项目，在定测波导管时，会将切换考虑在内，两个小波导管区段设有重叠区段，以保证切换区域的通信质量，以列车的最高速度来计算所需要的重叠区段的长度。

17. 骨干网红蓝网单网也能满足通信需要，但为了在紧急情况下单一网络故障不影响行车及安全，实际中调试好双网并且运营前做单网通信测试。

18. 运营前做相关设备的 EMC 电磁干扰测试，以避免设备在运营后相互干扰。

19. 相关设备元件尽可能为 LRU 原则设置，方便进行故障部位的及时更换。

20. ATC 列控系统软件中设置有各种确保安全的设计，当列车相关设备检测到不安全的因素时，会触发 EB（如检测到超时的轮径丢失、超速、完整性丢失、通信丢失、位置丢失等）。

第一章 测试题

第二章
信号基础设备

在城市轨道交通信号系统中,信号基础设备主要包括信号继电器、信号机、轨道电路、转辙机、计轴设备、应答器等。信号基础设备是十分重要的技术装备,是保障城市轨道交通运行安全、提高运输能力和效率的基础。

第一节 信号继电器

  任务导入

信号继电器是城市轨道交通信号控制技术中的重要部件。它无论作为继电联锁系统的核心部件，还是作为计算机联锁系统中的接口部件，都发挥着重要作用。继电器动作的可靠性直接影响到信号系统的可靠性和安全性。

 **学习要点**

知识目标

1. 掌握直流无极继电器的结构及工作原理；
2. 掌握偏极继电器、有极继电器、整流继电器的结构及工作原理；
3. 掌握交流二元继电器的结构及特点；
4. 了解安全型继电器的型号表示。

技能目标

1. 通过模拟实训掌握信号继电器的工作特点；
2. 认识不同类型的信号继电器；
3. 掌握交流二元继电器的结构及特点；
4. 会使用信号继电器测试台及可调电源。

  相关案例

某城市地铁1号线某一车站进站信号机发生故障，无法正常开通接车信号，影响正常运营秩序。经检查，确认事故起为该进站信号机控制点灯电路中的信号继电器衔铁机构中接电因大电流而熔接相连，无法正常实现复位。

结构框图

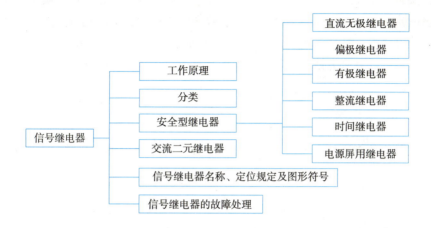

2.1.1 信号继电器的基本工作原理

随着电子技术的迅速发展，电子器件在相当大程度上逐渐取代了继电器构成了自动控制系统或远程控制系统，技术水平提高迅速。但因为继电器具有电子器件无法比拟的"故障—安全"性能，所以，在未来一定时期内，继电器在铁路信号及轨道交通信号领域，仍将起着重要的作用。继电器将继续作为计算机联锁系统中系统主机与信号机、转辙机、轨道电路、应答器等线路执行信号设备的接口电路使用。

1. 继电器组成

继电器主要由电磁系统和接点系统两部分构成，如图2-1-1所示，其中电磁系统由线圈、铁芯、轭铁和可动的衔铁组成，是继电器的感知机构，用来感知和接受输入量。接点系统由动接点和静接点组成，是继电器的执行机构，实现对其他设备的控制。

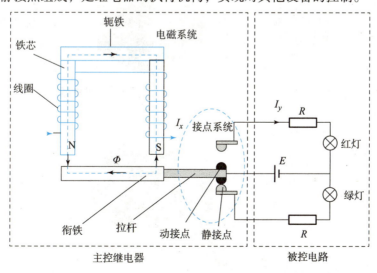

图2-1-1 继电器的主要组成及工作原理

2. 工作原理

如图 2-1-1 所示,当线圈中通入一定大小的电流后,在衔铁和铁芯之间产生一定数量的磁通 Φ,该磁通经铁芯、衔铁及轭铁,形成闭合磁路,铁芯对衔铁产生吸引力,当吸引力增大到克服衔铁向铁芯运动的阻力时,衔铁被吸向铁芯。衔铁上的动接点随之动作,与前接点接通,被控电路中红灯亮;当线圈中电流 I_x 减小,吸引力随之减小,当电流减小到产生的电磁吸引力不足以克服衔铁重力时,衔铁依靠重力作用落下,动接点与后接点接通,被控电路中绿灯亮。

2.1.2 信号继电器的分类

①按继电器的动作原理,可以分为电磁继电器、感应继电器、热继电器和固态继电器,见表 2-1-1。

表 2-1-1 继电器按动作原理分类

名称	基本原理	示例图片	应用
电磁继电器	利用电流通过线圈产生的磁场来实现动作的继电器	 JWXC-1700 型无极继电器	计算机联锁系统接口电路
感应继电器	利用电流通过线圈产生的交变磁场与其翼板中的另一交变磁场感应的电流相互作用,使翼板转动,带动接点动作的继电器	 JRJC1-70/240 交流二元二位继电器	相敏轨道电路
热继电器	利用膨胀系数不同的双金属片加热后单向弯曲的物理特性使接点动作的继电器	 NR2-25/Z 热继电器	取暖器、微波炉、电热式热水器、饮水机、洗碗机、消毒柜及烘干机等家用电器及工业电子设备中

38

续表

名称	基本原理	示例图片	应用
固态继电器	无接点电子开关，由分立元件、模固定电阻网络和芯片采用混合工艺组装而成，实现输入电路与输出电路的电隔离和信号耦合，由固态器件实现负载的通断切换功能，内部无任何可动部件	SSR 调压型模块	SSR、TSR 调压型模块，可采用外配模拟量信号来接发模块就可实现线性可调输出电压；交流调功；HS 系列 SSR 产品，可直接用于三相电动机的控制

②按动作电流，可以分为直流继电器、交流继电器及整流继电器。

直流继电器，由直流电源供电。按照电流的极性不同，可分为无极、偏极和有极继电器。直流继电器都是电磁继电器。

交流继电器，由交流电源供电。例如，信号机点灯电路中用于监督信号机是否灭灯的灯丝继电器，用于信号机主、副灯丝转换的灯丝转换继电器，交流二元继电器等。

整流继电器用于交流电路中，通过整流部件将交流电转换为直流电。

③按动作速度，可以分为快速动作继电器及缓动继电器。

快速动作继电器，衔铁动作时间小于 0.1 s。正常动作继电器，衔铁动作时间为 0.1～0.3 s，大部分信号继电器属于此类。缓动继电器，衔铁动作时间大于 0.3 s，包括缓吸和缓放两种，例如时间继电器主要取其缓放特征。

④按继电器输量的物理性质，可分为电流继电器、电压继电器、功率继电器、频率继电器和非电量继电器。非电量继电器的吸起和落下反映非电量（温度、压力、速度等）的变化。

⑤按继电器执行部件的构造原理（有无接点），可将继电器分为有接点继电器和无接点继电器，例如铁磁无接点继电器和半导体无接点继电器。

⑥按继电器接点结构，可分为普通接点继电器和加强接点继电器。

普通接点继电器，开断功率较小，能满足一般信号电路的要求，多数信号继电器为普通接点继电器。加强接点继电器，具有开断功率较大的通路能力，以满足电压较高、电流较大的信号电路的要求。

⑦按工作可靠度，可分为安全型继电器和非安全型继电器。

安全型继电器，依靠自身结构满足系统的要求，主要依靠重力作用释放衔铁。非安全型继电器，断电后依靠弹力保证继电器落下，又称为弹力式继电器。

2.1.3 安全型继电器

20 世纪 60 年中期，我国技术人员自主设计了体积较小的 AX 系列安全型继电器，它与座式继电器和大插入式继电器相比，结构新颖、质量小、体积小、安全性高、性能稳定，能满足信号电路对继电器提出的各种要求。AX 系列安全型继电器是我国城市轨道交通信号继电器的主要定型产品。

安全型继电器是 24 V 系列的重力式、弹力式直流无极继电器,有很多种类,特性和线圈电阻值各不相同,在信号电路中有不同的作用。其典型结构为无极继电器,其他各类型继电器由无极继电器派生。

1. 安全型继电器的特点

在铁路信号系统中,凡是涉及行车安全的继电电路,都必须采用安全型继电器。所谓安全型继电器,是指它的结构必须符合故障—安全原则(发生安全侧故障的可能性远远大于发生危险侧故障的可能性。处于禁止运行状态的故障有利于行车安全,称为安全侧故障;处于允许运行状态的故障可能危及行车安全,称为危险侧故障)。它是一种故障不对称器件,在故障情况下,使前接点闭合的概率远小于使后接点闭合的概率。这样,就可以用前接点代表危险侧信息,用后接点代表安全侧信息。

为了达到故障—安全要求,安全型继电器在结构上有以下特点:

①前接点采用熔点高、不会因熔化而使前接点粘连的导电性能良好的材料。

②增加衔铁质量,采用"重力恒定"原理,在线圈断电时,强制将中接点与前接点断开。

③采用剩磁极小的铁磁材料构成磁路系统,并在衔铁与极靴之间设有一定厚度的非磁性止片,当衔铁吸起时,仍有一定的气隙,以防剩磁吸力将衔铁吸住。

④衔铁不致因机械故障而卡在吸起状态。

安全型继电器的寿命,主要指接点的寿命,包括电寿命和机械寿命。继电器的电寿命,规定为:普通接点 2×10^6 次;加强接点 2×10^5 次;有极继电器的加强接点、反位接点,接通 1×10^5 次,断开 1×10^3 次;机械寿命为 10×10^6 次。

2. 安全型继电器分类

(1)直流无极继电器

1)结构

JXJC-1700 型直流无极继电器的结构如图 2-1-2 所示。由直流电磁系统、接点系统、

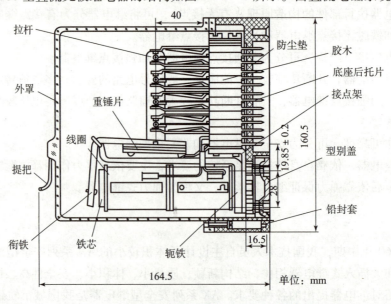

图 2-1-2 JXJC-1700 型直流无极继电器结构

外罩等部分组成。直流电磁系统主要由线圈、铁芯、衔铁、轭铁等组成,轭铁下部连接重锤片。线圈分为前圈和后圈,可根据电路需要设置单线圈控制、双线圈串联控制或双线圈并联控制。

接点系统位于电磁系统的上面,包括拉杆和接点组,拉杆通过接点架和螺钉紧固在轭铁上,使两者成为整体。接点系统采用两排纵列式联动结构,接点组数只能成偶数增减,拉杆中心线与接点中心线一致,减少传动损失。接点单元包括由锡磷青铜制成的接点片与由黄铜制成的托片两部分,两组对称地压制在胶木内。

2) 工作原理

JXJC-1700 型继电器电磁系统如图 2-1-3 所示。在线圈中加上直流电后,线圈中的电流 I 使铁芯磁化,在铁芯内产生磁通 Φ,它由铁芯极靴处经过主工作气隙 δ(单位为 mm)进入衔铁,又经第二个工作气隙 δ' 进入轭铁,然后回到铁芯,形成一个闭合磁路。

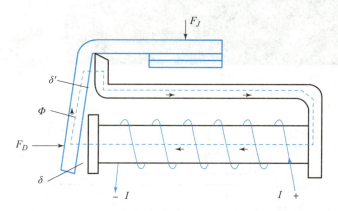

图 2-1-3　JXJC-1700 型继电器的动作原理

在工作气隙 δ 处,由于磁通 Φ 的作用,铁芯与衔铁间产生电磁吸引力 F_D,当 F_D 大到足以克服衔铁转动的机械力 F_J 时,衔铁与铁芯吸合。此时衔铁通过拉杆带动接点运动,使后接点断开,前接点闭合,此时继电器处于励磁状态(吸起状态)。当线圈中的电流减小时,铁芯中的磁通按一定规律减小,吸引力也随着减小。当电流小到一定值时,它所产生的吸引力小于机械力,衔铁离开铁芯被释放,拉杆带动接点运动,使之与前接点断开,与后接点闭合,此时继电器处于失磁状态(落下状态)。

(2) 偏极继电器

偏极继电器是为了满足信号电路中鉴别电流极性的需要设计的。例如 JPXC-1000 型偏极继电器,如图 2-1-4 所示。

1) 结构

JPXC-1000 型偏极继电器接点系统与无极继电器基本相同,磁路系统结构有所不同,如图 2-1-5 所示。铁芯的极靴是方形的,在极靴下方用两个螺丝固定一个 L 形的永久磁钢,衔铁处于极靴和永久磁钢之间,受永久磁钢的作用力处于落下状态。永久磁钢由铝镍钴合金材料制成,上部为 N 极,下部为 S 极。偏极继电器的两组线圈串联使用,接线方式与无极继电器相同。

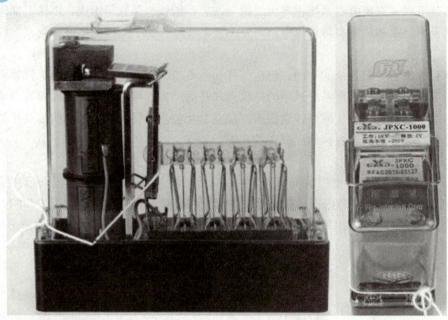

图 2-1-4 JPXC-1000 型偏极继电器

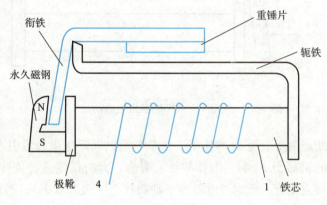

图 2-1-5 偏极继电器的磁路系统结构

2）工作原理

它与无极继电器不同，衔铁的吸起与线圈中电流的极性有关，只有通过规定方向的电流（1 正 4 负）时，衔铁才会吸起，而电流方向相反（1 负 4 正）时，继电器不动作。偏极继电器只有一种稳定状态，衔铁靠电磁力吸起，断电立即落下。

在偏极继电器的电气特性中要加一条特殊标准，即反向加 200 V 电压，衔铁不吸起，保证继电器工作的可靠性。

(3) 有极继电器

有极继电器根据线圈中电流极性不同，具有定位和反位两种稳定状态，这两种稳定状态在线圈中电流消失后保持不变，故又称之为极性保持继电器。常见的有极继电器有 JYJXC-J3000 型、JYXC-660 型、JYXC-270 型、JYJXC-135/220 型等。JYJXC-135/220 型有极继电器如图 2-1-6 所示。

图 2-1-6　JYJXC-135/220 型有极继电器

1）结构

有极继电器的磁路结构与无极继电器基本相同，不同的是用一块端部为刀形的长条永久磁铁代替部分轭铁，永久磁铁与轭铁用螺钉联结。止片由锡磷青铜板制成，外层镀镍，它在衔铁落下时起限位作用。JYJXC-135/220 型有极继电器磁路系统结构如图 2-1-7 所示。有极继电器常用定位和反位来表示继电器的状态，衔铁和铁芯极靴之间的间隙最小时的位置规定为定位（即吸起状态），此时动接点闭合的接点叫作定位接点；衔铁和铁芯极靴之间的间隙最大时的位置规定为反位（即落下状态），此时动接点闭合的接点叫作反位接点。

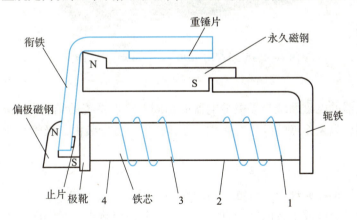

图 2-1-7　JYJXC-135/220 型有极继电器的磁路系统结构

2）工作原理

线圈通入规定方向电流时，继电器吸起，断电后衔铁保持在吸起位置；通以反向电流时，继电器落下，断电后衔铁保持在落下位置。

以分线圈使用的有极继电器 JYJXC-135/220 型为例，规定前圈的电源片 3 接电源正极，

4接电源负极时，为定位吸起状态；而后圈的电源片2接电源正极，1接电源负极时，为反位落下状态。

以两线圈串联使用的有极继电器，如JYXC-660型、JYXC-270型、JYJXC-J3000型有极继电器为例，电源片1接电源正极，4接电源负极，为定位吸起状态；反之，为反位落下状态。

（4）整流式继电器

整流式继电器用于交流电路中。它通过内部的半波或全波整流电路将交流电变为直流电而动作。之所以如此，是为了避免在AX系列继电器中采用结构形式完全不同的交流继电器，以提高产品的系列化、通用化程度。常见的整流式继电器有JZXC-480型、JZXC-H0.14/0.14型、JZXC-H156型、JZXC-H18型等。JZXC-H0.14/0.14型整流继电器如图2-1-8所示。

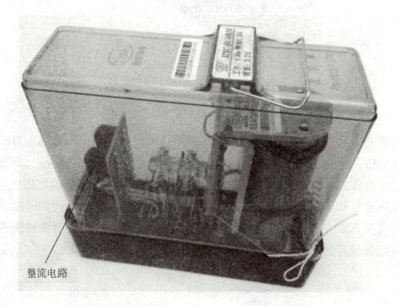

图2-1-8 JZXC-H0.14/0.14型整流继电器

1）结构

整流式继电器的电磁系统与无极继电器的相同，接点系统的结构与无极继电器的相同，零部件全部通用，只是接点的编号有区别。在接点组上方安装由二极管组成的半波或全波整流电路。

2）工作原理

整流式继电器动作原理与无极继电器的相同，但由于交流电源通过整流后动作继电器，在线圈上加上的是全波或半波的脉动直流电，工作时发出响声，对继电器正常工作带来不利影响。

（5）AX系列安全型继电器的型号表示

AX系列安全型继电器用汉语拼音字母和数字表示，字母表示继电器种类，数字表示线圈的电阻值（单位为Ω）。例如，JWJXC-H80/0.06，具体含义如下：

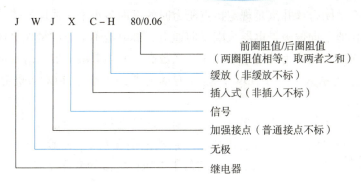

继电器的文字符号含义见表2-1-2。

表2-1-2 继电器文字符号含义

代号	含义		代号	含义	
	安全型	其他类型		安全型	其他类型
A		安全	R		二元
B		半导体	S		时间、灯丝、双门
C	插入	插入、传输、差动	T		通用、弹力
D		单门、动态	W	无极	
H	缓放	缓放	X	信号	信号、小型
J	继电器、加强点	继电器、加强点、交流	Y	有极	
P	偏极		Z	整流	整流、转换

(6) 安全继电器的特性

1) 电气特性

①额定值：满足继电器安全系数所必须接入的电压或电流值。AX系列继电器的额定电压为24 V，轨道继电器、灯丝继电器、道岔启动继电器除外。

②工作值：向继电器线圈通电，直到前接点全部闭合，并满足规定接点压力所需要的最小电压或电流值。一般不大于额定值的70%。

③反向工作值：向继电器线圈反向通电，直到衔铁止片与铁芯接触、全部前接点闭合，并满足接点压力需求的最小电压或电流值。一般略大于工作值，不大于工作值的120%。造成反向工作值大于工作值的原因是磁路剩磁的影响。

④吸起值：使继电器动作所需要的最小电压或电流值。

⑤释放值：向继电器通以规定的充磁值，然后逐渐降低电压或电流，至全部前接点断开时的最大电压或电流值。

⑥过负载值：继电器线圈不受破坏，电特性不受影响的最大允许接入的电压或电流值。此值一般为工作值的4倍。工作值一般为24 V，过负载值为96 V。

⑦转极值：有极继电器衔铁转换位置的最小电压或电流值，分为正向转极值和反向转极值。正向转极值是使有极继电器的衔铁由反位转换到定位，使定位接点全部闭合并满足规定接点压力时的正向最小电压或电流值；反向转极值是使有极继电器的衔铁由定位转换到反

位，使反位接点全部闭合，并满足规定接点压力时的反向最小电压或电流值。

⑧反向不工作值：向偏极继电器线圈反向通电，继电器不动作的最大电压值。

释放值和工作值之比称为返还系数，返还系数高，标志着继电器的落下灵敏度越高。规定普通继电器的返还系数不小于30%，缓放型继电器的不小于20%，轨道继电器的不小于50%。

⑨安全系数：额定值与工作值之比，此值越大，继电器工作越稳定。

⑩返还系数：释放值与工作值之比。返还系数范围在 0.2~0.99。AX 系列继电器的返还系数在 0.2~0.5。返还系数越大，继电器对于电压或电流的变化反应越灵敏。

2) 时间特性

电磁继电器的电磁系统中具有铁芯的电感线圈，存在非线性的电感，在接通或断开电源时，在电磁感应的作用下，铁芯中会产生涡流，在线路中产生感应电流。由楞次定律可知，这些电流产生的磁通阻碍铁芯中原有磁通的变化，所以电磁继电器或多或少都具有一些缓动的时间特性。

①继电器的时间特性：从线圈通电到衔铁动作，带动后接点断开，前接点接通，需要一定的时间，即吸合时间。当线圈衔铁动作，带动前接点断开，后接点接通，也需要一定的时间，即返回时间。如图 2-1-9 所示。

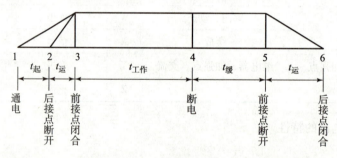

图 2-1-9 继电器动作时间

继电器的缓吸、缓放时间非常短，例如，JWXC-1000 型继电器的吸合时间为 0.150 s，返回时间为 0.015~0.020 s。如果继电器需要长的吸合和返回时间，就要对其本身的控制电路进行处理。

②改变继电器时间特性的方法：其一是改变继电器结构，以获得继电器的缓动。例如，在继电器铁芯上套短路铜环使继电器缓动，构成缓放型继电器，或者改变衔铁与铁芯间止片的厚度，改变继电器返回时间。其二是通过电路来实现。例如，继电器线圈两端串联 RC 并联电路，使其快吸，或者在继电器两端并联电阻或二极管，使其缓放。

3) 安全型继电器的机械特性与牵引特性

在继电器衔铁的动作过程中，衔铁上受到电磁吸引力和反作用力。电磁吸引力又称牵引力。反作用力与之方向相反，对于安全型继电器来说，是由衔铁（及重锤片）的重力和接点簧片的弹力组成的，所以称为机械力。要使继电器可靠工作，牵引力必须大于机械力。因此牵引力的大小要根据机械力来确定。

①机械特性。

AX 系列继电器机械力的大小与接点片的数量、重锤片的数量、衔铁的动程等有关,并且在衔铁的整个运动过程中所受到的机械力不是固定不变的,而是在一个很大的范围内变化的。也就是说,继电器的机械力 F_J 是随着衔铁与铁芯间的气隙 δ 的变化而变化的。$F_J = f(\delta)$ 的变化关系称为继电器的机械特性。表示这种变化关系的曲线,称为机械特性曲线。不同类型的继电器,其结构不同,机械特性也不同。

②牵引特性。

当无极继电器线圈上加上直流电源后,铁芯中就产生磁通,磁通经过铁芯与衔铁间的气隙 δ 时,对衔铁产生电磁吸引力,称为牵引力 F_Q。牵引力 F_Q 与线圈的磁势(线圈的匝数和所加电流的乘积 IW,通常称安匝)及气隙大小有关。当 δ 一定时,F_Q 与安匝(IW)的平方成正比;当安匝一定时,F_Q 与 δ 的平方成反比。即 F_Q 随 δ 呈双曲线规律而变化。牵引力 F_Q 随工作气隙 δ 变化的关系 $F_Q = f(\delta)$,称为牵引特性。

(7) 继电器插座

常见的 AX 系列安全型继电器是插入式的,需要加装继电器插座板,其结构如图 2-1-10 所示。插座插孔旁所注的接点编号是继电器的接点编号,各类型继电器的接点系统的位置与使用编号不同,而实际的插座只有一种。

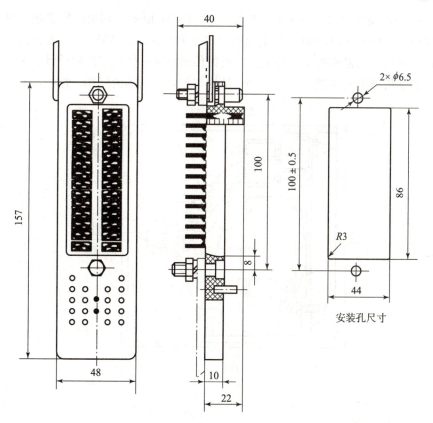

图 2-1-10　AX 系列安全型继电器插座

3. 时间继电器

JSBXC-850 型、JSBXC-780 型、JSBXC-820 型等时间继电器是一种缓吸继电器,借助电子电路，获得 180 s、30 s、13 s、3 s 等延时，以满足信号电路的需要。时间继电器由时间控制单元与 JWXC 型无极继电器组合而成。时间控制单元装在印刷电路板上，安装在接点组的上方。

4. 电源屏用继电器

电源屏用继电器是为信号电源屏专门设计的继电器，用来代替交流接触器和中间继电器，在电源屏中起转换、表示和监督作用，以减少电源屏故障，提高设备的可靠性。

电源屏用继电器分为无极、整流、交流三种继电器，按使用电源，分为交流 24 V、交流 220 V 和直流 24 V、直流 220 V 四种。采用插接式结构，安装方式与 AX 系列继电器相同。采用专用插座，其上端带有锁住装置，在继电器插入插座后，可以用卡板将继电器锁住，保证继电器在使用时与插座接触可靠。

2.1.4 交流二元继电器

交流二元继电器中的二元指有两个互相独立又互相作用的交变电磁系统，根据频率不同，交流二元继电器分为 25 Hz 和 50 Hz 两种。

1. 结构

JRJC – 45/300 型交流二元继电器结构如图 2 – 1 – 11 所示。其由电磁系统、翼板、接点等主要部件组成。JRJC – 45/300 型继电器外形尺寸为 126 mm × 165 mm，要占两个安全型继电器的位置。采用了增强整机结构稳定性的机械传动形式；优化了磁路设计，增大了电磁牵引力，并改善了机械电气性能；改进了接点结构与接点转动轴的结构，以提高动作可靠性。

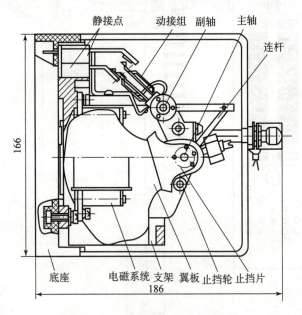

图 2 – 1 – 11　交流二元继电器结构

（1）电磁系统

电磁系统包括局部电磁系统和轨道电磁系统。局部电磁系统由局部铁芯和局部线圈组成。轨道电磁系统由轨道铁芯和轨道线圈组成。铁芯均由硅钢片叠成，线圈由高强度漆包线绕在线圈骨架上组成。

（2）翼板

翼板是将电磁系统的能量转换为机械能的关键部件。翼板由 1.2 mm 厚的铝板冲裁而成，安装在主轴上。翼板尾端安装有重锤螺母，对翼板起平衡作用，在翼板一侧的主轴上还安装一块 2.0 mm 厚由钢板制成的止挡片，与轴成一整体，使翼板转至上、下极端位置时受到限制，避免了卡阻现象。

（3）接点组

动接点固定在副轴上，主轴通过连杆带动副轴上的动杆单元使动接点动作。

2. 特点

（1）具有频率选择特性

当牵引电流不平衡时，将有其他频率的电压加在轨道线圈上，这时所产生的转矩力在一个周期内的平均值为零。即轨道线圈混入干扰电流与固定频率（25 Hz、50 Hz）的局部电流相作用，翼板不产生转矩，不能使继电器误动。只有局部线圈与轨道线圈接收到相同频率的电流时，继电器才能动作。

（2）具有相位选择特性

轨道线圈与局部线圈中的电流频率相同，继电器并不一定吸起，只有局部线圈电流相位超前轨道线圈的 0°～180°时，翼板才产生正转矩，使继电器能够吸起。当相位超前 90°时，正转矩最大。

2.1.5 信号继电器名称、定位规定及图形符号

1. 继电器的名称

信号继电器一般根据它的作用和功能命名。例如，按钮继电器反映按钮动作，用 AJ 表示；信号继电器实现信号控制，用 XJ 表示。在同一个控制系统中实现同一作用和功能的继电器要在名字上加以区分。例如，LZAJ 代表列车终端按钮继电器，FBJ 代表反位表示继电器，DCJ 代表定位操纵继电器。

同一继电器的线圈和接点必须用该继电器的名称符号来标记，以免混淆。同一继电器的各组接点需用编号注明，避免重复使用。

2. 继电器的定位规定

继电器有吸起和落下两种状态，在电路图中，继电器呈现的状态称为通常状态（定位状态）。在信号系统中，应该遵循以下原则来规定定位状态。

①继电器的定位状态应与设备的定位状态相一致，信号布置图中所反映的设备状态约定为设备的定位状态。例如，信号机以关闭状态为定位状态，道岔以开通位置为定位状态，轨道电路以空闲状态为定位状态。

②根据"故障—安全"原则，继电器的落下状态必须与设备的安全侧相一致。例如，信号继电器的落下应与信号关闭相一致，轨道继电器落下应与轨道电路占用相一致。这样，才能实现电路发生断线故障时导向安全侧。

③在电路图中，凡以吸起为定位状态的继电器，其线圈和接点处均以"↑"符号标记之；凡以落下为定位状态的继电器，其线圈和接点处均以"↓"符号标记之。

3. 继电器图形符号

在继电器电路中,继电器线圈的图形符号见表2-1-3,继电器接点的图形符号见表2-1-4。接点的图形有标准图形(工程图用)和简化图形(原理图用)两种。

表2-1-3 继电器线圈的图形符号

序号	符号	名称	说明
1		无极继电器	两线圈分接
2		无极缓放继电器	单线圈缓放
3			
4		无极加强继电器	
5		有极继电器	
6		有极加强继电器	两线圈分接
7		偏极继电器	
8		整流式继电器	
9		时间继电器	
10		单闭磁继电器	
11		交流继电器	
12		交流二元继电器	
13		动态继电器	两线圈分接
14		传输继电器	

表 2－1－4　继电器接点的图形符号

序号	名称	标准图形	简化图形
1	前接点闭合		
2	后接点断开		
3	前接点断开		
4	后接点闭合		
5	前后接点组（前接点闭合、后接点断开）		
6	前后接点组（前接点断开、后接点闭合）		
7	极性定位接点闭合		
8	极性定位接点断开		
9	极性反位接点闭合		
10	极性反位接点断开		
11	极性定位接点组		
12	极性反位接点组		

在继电器线圈符号上要标注线圈端子号，对于只有一个定位状态的继电器，需用箭头表明其定位状态。

接点组用两位表示，第一位表示接点组号，第二位表示动接点与静接点，例如，第一组接点，其动接点片为 11，前接点为 12，后接点为 13。

对于有极继电器，无法用箭头表示其状态，必须完整地标注其接点号。例如，111 表示中接点、112 表示定位接点、113 表示反位接点。百位的 1 表示有极，以区别于其他继电器。

2.1.6 信号继电器的作用及基本电路

1. 继电器的作用

目前，在轨道交通信号设备中，继电器的作用主要表现在以下几方面。

（1）表示功能

利用不同继电器表示线路的占用和空闲、信号的开放和关闭、道岔的定位和反位、区间的闭塞状态等。例如，每组联锁道岔均设置定位表示继电器（DBJ）和反位表示继电器（FBJ），当有关继电器吸起时，表示该道岔在定位或者反位，进而利用继电器触电接通控制台或显示屏的相关表示灯，并实现有关设备间的联锁关系。

（2）驱动功能

目前轨道交通信号设备中主要被控对象是信号机和转辙机，无论采用继电器联锁还是计算机联锁，都利用继电器控制相应设备。例如，车站联锁道岔控制电路中的定位操纵继电器（DCJ）和反位操纵继电器（FCJ），当条件满足，有关继电器吸起时，能够驱动道岔向定位或者反位转换。

（3）实现逻辑电路

在 6502 电气集中联锁电路中，完全利用继电电路判断道岔位置是否正确、进路是否空闲等条件，从而确定能否开放信号；信号开放后，利用继电电路锁闭与之相敌对的信号，并实现检查联锁条件，必要条件下及时关闭有关信号，保证行车安全。

2. 继电器的基本电路

（1）串联电路和并联电路

根据继电器触点在电路中的连接方式，继电电路可分为串联、并联和串并联三种形式。串联电路是指继电器触点串联连接的电路，其功能是实现逻辑"与"运算，如图 2 - 1 - 12 所示。

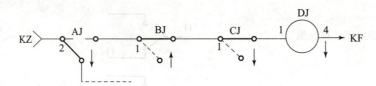

图 2 - 1 - 12 串联电路

并联电路中有关继电器触点并联连接在电路中，实现逻辑"或"运算，如图 2 - 1 - 13 所示。

根据逻辑功能的要求，大多实际电路中既有串联的触点，又有并联的触点，这类电路称为串并联电路，如图 2 - 1 - 14 所示。

（2）自闭电路

在继电电路中，为了实现自动控制、简化操作手续，使用由继电器自身前触点构成的电路，称为自闭电路。例如图 2 - 1 - 15 所示的自闭电路，按下自复式按钮 A

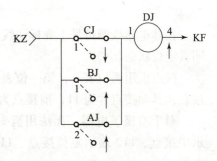

图 2 - 1 - 13 并联电路

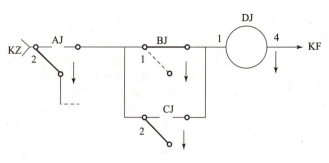

图 2-1-14 串并联电路

后，继电器 AJ 经过励磁电路吸起。松开按钮后，利用自闭电路使 AJ 仍能保持吸起，以记录按钮 A 被按下的动作，从而为其他电路的动作提供条件。当 AJ 的任务完成后，由其他继电器的触点使其复原。

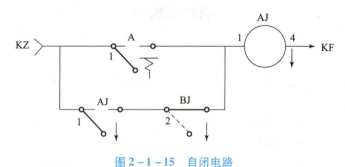

图 2-1-15 自闭电路

2.1.7 信号继电器的故障处理

信号继电器常见故障及处理方法见表 2-1-5。

表 2-1-5 信号继电器常见故障及处理方法

序号	故障	处理方法
1	继电器接点断线、脱焊、接插件接触不良故障的处理	继电电路的下一步动作不能正常进行，表现为其他利用该接点作为励磁电路条件的继电器不能正常吸合或继电电路外送电压不能正常送出。 结合继电器电路图，借用正电或负电来查找中断点，查到某一继电器接点的前或后接点有电，而经过动接点后没电，证明该组接点接触不良，需要进行更换继电器试验；若更换后故障恢复，证明故障原因与该组接点相关，继电器需要送回检修分解检查
2	继电器线圈断线，导致不能正常吸合	通常根据常看继电电路图，用万用表在继电器线圈两侧测试有无电压，若缺少正电或负电，为电路中某段断线或继电器接点接触不良等原因；若电压已经测到，证明继电器线圈有故障，需要更换继电器再试验；若更换后恢复，证明该继电器线圈有故障

续表

序号	故障	处理方法
3	继电器螺钉松脱导致的机械故障	发生故障时，通过认真观察继电器就可以发现，若继电器已经发生歪斜，多为螺钉松脱或继电器插入深度不够，可能是在检修或清洁时误碰导致，较容易发生的是继电器的接点组推杆断裂产生卡组，使电路中使用的接点不能正常接通或断开，导致继电电路的下一步动作不能正常进行。观察到继电器推杆断裂时，应及时更换
4	继电器时间特性不能满足要求	继电器时间特性变化主要发生在时间继电器和缓吸、缓放继电器上，处理此类故障通常需要结合继电器的时间特性，观察其动作时间是否满足要求，达不到要求的，予以更换

思考与练习

1. 简述继电器的基本原理。继电器在城市轨道交通信号系统中有哪些作用？
2. 信号继电器如何分类？
3. 安全型继电器有哪些特点？
4. 简述无极继电器的结构和工作原理。
5. 整流式继电器结构上有哪些特点？其与无极继电器有何异同？
6. 简述有极继电器的结构和工作原理。
7. 简述偏极继电器的磁路结构和工作原理。
8. 安全型继电器的电气特性主要包括哪些？各有什么含义？
9. 交流二元继电器结构有何特点？主要用于何处？
10. 识读各种继电器的名称和图形符号。

技能训练

技能训练1 信号继电器电检修

1. 实验目的

①熟悉 JWXC-1700、JPXC-1000、JYJXC-135/220、JZXC-480 型信号继电器的结构、工作原理、作用及特点。熟悉继电器接点系统编号、配线与接点电源配线。

②了解继电器鉴别孔和继电器鉴别销的作用。

③具备从外观上判断信号继电器类型的能力。

2. 实验设备

JWXC-1700、JPXC-1000、JYJXC-135/220、JZXC-480 型信号继电器各1台、插座、万用表、可调电源1台。

3. 实验内容

①观察 JWXC-1700、JPXC-1000、JYJXC-135/220、JZXC-480 四种不同类型继电器

外观，将其特点记录在表 2-1-6 中。

表 2-1-6　继电器基本参数

继电器型号	接点组数	通入正向电源状态	通入反向电源状态	线圈电压值	交流输入电压值
JWXC-1700					—
JPXC-1000					—
JYJXC-135/220					—
JZXC-480					

②接通电源，观察继电器吸起、落下状态。

③改变电源极性，观察继电器状态。

④将万用表旋钮放置于直流 50 V 上，测量线圈的电压值。

⑤对于 JZXC-480 型继电器，将万用表旋钮放置于交流 50 V 上，测量继电器的交流输入的电压值。

4. 注意事项

①使用万用表时，注意量程选择。

②安全用电。

技能训练 2　信号继电器电气性能测试

1. 实验目的

①熟悉 JWXC-1700、JPXC-1000、JYJXC-135/220、JZXC-480 型信号继电器的电气参数测试方法、测试标准。

②熟悉 AX 型信号继电器综合测试台的使用方法。

2. 实验设备

JWXC-1700、JPXC-1000、JYJXC-135/220、JZXC-480 型信号继电器各 1 台。

AX 型信号继电器综合测试台。

3. 实验内容

（1）JWXC-1700 型继电器测试

第一步：将 JWXC-1700 型 LXJ 放置在相应继电器插座上，对照插座接点编号，找出线圈和接点位置。

第二步：将极性选择按钮置于"正"，将电压旋钮旋至最小。接通电源，缓慢调节电压，使其升高，注意观察接点指示灯，待其全部变为绿灯时，显示器中电压读数即是其工作值。

第三步：继续升高电压至工作值的 4 倍，该值即是充磁值。

第四步：反向调低电压，注意观察接点指示灯，待其绿灯全部熄灭时，显示器中电压读数即是其释放值。

第五步：将极性选择按钮置于"负"，将电压旋钮旋至最小。接通电源，测试继电器的反向工作值、充磁值与释放值，方法同上。

(2) JPXC-1000型继电器测试

第一步：根据偏极继电器的特点，找出 JPXC-1700 型 DBJ 定位表示继电器。

第二步：将 JPXC-1000 型 DBJ 放置在相应继电器插座上，对照插座接点编号，找出线圈和接点位置。

第三步：将极性选择按钮置于"正"，将电压旋钮旋至最小。接通电源，缓慢调节电压，使其升高，注意观察接点指示灯，待其全部变为绿灯时，显示器中电压读数即是其工作值。

第四步：继续升高电压至工作值的4倍，该值即是充磁值。

第五步：反向调低电压，注意观察接点指示灯，待其绿灯全部熄灭时，显示器中电压读数即是其释放值。

第六步：改变电源极性，观察继电器状态。

(3) JYJXC-135/220型继电器测试

第一步：对照继电器型号将继电器插入测试台相应的位置。

第二步：将极性选择按钮置于"正"，将电压旋钮旋至最小。打开电源，缓慢调节电压，使其升高，待其全部变为绿灯时，接点指示灯显示器中电压读数即是反位向定位的转极值。

第三步：关闭测试开关，将极性选择按钮置于"负"，将电压旋钮旋至最小。打开电源，缓慢调节电压，使其升高，注意观察接点指示灯，待其全部变为红灯时，显示器中电压读数即是定位向反位的转极值。

(4) JZXC-480型继电器测试

测试过程与 JWXC-1700 型继电器的相同。

将以上测试结果填入表 2-1-7 中。

表 2-1-7 继电器电气特性

继电器型号	额定值	充磁值	电气特性参数/V			
			释放值	工作值	定位转极值	反位转极值
JWXC-1700					—	—
JPXC-1000						
JYJXC-135/220			—	—		
JZXC-480					—	—

4. 注意事项

①只允许单次测量1台继电器的电气特性。

②测试过程中不允许随意插拔继电器。

③测试完一台继电器，必须关掉测试电源之后再进行更换。

④电压调节按钮必须缓慢增加与降低。

⑤关闭总电源之前，取下被测继电器。

技能训练3 信号继电器电路制作

1. 实验目的

①掌握信号继电器电路制作方法；

②掌握电烙铁、直流可调电源等工具仪表的使用方法。

2. 实验设备

工具：万用表、直流可调电源、电烙铁、焊锡、剪刀。

材料：JWXC-1700型继电器1个，JWXC-H1200型继电器2个，按钮开关2个，导线若干，红色、绿色、黄色发光二极管各2个。

3. 实验内容

（1）利用JWXC-H1200型继电器构成的脉动偶电路控制黄色发光二极管闪烁

第一步：对照插座接点编号，找出JWXC-H1200型继电器的前后线圈及8组接点的位置。

第二步：按照图2-1-16所示的原理图焊接电路。

第三步：接通电源，观察发光二极管是否亮。

第四步：按下开关K，观察发光二极管是否闪烁。

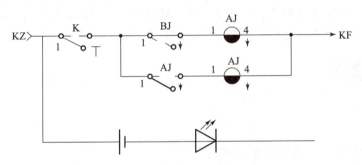

图2-1-16 脉动偶电路控制二极管闪烁

（2）利用JWXC-1700型继电器控制红、绿发光二极管闪烁

第一步：对照插座接点编号，找出JWXC-1700型继电器的前后线圈及8组接点的位置。

第二步：按照图2-1-17所示的原理图焊接电路。

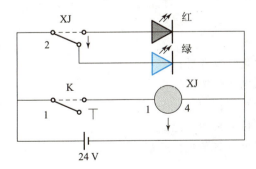

图2-1-17 继电器控制发光二极管电路

第三步：接通电源，观察绿色发光二极管是否亮。

第四步：按下开关K，观察红色发光二极管是否亮，绿色发光二极管是否灭。

4. 注意事项

①正确使用继电器接点组，注意其位置。
②用万用表测电路连接正确与否时，要注意其挡位、功能选择。
③发光二极管的选择，参数要匹配。二极管的极性要连接正确。
④插接继电器注意用力技巧，注意安全。
⑤注意正确使用工具，尤其是电烙铁的使用，避免烫伤。

第二节 信 号 机

信号机是城市轨道交通信号系统中重要的轨旁设备，它可以实现对列车运行的指挥，通过不同颜色的显示向列车发送行车指令，是控制列车运行的凭证。

知识目标

1. 掌握信号机的用途及显示含义；
2. 掌握透镜式色灯信号机、组合式色灯信号机及 LED 式信号机的结构；
3. 掌握信号机点灯电路的基本要求；
4. 掌握信号机的设置原则；
5. 了解安全型继电器的型号表示；
6. 了解信号机的图形符号。

技能目标

1. 能区分不同类型的色灯信号机；
2. 能正确测试信号机电气性能；
3. 会识读信号布置示意图；
4. 会更换透镜式色灯信号机的灯泡；
5. 能熟练完成透镜式色灯信号机内部配线。

 相关案例

2014 年 5 月 2 日下午，韩国首尔上往十里地铁站发生列车追尾事故，一列地铁进站时撞上停在站里的另一列地铁的尾部，导致 238 名乘客受伤，其中 3 人重伤。据调查：事故发生时，上往十里站的 2 台信号机显示了错误的信号，信号器本应亮起指示"停止"的红灯，却错误显示了指示"前进"的绿灯，使得列车自动停止装置没有运行，导致后面的列车与前车车尾相撞。

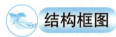

2.2.1 信号机的用途

信号机是保证行车安全、用于指挥列车运行的设备，是指示列车及调车作业的命令，行车有关人员必须熟知信号的显示方式，驾驶员必须按照信号机的显示要求进行行车及调车作业。

在城市轨道交通信号系统中，以车载信号为主体信号，正线区段基本上不设信号机，只有在道岔区域需要进路防护，或为了工程车、救援车作业需要时，才设置地面信号机。

2.2.2 信号的显示

1. 信号显示颜色的选择

城市轨道交通信号颜色的选择，应能达到明确、容易辨认、便于记忆，并具有足够的显示距离等基本要求。经过理论分析和长期实践，信号的基本颜色有红、黄、绿三种，信号的辅助颜色有蓝色、月白色两种。

信号的显示颜色及显示意义见表 2-2-1。

表 2-2-1 信号的显示颜色及显示意义

颜色	显示意义	类别
红色	停车信号，禁止越过该信号机（信号机熄灭或显示不明时，视为停车信号）	基本颜色
绿色	允许信号，信号机处于正常开放状态，可按规定速度通过该信号机	基本颜色
黄色	允许信号，信号机处于有限开放状态，要求列车注意或减速运行	基本颜色
蓝色	用于调车信号机，表示禁止越过该信号机调车	辅助颜色

续表

颜色	显示意义	类别
月白色	用于指示调车作业时，表示允许越过该信号机调车； 用于指示正线列车作业时，同时显示一个红灯信号，表示准许列车越过显示红灯的信号机，并随时准备停车	辅助颜色
说明	我国城市轨道交通的信号系统没有对地面信号的显示方式和显示意义进行统一规定，不同城市轨道交通线路的信号显示存在一定的差异。例如，正线中信号机同时显示红色和黄色灯光，构成引导信号	

2. 信号机的图形符号

城市轨道交通平面图中常用色灯信号机的图形符号见表2-2-2。

表2-2-2　信号机常用图形符号

名称	图形符号	名称	图形符号
红色灯光	●	空灯位	⊗
黄色灯光	○	稳定绿灯	 ⊘
绿色灯光	 ◐	稳定红灯	 ⊗(●)
蓝色灯光	 ⊙	高柱信号	 ⊢○
白色灯光	 ⊙	矮柱信号	 ⊢○

3. 灯光配列

在城市轨道交通中，色灯信号机的机构有单显示机构、二显示机构和三显示机构。单显示机构有单显示、二显示、三显示等。单显示机构仅用于阻挡信号机。二显示机构和三显示机构可以单独使用，也可以组合构成各种信号显示。

城市轨道交通正线信号机配列基本上是二显示和三显示信号机。在信号机只防护一条进路的情况下，一般设置二显示信号机；信号机所防护的进路有两条以上时，设置三显示信号机；单显示信号机设置于线路终端，作为阻挡信号机，它始终显示红色灯光。

二显示信号机只防护一条进路。信号机显示红色，指示列车必须在信号机前停车；信号机显示绿色（黄色）（注：上海轨道交通信号机显示白色），允许列车进入信号机所防护进路内方。

三显示信号机显示红色，指示列车必须在信号机前停车；当信号机内方道岔处于定位状态，允许列车进入防护进路时，信号机显示绿色；当信号机内方道岔处于反位状态，允许列车进入防护进路时，信号机显示黄色。

城市轨道交通有岔站的进站方向信号机，允许开放引导信号，信号机显示红色加黄色。

城市轨道交通中常用的信号机机构选用与灯光配列见表2-2-3。

表 2-2-3　信号灯光配列

名称	图表	应用
阻挡信号机	●	线路终端
二显示信号机	●○	正线（只防护一条进路）
二显示信号机	◉○	车辆段（调车信号机）
三显示信号机	●○⊘	正线（防护两条以上的进路）

例 1　如图 2-2-1 所示，此图为中间折返站信号布置示意图，请根据信号机的分布位置与灯光配列形式，说明信号机设置的意义。

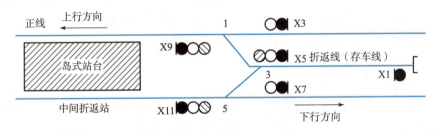

图 2-2-1　中间折返站信号布置示意图

解：①X1 为阻挡信号机，阻挡列车驶出折返线尽头。

②X5 信号机是列车从折返线（存车线）驶入正线的防护信号，当 X5 信号机显示绿色灯光时，按照列车常规运行方向，3 号道岔定位，允许列车从折返线（存车线）进入正线，沿上行方向进站；当 X5 信号机显示黄色灯光时，按照列车常规运行方向，3 号道岔反位，允许列车从折返线（存车线）进入正线，沿下行方向逆行进站。

③X9 和 X11 信号机为列车由正线车站站台驶向折返线（存车线）的防护信号，一般情况下，X11 为正向信号，X9 为反向信号。X11 信号机不仅可以指示列车通过 5 号道岔反位进入折返线，也可以指示列车经 5 号道岔定位出站，进入正线区间继续运行，因此，X11 也是 5 号道岔的防护信号机。

④X3 信号机用以防护 1 号道岔，使列车经过 1 号道岔定位进站。

⑤X7 为反向防护信号，指示列车经过 5 号道岔定位进站。

4. 信号机的设置原则

目前城市轨道交通使用的信号机一般为固定的色灯信号机，固定色灯信号机在城市轨道交通正线上的设置原则如下：

①在每一站台的正常运行方向都应设置进出站信号机。

②在道岔前都应设置道岔防护信号机。

③在防淹门前都应设置防淹门防护信号机。

④在线路的尽头都应设置阻挡信号机。

⑤对于反向进路，始、终端信号机之间的距离尽量控制在两个区间以内。

⑥信号机通常设于行车方向的右侧，如因设备限界、其他建筑物或线路条件等影响信号机的装设时，也可设于线路的左侧。

传统的轨道交通用灯光的颜色来划分列车运行的允许速度等级，由司机瞭望信号显示后操纵列车。在准移动闭塞和移动闭塞制式中，列车运行控制以车载信号为主。

5. 信号机的命名规则

关于信号机的命名，不同的地铁信号系统略有不同，但一般会按照以下规则命名正线上的信号机。

①信号机的编号共有5位，第一位为字母S或X（S表示上行，X表示下行），后4位为数字。

②第二、三位为数字，代表车站编号，例如01代表第1个车站，11代表第11个车站。

③第四、五位为设备编号，单数为站台上行区域设备，双数为站台下行区域设备。按照列车到达方向顺序从小到大依次编号，离站台最远的设备编号为第一个，01代表为站台上行区域站台设备且离站台最远，02代表为站台下行区域站台设备且离站台最远。

例如，S0401是第四个车站上行区域的第一个信号机，方向为上行。

6. 信号机类型

（1）防护信号机

城市轨道交通系统中有的只有正线，有的还有道岔。防护信号机设于正线有道岔的地方，主要起防护正线上的道岔的作用。防护信号机采用三显示机构，自上而下灯位为黄、绿、红。

（2）进站信号机

进站信号机主要用来防护车站。具体来说，就是用来防护接车进路。进站信号机的显示明确了列车应该是站外停车还是通过车站，是站内正线停车还是站内侧线停车。信号开放前检查进路上的道岔位置正确，进路上无车，没有建立敌对进路，所以能保证进路安全。

（3）出站信号机

出站信号机主要是为了指示列车可否占用站外的第一个闭塞分区（包括发车进路）。进路和第一闭塞分区空闲，没有建立敌对进路的情况下，允许占用。

（4）通过信号机

在城市轨道交通中，由于列车在正线上运行时以车载信号为主体信号，因此通过信号机以绿灯作为定位。当城市轨道交通信号系统发生故障进行降级控制时，通过信号机作为站间闭塞的地面信号参与到列车运行控制中。

（5）阻挡信号机

设于线路的终点，起阻挡列车的作用。

（6）复式信号机

出站及发车进路信号机，因受地形、地物影响，达不到规定的显示距离时，应设置复式信号机。复式信号机显示一个绿色灯光时，表示出站或发车进路信号机在开放状态，复式信号机采用方形背板，以区别于一般信号机。进站及接车进路信号机均不设置复式信号机。复式信号机的灯光配列与主信号机的灯光配列相同。

（7）进段信号机

进段信号机用来指示列车从正线进段，设于车辆段的入口处。

(8) 出段信号机

出段信号机用来防护正线，指示列车从车辆段进入正线，设于车辆段出口处。

(9) 调车信号机

为保证列车在站内的行车安全，凡影响列车作业的调车进路，均应设置调车信号机。调车信号机要根据调车作业的实际需要设置。调车信号机以 D 表示，在其右下角缀以顺序号。

7. 信号机的显示距离

城市轨道交通对每一种类型的信号机的显示距离要求是不同的，详情见表 2-2-4。

表 2-2-4 不同类型的信号机显示距离   m

信号机	行车信号	道岔防护信号	调车信号	道岔状态表示器	其他
显示距离	≥400	≥400	≥200	≥200	≥100

2.2.3 常用色灯信号机

城市轨道交通的信号机一般采用色灯信号机，按照显示方式和结构的不同，色灯信号机主要包括透镜式色灯信号机、组合式色灯信号机和 LED 组合式色灯信号机。

1. 透镜式色灯信号机

透镜式色灯信号机采用透镜组将光源发出的光束聚成平行光束，故称为透镜式。这种信号机结构简单，安装方便，控制电路所用电缆芯线少，所以得到广泛应用。

(1) 透镜式色灯信号机的分类

透镜式色灯信号机依据其信号机构的不同，可以将它分为高柱型信号机和矮柱型信号机两大类。高柱型信号机构由机柱、机构、托架、梯子等部分组成，直接安装在钢筋混凝土信号机柱上，其结构与实物如图 2-2-2 所示。

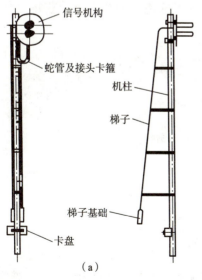

图 2-2-2 高柱信号机
(a) 结构图；(b) 实物图

矮柱型信号机机构由信号机基础若干灯室组成,直接安装在信号机水泥基础上。结构与实景如图2-2-3所示。

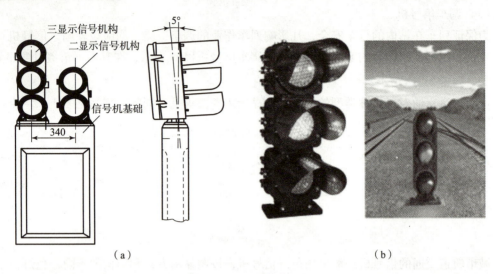

图2-2-3　矮柱信号机
(a) 结构图；(b) 实物图

透镜式色灯信号机依据每台信号机的灯位数量,可分为单显示信号机、二显示信号机、三显示信号机、四显示信号机、五显示信号机五种。

(2) 透镜式色灯信号机的机构

透镜式色灯信号机是由若干灯位及遮檐构成的,其中每个灯位由灯泡、灯座、透镜组(内透镜、外透镜)、遮檐和背板等组成,如图2-2-4所示。其中灯泡是色灯信号机的光源,采用直丝双丝铁路信号灯泡。灯座用来安放灯泡,采用定焦盘式信号灯座,焦盘灯座上下、左右、前后可调,可调整光源位置,使主灯丝位于透镜组的焦点上,获得最佳显示效果。

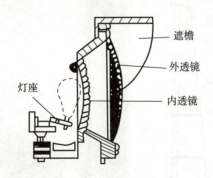

图2-2-4　灯位结构图

1) 信号灯泡

信号灯泡是色灯信号机的光源,其灯丝为双螺旋直丝,光衰小,显示距离长,维修工作量小。城市轨道交通透镜式色灯信号机用的直丝灯泡为TX(12-25)/(12-25)A型双丝灯泡,其中T表示铁路,X表示信号,其外形和主要尺寸如图2-2-5所示。

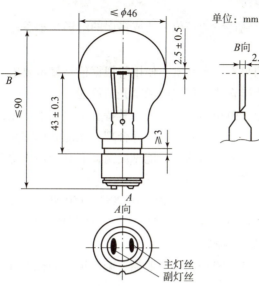
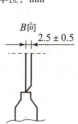

图 2-2-5 信号灯泡

主灯丝和副灯丝呈直线状且平行。主灯丝在下，可避免主灯丝断丝时，灯丝落下碰到副灯丝，影响副灯丝正常工作，这样有利于安全使用。其轴心线与灯头的中心线相垂直。

TX(12-15)/(12-15)A 型信号灯泡的光电参数如下：

①额定电压 12 V/12 V；

②额定功率 25 W/25 W，最大功率 27.5 W/27.5 W；

③光通量 285 lm/285 lm，最小光通量 242 lm/242 lm，寿终光通量 218 lm/218 lm；

④最低寿命 1 000 h/200 h。

2）灯座

透镜式色灯信号机的灯座采用定焦盘式信号灯座。焦盘灯座上下、左右、前后可调，可调整光源位置，使主灯丝位于透镜组的焦点上，获得最佳显示效果。定焦盘灯座具有以下特点：

①灯泡和灯座是平面接触，可以基本上保证光中心高度的一致性；

②灯头冲压成翻边结构，一般不会变形，从而提高了灯泡和灯座的配合精度；

③防止电接触片受过压造成变形或弹力减小，从而避免电接触片与灯泡的接触不良或发热、熔化等故障；

④灯座与灯泡的连接，用内六方螺丝固定，灯口不易移位；

⑤更换灯泡时，一般不用重新调整显示，信号显示比较稳定。

因此，定焦盘灯座对提高信号显示的稳定性和减少维修工作量起着积极作用。

3）透镜组

透镜组由两块带棱的凸透镜组成，里面是有色带棱外凸透镜，其颜色决定信号机灯位的显示颜色；外面是无色带棱内凸透镜。通过两块透镜组成透镜组，利用光的折射和反射原理，将光源发出的光线集中射向所需要的方向。这样，就能满足信号显示距离远并且具有很好的方向性的要求。

4）遮檐

用来防止户外光线直射到透镜的灯位上造成错误的幻影显示。

2. 组合式色灯信号机

组合式信号机每个机构只有一个灯室，使用时根据信号显示要求分别组装成二显示、三显示及单显示机构，故称为组合式。灯室间无窜光的可能。

组合式色灯信号机适用于瞭望困难的线路。其特点是增加了反光镜和偏散镜，采用非球面镜，构成合理的光系统。该信号机光系统设计合理，光能利用率高，显示距离远。曲线折射性能强，偏散角度大，可见光分布均匀，能见度高，有利于司机瞭望。

（1）组合式色灯信号机的分类

按非球面透镜的直径；可分为 XS2-135 型、XS2-150 型和 XS2-200 型。

按使用不同的偏散镜；可分为 1 型、2 型、3 型、4 型四种类型。

（2）组合式色灯信号机的机构

组合式信号机构由光系统、机构壳体、遮檐、瞄准镜、插孔五部分组成。

1）光系统

其中光系统由反光镜、灯泡、色片、非球面镜、偏散镜及前表面玻璃组成，如图 2-2-6 所示。

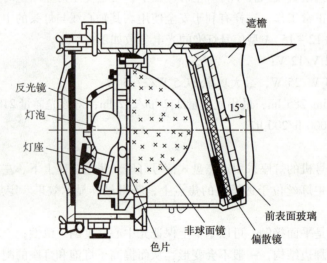

图 2-2-6 组合式色灯信号机结构

①反光镜是椭球面镜，用来将光源发出的光反射后聚焦起来。

②灯泡采用 TX12-30/12-30 信号直丝灯泡。

③机构内可装红、黄、绿、蓝、月白五种颜色的色片，根据需要配备其中的一种颜色，可组合成 20 个品种。

④非球面镜用于聚光，通光孔径大，焦距短，球面像差小，光能利用率高。

⑤偏散镜全称偏散透镜，用光学性能极好的聚甲基丙烯酸甲酯（俗称有机玻璃）制造。精确度高，透光性能好，性能较稳定。

⑥前表面玻璃。为了防止信号机因反光造成信号误认，信号机的前表面玻璃罩设计成向后倾斜 15°。当外界光直射信号机时，可以将反射光反射到机构上方的遮檐上而被散射或吸

收,从而杜绝了由于反光造成误认信号的现象。

2）机构壳体

机构的外壳用硅铝合金压铸而成。内外表面均涂无光黑漆,可防止光的反射。外壳结构合理,密封性能好,且体积小,质量小,每个机构包括遮檐约 7 kg,便于携带安装。

3）遮檐

机构的遮檐采用玻璃纤维增强不饱和聚酯（俗称玻璃钢）制造。质量小,耐腐蚀性能好,强度高。其几何形状设计成既能遮挡阳光,又能满足偏散光显示的需要。

4）瞄准镜、插孔

信号机构右下方有一个瞄准镜、插孔,供调整信号机显示方向时使用。

3. LED 色灯信号机

LED 色灯信号机构大小同透镜式色灯信号机,机构采用铝合金材料,信号点灯单元由 LED 发光二极管构成。LED 色灯信号机构及控制系统,在与现有点灯控制电路兼容、LED 驱动电路与二极管供电方式的设计方面取得突破,从机械结构到电路的安全可靠及现场安装、操作、更换等方面,经不断完善、改进,已形成系列产品。LED 信号机作为一种节能、免维护的新型光源系统被成功运用。图 2-2-7 所示为 LED 色灯信号机实物图。

图 2-2-7　LED 色灯信号机实物图

（1）LED 色灯信号机的优势

①LED 色灯信号机构采用铝合金机构,组合灵活,安装简单。

②显示距离远且清晰,使用寿命长,安全可靠。

③用 LED 取代传统的双丝信号灯泡和透镜组,从而彻底消除灯泡断丝这一多发性的信号故障,减少维修工作量,节省维修费用。LED 色灯信号机更适用于正线安装。

④LED 发光盘的聚焦状态在产品设计与生产中已经确定,并能始终保持良好的聚焦状态,现场安装与使用不再需要调整。

⑤LED色灯信号机构显示效果好。发光盘除有轴向主光束外，还有多条副光束，有利于增强近光显示效果。

（2）LED色灯信号机的机构

LED式色灯信号机主要由信号机构、发光盘、光学透镜构成。

1）信号机构

LED式色灯信号机构是由铝合金材料构成的，其可分为高型机构和矮型机构两种。高型信号机构由背板总成、箱体总成、遮檐和悬挂装置四部分组成。矮型机构由箱体总成、遮檐两部分组成，其安装方法与透镜式信号机构的相同。

2）发光盘

发光盘为网形盘状结构，其上安装众多发光二极管，其实物图如图2-2-8所示。发光盘前罩上有三个突出的卡销，用来在安装时对准灯箱玻璃卡圈上的三个卡槽，以安装牢固。

图2-2-8 发光盘实物图

LED色灯信号机点灯变压器和发光盘的工作原理如图2-2-9所示。点灯变压器可以起到电隔离作用，同时为发光盘提供合适的电源电压。

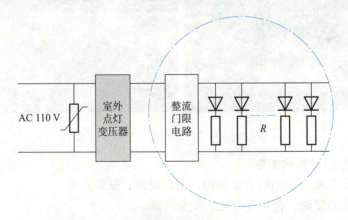

图2-2-9 LED色灯信号机室外工作原理图

（3）LED组合式色灯信号机机构的技术标准要求

①LED机构不能改变现有信号点灯电路和相关电路。

②机构发光二极管损坏数量达到30%时，不能影响信号显示的规定距离，并及时报警。

③遇强光、雷电、电磁干扰，不能导致信号错误显示和发光盘损坏。发光盘及点灯电路短路、点灯装置损坏或造成信号机灭灯时，灯丝继电器应可靠落下。

④机构灯室之间不串光，机构门盖开启灵活。机构的正常绝缘电阻应不小于50 MΩ。

⑤高柱信号机构的发光面直径180 mm，灯间距为300 mm；矮型机构的发光面直径125 mm，灯间距为215 mm。

⑥高柱信号机构安装后，应能在左右各90°、前俯5°的范围内任意调整；矮型机构的仰角为3°~5°。

⑦额定电压：DC 12 V，额定电流：DC 700 mA。

⑧发光盘的驱动电源有为其配套的FDZ型发光盘专用信号点灯装置。

⑨LED信号机发光强度见表2-2-5。

表2-2-5　LED信号机发光强度

灯光颜色	光强度/cd（坎德拉）		
	10°偏散	20°偏散	±15°偏散
红	800	450	300
黄	2 100	1 200	800
绿	1 200	700	400
蓝	200	120	100
月白	2 000	1 000	600

⑩机构水平方向光束散角应不小于2°12′，垂直方向光束散角应不小于1°10′。

（4）LED式色灯信号机采集驱动单元及报警电路

信号机的采集驱动单元的主要功能是接收来自逻辑控制单元的命令，根据不同的命令来点亮不同灯位，并给出相应的信号机显示。同时，还对点灯电路进行监控，如果室外灭灯，采集驱动单元能及时地采集并反馈给逻辑控制单元。因此，信号机为指挥行车的重要信号设备。

1）信号机采集驱动单元

信号机采集驱动单元主要有继电器采集驱动和模块采集驱动两种。

①继电器采集驱动。信号机继电器采集驱动工作原理框图如图2-2-10所示。系统刚启动时，供电单元通过HJ和LJ的后接点闭合接通红灯点灯电路，此时室外信号机点亮红灯。灯丝继电器DJ（JZXC-H18型）为整流型继电器，串接在信号机点灯电路中，用于对信号机的断线及断丝检测，逻辑控制单元通过对DJ的前接点的采集就能完成此项功能。当联锁条件满足，要求室外信号机点亮绿灯时，逻辑控制单元输出命令控制绿灯继电器吸起，通过LJ的前接点闭合接通绿灯点灯电路，同时断开LJ的后接点，切断红灯点灯电路，此时室外信号机红灯灭灯，绿灯点亮。点黄灯的工作原理同绿灯。

②模块采集驱动。信号机模块采集驱动工作原理如图2-2-11所示，其工作原理与信号机继电器采集驱动差不多，只是把点灯驱动和断丝采集继电器的功能集中在模块内，通过IC芯片来完成信号机的点灯和断丝采集功能。

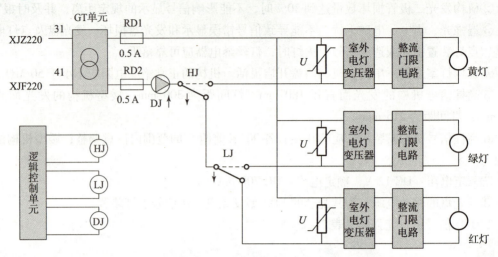

图 2-2-10　信号机继电器采集驱动电路工作原理框图

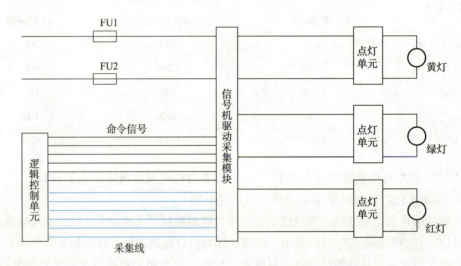

图 2-2-11　信号机模块采集驱动电路工作原理框图

2）信号机主灯丝报警电路

信号机主灯丝报警单元只有继电器报警和模块集中报警两种。其中继电器报警单元通常采用继电器报警电路，故障率较高、维修工作量大，所以已经逐渐被模块集中报警所取代。图 2-2-12 所示的 LED 色灯信号机主灯丝报警单元一般采用模块集中报警电路。

2.2.4　信号点灯单元

信号点灯和灯丝转换装置一般由信号变压器和多功能信号点灯装置构成。后来又出现了将点灯和灯丝转换结合为一体的多功能信号点灯装置 DDXL-34 型点灯单元。

1. 信号变压器

信号变压器用于色灯信号机点灯电路，设于信号机处的变压器箱内，用以将 220 V 交流电降压为 12 V 交流电。目前使用的信号变压器有 BX-40、BX-30、BX1-30、BX1-34 及

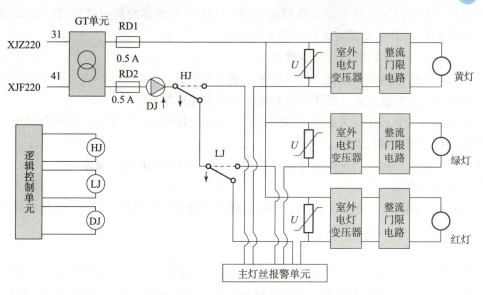

图2-2-12 LED色灯信号机主灯丝报警单元

BDY-60型远程点灯信号变压器，其中使用最多的是BX1-34型，其安装图与接线如图2-2-13所示。BX1-34型变压器的容量为34 VA；一次线圈额定电压180 V（Ⅰ$_1$—Ⅰ$_2$）或220 V（Ⅰ$_1$—Ⅰ$_3$），空载电流0.011 A，二次线圈电压为13~16 V（Ⅱ$_1$—Ⅱ$_2$13 V，Ⅱ$_1$—Ⅱ$_3$14 V，Ⅱ$_1$—Ⅱ$_4$16 V），额定电流2.1 A。

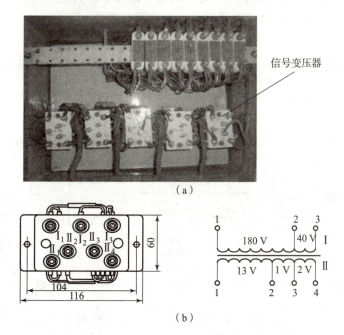

图2-2-13 BX1-34型变压器安装图与接线图
(a) 安装图；(b) 接线图

2. 多功能点灯装置

多功能点灯装置用于信号点灯电路，把信号灯泡和点灯的灯丝转换结合成一体，以取代原信号变压器与灯丝转换继电器。目前使用的有 XDZ-B 型多功能点灯装置、DZD 多功能智能点灯单元和 ZXD 多功能智能点灯单元等多种。

（1）XDZ-B 型多功能点灯装置特点

①将点灯与灯丝转换一体化，配线简单，施工方便。

②采用插入式安装方式，便于检修和更换，不需要现场调整。

③采用新型高集成化开关稳压电源作为点灯电源，体积小、质量小、稳压范围宽，电源初次级间进行隔离，确保安全。

④具有软启动性能。当主灯丝或副灯丝刚点亮时，使冷丝冲击电流限制在 6 A 以下，大大延长了灯丝的寿命。

⑤具有主、副灯丝断丝告警接口，不论主灯丝或副灯丝两者任一断丝，都能及时告警。

⑥增设了防浪涌的保护功能。

（2）电路原理

图 2-2-14 为 XDZ-B 型多功能点灯装置电路原理图。来自信号楼的电源由输入端子 1、2 进入输入变压器后分为两路，主路经降压后供给稳压电源，副路隔离后降压为 12 V 电压。主路的稳压电源经过高频隔离，并具有软启动功能，输出电压接主丝回路，点主丝；副路经切换电路接副丝，在主路故障时点副丝。图 3-15 中 ZJ 为灯丝转换继电器，监测主丝的工作状态，并通过其第 1 组接点反映主丝的状态；GJ 为告警继电器，检查副丝状态。主副丝都正常时，ZJ 和 GJ 都吸起；主丝不工作，ZJ 落下，通过 ZJ 后接点闭合点副丝，并使 GJ 失磁落下告警；副丝断丝，GJ 落下，输出告警，此时不影响主丝的工作。GJ 的第 1 组接点作告警输出，告警输出回路和主电路隔离，并和原有方式一致。

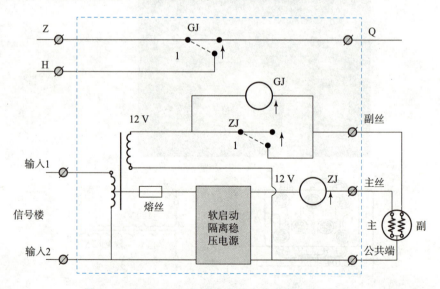

图 2-2-14　XDZ-B 型多功能点灯装置电路原理图

JZ 为电流型继电器，线圈电阻小，与主丝串联；JG 为电压型继电器，线圈电阻较大，与副丝串联。

灯丝工作状态：

①主丝正常点亮，副丝完好。

此时 JZ 线圈中流过主丝正常点灯电流，JZ 励磁吸起，副路中 JZ-1 后接点断开，JG 线圈与副丝电路连通，JG 励磁吸起。因 JG 线圈电阻大，副丝的电压电流均达不到正常点亮要求，因此副丝此时未点亮。

②主丝正常点亮，副丝断丝。

主丝正常点亮且副丝未断丝情况下，JZ 励磁吸起，JG 励磁吸起。若副丝断丝，JG 失磁落下，利用 JG-1 后接点接通报警点 ZH，接通报警电路报警。

③主丝断丝，副丝点亮。

主丝正常点亮且副丝未断丝情况下，JZ 励磁吸起，JG 励磁吸起。若主丝断丝，JZ 失磁落下，利用 JZ-1 后接点将 JG 线圈短路，JG 失磁落下。同时，副丝的电压及电流均达到正常点亮要求，副丝点亮，从而完成灯丝转换。同时，利用 JG-1 后接点接通报警点 ZH，接通报警电路报警。

公共端断路时，信号灭灯，由于此时主丝电压与副丝电压方向相反，JZ、JG 及信号楼内的灯丝继电器均落下，导向安全。

（3）安装方式

一般情况下，高型点灯装置安装在变压器箱内，直立安装；矮型点灯装置安装在机构内，为侧方安装。

1. 简述信号机的用途。
2. 简述信号的显示颜色及显示意义。
3. 简述信号机的设置原则。
4. 简述信号机的类型。
5. 透镜式色灯信号机由哪些部件组成？各起什么作用？
6. 组合式色灯信号机由哪些部件组成？各起什么作用？
7. LED 色灯信号机由哪些部件组成？有何优点？
8. 简述 XDZ-B 型点灯单元工作原理。

技能训练 1　认识各种信号机的结构

1. 实验目的

①熟悉 LED 式色灯信号机的结构。

②掌握 LED 式色灯信号机的拆装方法。

③熟悉信号机拆装工具的使用。

2. 实验设备

LED 式色灯信号机 2 台、信号工检修工具 10 套。

3. 实验内容

（1）熟悉信号机的结构图

（2）信号机拆装前准备

第一步：熟悉各种工具的名称及使用方法。

第二步：检查信号机的零部件是否齐全，工作是否正常。

（3）拆解信号机

第一步：拆卸遮檐。卸下遮檐后，就可以看到完整的信号机外透镜。

第二步：打开信号机的后盖。

第三步：拆卸信号机的内透镜。打开信号机的后盖，拆下固定信号机光学系统的两个螺钉，内透镜可直接从信号机的机体里取出。

第四步：拆卸信号机光学系统。旋开固定点灯单元和灯泡的壳体，辨认信号机点灯单元的结构。

（4）信号机组装

信号机的组装顺序与拆卸顺序相反，按照第一部分的反向顺序组装信号机。

（5）信号机检查

检查信号机的零部件是否齐全，工作是否正常。

4. 注意事项

①注意设备及人身安全，做好安全防护。

②养护与检修注意按标准化流程进行，做好登记联系、销记训练，注意各作业人员的协调沟通。

③实训完成后必须试验良好。

技能训练 2　LED 色灯信号机电气性能测试

1. 实验目的

①掌握 LED 色灯信号机的电气性能测试操作方法；

②熟悉道岔控制台的操作方法，了解各信号基础设备间的联锁关系。

2. 实验设备

常用三显示 LED 色灯信号机 2 台、道岔控制台 2 个。

3. 实验内容

（1）信号机室内控制端电气参数测量

第一步：操纵道岔控制台，将道岔位置转换到直向开放状态，测量各灯位控制端电压。

第二步：操纵道岔控制台，将道岔位置转换到侧向开放状态，测量各灯位控制端电压。

第三步：操纵道岔控制台，将道岔位置转换到进路关闭状态，测量各灯位控制端电压。

第四步：将测量结果记录在实验数据表 2-2-6 中。

表 2-2-6　点灯电路控制端实验数据

进路状态	1次输入电压/V	红灯电压/V	绿灯电压/V	黄灯电压/V
直向进路				
侧向进路				
进路关闭				

（2）信号机室外点灯电路电气参数测量

第一步：操纵道岔控制台，将道岔位置转换到直向开放状态，测量信号机点灯电路中各个灯位的电气参数。

第二步：操纵道岔控制台，将道岔位置转换到侧向开放状态，测量信号机点灯电路中各个灯位的电气参数。

第三步：操纵道岔控制台，将道岔位置转换到进路关闭状态，测量信号机点灯电路中各个灯位的电气参数。

第四步：将各测量结果记录在实验数据表 2-2-7 中。

表 2-2-7　信号机工作实验数据

进路状态	红灯电压/V	绿灯电压/V	黄灯电压/V	报警电压/V
直向进路				
侧向进路				
进路关闭				

4. 注意事项

①注意设备及人身安全。
②在利用万用表测量电压时，注意万用表的使用方法和安全用电。
③实验完成后设备良好。

第三节　轨道电路

任务导入

城市轨道交通中，轨道电路不仅可以用来检测列车是否占用轨道区段，还能传输 ATP 信息，保证了列车运行的可靠性和安全性，是信号基础设备中不可或缺的组成部分。

 学习要点

知识目标

1. 掌握轨道电路的作用；
2. 掌握轨道电路的工作原理；
3. 掌握轨道电路的分类；
4. 了解轨道电路的基本工作状态；
5. 了解JZXC-480型（工频交流）轨道电路的组成及工作原理；
6. 了解FTGS型数字编码式轨道电路的组成及工作原理。

技能目标

1. 能对轨道电路做极性交叉测试；
2. 会测试JZXC-480型（工频交流连续式）轨道电路的电气参数；
3. 能对50 Hz相敏轨道电路进行调整；
4. 会检查和替换钢轨接续线；
5. 能测试FTGS型数字编码式轨道电路的相关电气参数。

 相关案例

2012年2月2日22时50分—2月3日2时22分。某站南端区间9个轨道电路区段亮红光带。区间8架通过信号机灭。经查，原因是继电器组合架内供给轨道区段的电源配线断线，更换配线后恢复正常。构成一般事故。

 结构框图

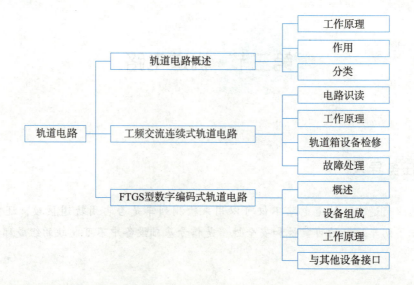

2.3.1 轨道电路概述

轨道电路是以两根钢轨作为导体,两端加机械绝缘(或电气绝缘)节、加上送电和受电设备构成的电路。最简单的轨道电路如图 2-3-1 所示。轨道电路是轨道交通信号系统重要的基础设备之一,其性能直接影响行车安全和运输效率。

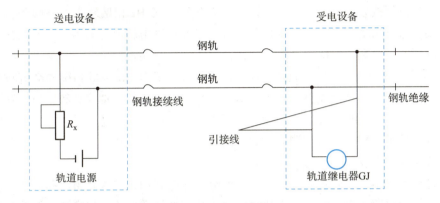

图 2-3-1 最简单的轨道电路

轨道电路的送电设备由轨道电源和限流电阻 R_x 组成,R_x 的作用是保护电源不致因过载而损坏,使电压大部分降在 R_x 上。同时,保证列车占用轨道电路时,轨道继电器可靠落下。受电设备一般安装在接收端,一般采用轨道继电器 GJ 接收轨道电路的信号电流,是轨道电路的负载部分。

送电设备与受电设备一般放在轨旁的变压器箱或电缆盒内,轨道继电器设在信号楼内,送、受电设备由引接线直接接向钢轨。

钢轨是轨道电路的导体,为减小钢轨接头的电阻,增设了钢轨接续线,一般为镀锌铁线。钢轨绝缘是为分隔相邻轨道电路而装设的。

1. 轨道电路的基本工作原理

①轨道区段完好且无车占用时,轨道电流经钢轨、轨道继电器线圈,构成闭合回路,轨道继电器处于励磁吸起状态,此状态称为轨道电路的调整状态。

②轨道区段有车占用时,轨道电路被轮对分路,流经轨道继电器线圈的电流很小,不足以使衔铁保持吸起,轨道继电器失磁落下,此状态称为轨道电路的分路状态。

③轨道区段发生断轨或断线故障时,流经轨道继电器线圈的电流中断,使轨道继电器失磁落下,此状态称为轨道电路的断轨状态。

2. 轨道电路的作用

(1)监督列车占用

利用轨道电路监督列车在正线或车辆段等线路的占用状态。轨道区段空闲时,为开放信号、建立进路或构成闭塞提供依据;轨道区段被占用时,信号处于禁止状态,实现信号系统的自动控制。

(2)传输行车信息

数字编码式音频轨道电路中传送的行车信息,为列车自动控制系统直接提供控制列车运行所需要的前行列车位置、运行前方信号机状态和线路条件等有关信息，以决定列车远行的目标速度，控制列车在当前运行速度下是否停车或减速。

3. 轨道电路的分类

（1）按传输电流特性分类

轨道电路可分为工频交流连续式轨道电路和音频轨道电路。

工频交流连续式轨道电路有 25 Hz 相敏轨道电路与 50 Hz 相敏轨道电路两种，只能监督轨道的占用与否，不能传输对列车的控制信息。目前在城市轨道交通中多用 50 Hz 相敏轨道电路，铁路中主要应用 25 Hz 相敏轨道电路。

音频轨道电路主要是按频率范围来划分，将频段位于 20 Hz～20 kHz 的交流轨道电路称为音频轨道电路。音频轨道电路可分为模拟式和数字编码式。模拟式音频轨道电路采用调幅或调频方式，不仅能监督轨道的占用状态，还可以传输更多的信息。

数字音频轨道电路采用数字调频方式，用数字代码调制载频。

（2）按绝缘性质分类

按轨道绝缘的不同，轨道电路可分为有绝缘轨道电路和无绝缘轨道电路。

有绝缘轨道电路用钢轨绝缘将本轨道电路与相邻的轨道电路电气隔离。钢轨绝缘在车辆运行的冲击力、剪切力作用下很容易破损，使轨道电路的故障率较高。绝缘节的安装，给无缝线路带来一定的麻烦，有时需要锯轨，因而降低了线路的轨道强度，增加了线路维护的复杂性。另外，由于轨缝的存在，既增加了列车过接缝时乘客的不舒适感，又不利于牵引电流的回流输送。

无绝缘轨道电路在其分界处不设钢轨绝缘，而是采用电气隔离的方法予以隔离。电气隔离式又称谐振式，相邻轨道电路采用不同的信号频率，谐振回路对不同频率呈现不同阻抗，来实现相邻轨道电路间的电气隔离。

无绝缘轨道电路提高了轨道电路的可靠性，减少了车辆轮对与钢轨接缝之间的碰撞，降低了轮对和钢轨的磨损，避免了列车过接缝时乘客产生不舒适感。

（3）按使用处所分类

按照使用地点不同，轨道电路可分为区间轨道电路和车辆段内轨道电路。

区间轨道电路用于正线，不仅要监督各闭塞分区是否空闲，还要传输有关行车信息，并能满足闭塞分区长度的要求，其结构比较复杂。

（4）按是否包含道岔分类

无岔区段轨道电路没有分支，结构简单，一般用于停车线、检车线、尽头线调车信号机及接近区段两差置信号机之间。

道岔区段轨道电路结构比较复杂，包含岔前线路、岔后直向位置线路和岔后侧向位置线路。在道岔区段，道岔处钢轨和杆件除需增设绝缘外，还要增加道岔连接线及跳线。

（5）按钢轨使用数量分类

轨道电路分为单轨条轨道电路和双轨条轨道电路两种。一般的轨道电路均为双轨条轨道电路。单轨条轨道电路只使用其中一条钢轨作导线，无法实现运行中的车辆轮对来短路轨道电路，只能利用安装在轨道梁上的环线形成导电环路，构成可以工作的轨道电路。

2.3.2 JZXC-480型（工频交流连续式）轨道电路

工频交流连续式轨道电路如图2-3-2所示。

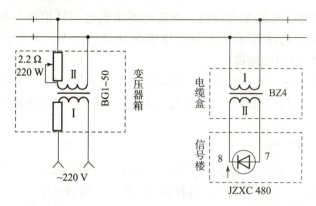

图2-3-2 工频交流连续式轨道电路

1. 电路识读

工频交流连续式轨道电路由送电端、受电端、钢轨绝缘、钢轨引接线、钢轨接续线及钢轨组成。

①送电端：一般安装在室外变压器箱内，包括BG1-50型轨道变压器（如图2-3-3所示）、R-2.2/220型变阻器（如图2-3-4所示）、熔断器，电源从室内经由信号电缆送至送电端。

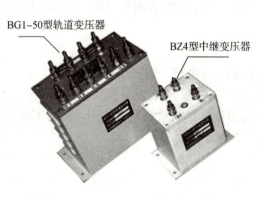

图2-3-3 BG1-50型轨道变压器与BZ4型中继变压器

图2-3-4 R-2.2/220型变阻器

②受电端：包括BZ4型中继变压器（如图2-3-3所示）、R-2.2/220型变阻器、JZXC-480型轨道继电器。中继变压器设在室外变压器或中端电缆盒内，轨道继电器设在室内组合架上。

③钢轨接续线用来连接相邻钢轨，减小钢轨连接处的接触电阻。

④钢轨绝缘设于轨道分界处,用于隔离相邻区段的轨道电路。

⑤变压器箱或电缆盒通过钢轨引接线接向钢轨。

2. 电路的工作原理

①当轨道电路完整,且无车占用时,交流电源由送电端经钢轨传输至受电端,GJ 吸起,表示本区段空闲。此时 GJ 的交流端电压应在 10.5~16 V,即高于轨道继电器工作值 (9.2 V) 15%,保证 GJ 可靠励磁。

②当轨道电路被车辆轮对分路时,GJ 的端电压低于其释放值,GJ 失磁落下,表示区段被车占用。分路时,GJ 的交流残压值不得大于 2.7 V,保证继电器可靠释放。

3. 工频交流连续式轨道箱设备检修

(1) 变压器箱外部检查

①各连接线端子、中心连接板连接完好,螺丝紧固。箱盒无裂纹、破损,门轴灵活,箱盖严密,防尘、防水良好,支架齐全,螺栓紧固、油润,设备加锁良好。

②各箱盒水泥基础表面光滑、平整、不歪斜、裂纹不超标,螺栓紧固、满帽,伸出部分不超过一个螺帽的厚度。箱盒引入电缆无外露。设备平台清洁、完整、无破损、排水良好。

③箱盒外部油饰良好(两年 1 次)。箱盖名称标识准确。

(2) 变压器箱内部检修

①断路器、限流电阻等不得松动,安装牢固,各种器材、器件无超期使用,箱内整洁无杂物。

②配线整齐、绑扎良好、留有余量,不破皮、不老化、无中间接头、线头无反扣、端子无氧化。线头焊接牢固,无假焊、虚焊、折断、断股等,线头根部套以塑料管。箱盒内接线用螺栓、螺母、垫片应采用铜质镀镍材料,每个端子最多允许上 3 个线头,并用垫片隔开,用两个螺母紧固,端子上画防松动检查标志。

③电缆引入口堵塞良好,应有来、去向和用途标识,配线表图实相符。电缆应有备用芯线并有明显的标识。

4. 工频交流连续式轨道电路故障处理

处理故障时,可按"一看、二试、三查、四测、五处理"的五步查找法处理。

看,就是认真观察控制台现象。试,就是办理与试验。查,就是核实与复查。测,就是测试。处理,就是查出故障原因后,采取相应的措施,尽快恢复设备使用。一时不能恢复,应采用应急措施;确实不能修复的,应及时停用故障设备。

(1) 故障分析

①单个区段红光带,在分线盘上测电压区分。

②当电压高于 10.5 V 时,室内开路。

③当电压为 0 V 时,先拆下分线盘处的一根电缆,如果电压高于平时值,室内短路;仍为 0 V,室外故障。

④当电压低于 10.5 V 时,先拆下其中的一根电缆,电压仍低于 10.5 V,室外故障;电压高于 10.5 V,有两种可能:室外半短路和室内半短路,用模拟继电器试验。将一台好的 JZXC-480 型继电器的 2、3 封连起来,再从 73 和 83 上分别引出一根线,接在分线盘故障回路上(甩开室内部分),如果继电器能吸起,室内半短路,不吸起,室外半短路。

（2）实作演练故障点设置及处理

1）送端引接线开路红光带

处理方法：打开送端轨道箱，测试室内送出 GJZ、GJF 220 V，依次检查测试送端 BG1 - 50 变压器Ⅰ、Ⅱ次侧电压及限流电阻压降，限流电阻上无电压，判断为开路故障，从送端逐段查找，即可找到故障点。

2）受电端Ⅱ次侧两端子短路红光带

处理方法：室内测试送回电压近似为 0，分线盘处拆下一根电缆，测试回送电压，仍为 0 V，则室外故障；送端测试 BG1 - 50 变压器Ⅰ、Ⅱ次侧电压及限流电阻压降，限流电阻压降增大（比照平常测试记录），判断为短路故障；拆下受端变压器Ⅱ次侧一端子（软线），变压器上测到送来电压，故Ⅱ次侧短路，继续查找即可找到短路点。

3）过道引接线擦轨面红光带

处理方法：送端限流电阻器压降变化，是区分轨道电路短路或开路故障的关键（压降为 0 V，为开路故障，压降比正常值明显增大，为短路故障）；轨道电路短路故障重点检查绝缘，绝缘破损是造成短路的主要原因，其他还有异物短路、"三线"混连等；造成轨道短路的原因多种多样，要根据实际情况（包括测试数据及外观发现异常等）逐一排除、确认，最终找到故障点。

2.3.3　FTGS 型数字编码式轨道电路

数字轨道电路系统就是一种数码化的轨道空闲/占用状态的检测系统。首先，数字轨道电路的轨道区段的划分是采用电气绝缘而非机械绝缘；其次，数字轨道电路在轨道区段内传输的信息是被编码化的报文信息，即数字信息。

1. FTGS 型数字编码式轨道电路概述

FTGS 型数字轨道电路是目前世界上技术较为先进、应用范围比较广的数字型轨道电路。FTGS 是德文中西门子"遥供音频无绝缘轨道电路"的缩写。FTGS 型数字轨道电路实现了地铁正线钢轨铺设的无缝对接，使乘客乘坐地铁时更加平稳舒适，与其他系统配合使用方便，只需要在轨道区段内增设一些环线和相应的发送或接收设备即可。

FTGS 轨道电路分两种型号：FTGS - 46 型，使用 4 种频率（4.75 kHz、5.25 kHz、5.75 kHz、6.25 kHz）；FTGS - 917 型，使用 8 种频率（9.5 kHz、10.5 kHz、11.5 kHz、12.5 kHz、13.5 kHz、14.5 kHz、15.5 kHz、16.5 kHz）。

2. 结构组成

FTGS 型数字编码式轨道电路由室内设备和室外设备两部分组成，中间通过电缆联系。室外部分由连到钢轨间的棒和轨旁盒组成，轨旁盒内含有调谐单元和方向转换电路。棒及部分钢轨同轨旁盒内的元件构成谐振回路。室内发送部分包括发送、放大、滤波等电路；接收部分包括接收、解调、轨道继电器等电路。室内部分的发送和接收组成一个轨道电路组合，每一组合有一专用电源为它提供 +15 V 和 +5 V 电压。允许室内到室外的最大传输距离 6.5 km。FTGS 数字轨道电路的结构如图 2 - 3 - 5 所示。

（1）室内设备

FTGS 轨道电路室内设备安装在信号机械室内。每一个轨道组合对应一个轨道区段。每

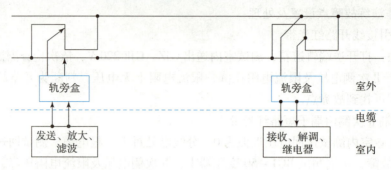

图 2-3-5 FTGS 数字轨道电路结构

个轨道区段组合背面有一个独立的直流稳压电源。每个轨道区段组合有发送单元、接收单元、继电器单元组成。另外，组合上有多个状态及故障表示灯及测试孔，以便及时处理故障及日常检测。

室内设备由 FTGS 组合框架构成。每个组合框架有正反两面，每面可分为 A、B、C、D、E、F、G、H、J、K、L、M、N 共 13 层，如图 2-3-6 所示。

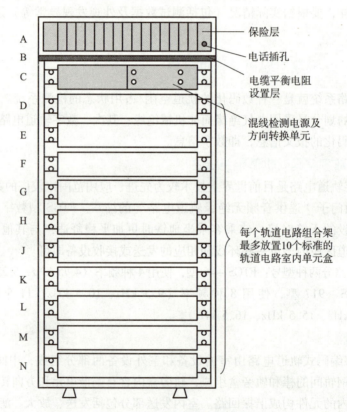

图 2-3-6 FTGS 数字轨道电路组合架正视图

正面：

A~K 层：轨道电路标准框架层，每一层代表一个轨道区段。每层都与 L 层的一块方向转换板相对应：A 层轨道电路与左数第 1 块方向转换板相对应；B 层轨道电路与左数第 2 块方向转换板相对应……

L层：方向转换板框架层。
M层：24 V电源层及保险层。
N层：220 V电源入线、各轨道电路电源分线排。
反面：
A~K层：轨道电路电源模块层，每个电源模块输出12 V和5 V直流电供给两个区段使用。
L层：电缆补偿电阻设置层。
M层：信息输入、输出层。
FTGS-917数字轨道电路有标准型和道岔型两种结构。
1) 标准型轨道电路组合框架
标准型轨道电路的组合框架如图2-3-7所示。

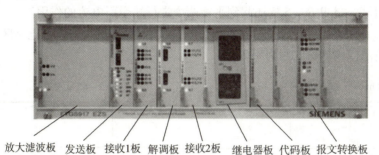

放大滤波板　发送板　接收1板　解调板　接收2板　继电器板　代码板　报文转换板

图2-3-7　标准型轨道电路组合框架结构

每个标准型的组合框架可插接10块标准的PC板，不同板件之间是不能混插的，这可从两方面来保证：一是各个不同型号的板件的尺寸不同；二是对于尺寸基本相同的不同型号的板件，可通过插接键的不同设置来识别（即相当于给每种不同型号的板件安装了一种硬性的"识别码"），以防由于把板件插错位置而损坏设备。该框架从左至右数的第8块和第10块为空置。

2) 道岔型轨道电路组合框架
道岔型轨道电路的组合框架如图2-3-8所示。

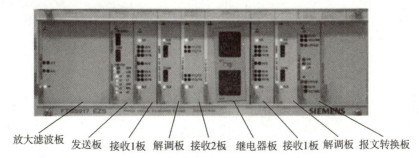

放大滤波板　发送板　接收1板　解调板　接收2板　继电器板　接收1板　解调板　报文转换板

图2-3-8　道岔型轨道电路组合框架结构

每个道岔型的组合框架也可插接10块标准的PC板，不同板件之间也是不能混插的，可通过插接键的不同设置来识别，以防插错而损坏设备。该框架从左至右数的第10块为空置。
道岔型与标准型不同之处在于多了一块接收1板和一块解调板，这是因为标准型是"一送一收"型轨道电路,而道岔型是"一送二收"型轨道电路。只有少数道岔区段采用道岔型,在特殊情况下,道岔型可向标准型转换,即将道岔型中的第7块板和第8块板拔出,再将标准型中的代码板插入道岔型中的第7块板位置处即可(按从左至右的顺序数)。

(2)室外设备

FTGS轨道电路室外设备主要由电气绝缘节、轨旁盒和连接电缆组成。

1)电气绝缘节

电气绝缘节由钢轨间的棒和调谐单元组成,调谐单元位于轨旁连接箱内。电气绝缘节一般有S棒、短路棒、终端棒和横"8"字形棒等类型。

①S棒。大多数的轨道区段(正线区间的轨道区段)采用S棒予以隔离,如图2-3-9所示。S棒是镜像对称的,以S棒为中心线作为轨道区段的物理划分。S棒长度为7.8 m左右,模糊区段长度≤3.9 m。S棒还起到平衡两个走行轨牵引电流的作用。

②短路棒。该电气节用于一端为轨道电路区段,而另一端为非轨道电路区段的情况。如图2-3-10所示,该棒长度约为4.2 m。

图2-3-9　S棒示意图　　　　　　　图2-3-10　短路棒示意图

③终端棒。该电气节由终端短路棒和一个机械绝缘节共同组成,如图2-3-11所示。它主要应用在双轨条牵引回流区段。棒长约3.5 m,距机械绝缘节0.3~0.6 m。

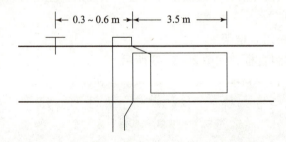

图2-3-11　终端棒示意图

④中间馈电横"8"字形棒。适用于中间馈电式轨道电路的中央,如图2-3-12所示。

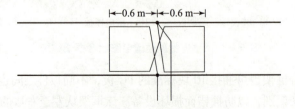

图2-3-12　横"8"字形棒示意图

2）轨旁盒

轨旁盒是连接电气节与室内设备的中间设备，是轨道电路室外的发送、接收设备。轨旁盒主要有两种不同的结构：一种是 S 棒结构，如图 2-3-13（a）所示；另一种是双轨条牵引回流区段的终端棒结构，如图 2-3-14（b）所示。轨旁盒内一般可分为左、右两部分，对称结构布置。每部分都由一个调谐单元和一个转换单元组成；一部分作为一个区段的发送端时，则另一部分作为相邻另一个区段的接收端。当轨道电路方向改变时，这两部分的发送端/接收端也将进行切换。每个轨旁盒用一根电缆与室内设备连接，用四根电缆与电气绝缘节相连，另有一根地线连接至钢轨或接地扁钢。

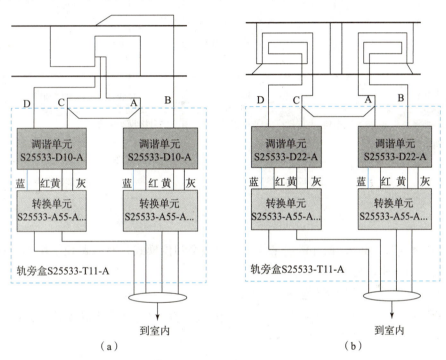

图 2-3-13 轨旁盒结构示意图
(a) S 棒结构轨旁盒；(b) 终端棒结构轨旁盒

3. FTGS 数字轨道电路工作原理

FTGS 数字轨道电路工作原理框图如图 2-3-14 所示。

轨道电路空闲时，由室内发送器发送带有一定频率和位模式的交流音频信号至室外轨旁发送端设备，通过发送端 S 棒，经由钢轨至接收端 S 棒，再由室外接收端设备馈回室内接收器，形成闭合的信息回路，这时轨道继电器吸起，表示"轨道区段空闲"。

当轨道电路占用时，列车进入该区段，由于轮对的分路作用，造成该区段短路，使接收端的接收电压减小，轨道继电器达不到相应的响应值而落下。当电平监测模块检测到电压低于门限值时，将产生一个触发信号送给报文转换控制器，该控制器的位置发生翻转，使轨道电路传输 ATP 列车报文信息。传输 ATP 列车报文是 FTGS 数字轨道电路很重要的一项功能，也是它的主要工作方式之一。

S 棒和轨旁设备在信息回路中形成的谐振回路使相邻区段相当于高阻状态，迫使信号电

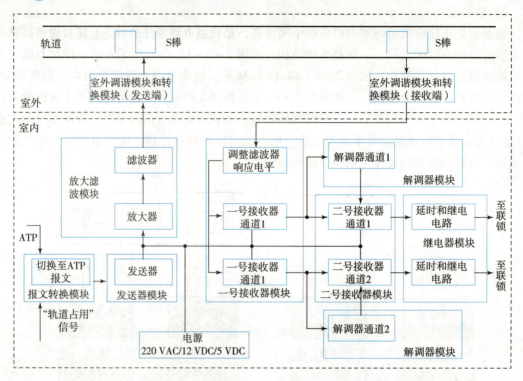

图 2-3-14 FTGS 数字轨道电路工作原理框图

流按规定方向传输;同时,相邻区段采用不同的频率和位模式,有效避免了串频干扰;S 棒还起到平衡钢轨中牵引电流的作用。

4. FTGS 型数字轨道电路与其他设备接口

数字轨道电路与其他设备的接口一般是指数字轨道电路与计算机联锁系统、数字轨道电路及轨旁 ATP 系统的接口,如图 2-3-15 所示。

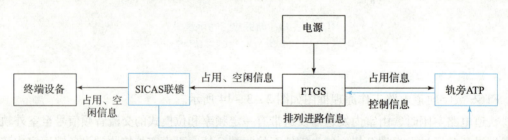

图 2-3-15 数字轨道电路与其他设备的接口关系

电源系统提供 380 V 交流电到每一个轨道电路架的 A 层,再由 A 层提供 220 V 交流电分别给 D~N 层的每一个轨道电路盒;盒背面安装的供电单元将 12 V 和 5 V 的直流电提供给各插接件(集成电路板模块)使用。FTGS 型数字轨道电路系统把轨道的占用、空闲信息传递给计算机联锁设备,同时把轨道电路的占用信息传递给轨旁 ATP 设备。计算机联锁设备将轨道的占用、空闲信息传递给终端设备(工作站)用于状态显示,并将排列进路信息传递给轨旁 ATP 设备。轨旁 ATP 设备收到联锁设备的进路方向信息后,输出控制信息给轨道电路的双向切换设备,要求它切换发送端和接收端,使得轨道电路的发送方向始终迎着进路的方向。此外,轨旁 ATP 设备收到轨道占用信息后,将 ATP 报文传给 FTGS 型数字轨道电路系统,并通过轨道电路发送到列车上。

思考与练习

1. 简述轨道电路的基本原理。
2. 简述轨道电路的三种基本工作状态。
3. 简述 JZXC-480 型(工频交流连续式)轨道电路的组成与工作原理。
4. 简述 FTGS 数字轨道电路的组成与工作原理。

技能训练

技能训练 1　工频交流连续式轨道电路电气性能测试

1. 实验目的
①熟悉工频交流连续式轨道电路的组成。
②掌握工频交流连续式轨道电路的测试方法。
③熟悉万用表工具的使用方法。

2. 实验设备
一段完整的工频交流连续式轨道电路、万用表。

3. 技术标准
(1) 送电端
变压器一次电压 220 V。
变压器二次电压 0.45~10.5 V。
限流电阻电压与轨面电压之和约等于变压器二次电压。
(2) 受电端
轨面电压约等于平衡电阻电压与变压器一次电压之和。
调整状态时,GJ7-8 端电压在 10.5~16 V,最大不能超过 18 V。
分路状态时,GJ7-8 端电压小于 2.7 V。

4. 实验内容
(1) 送电端
①变压器一次电压:用万用表交流 250 V 挡,将两表笔分别与变压器一次侧 1、4 接线端子接触,读数。
②变压器二次电压:用万用表交流 25 V 挡,将两表笔分别与变压器二次实际使用端子接触,读数。
③限流电阻电压:用万用表交流 25 V 挡,将两表笔分别与电阻接线端子接触,读数。

④轨面电压：一送一收轨道电路用万用表交流 2.5 V 挡，将两表笔分别与两钢轨接触，读数。一送多收轨道电路用万用表交流 10 V 挡，将两表笔分别与两钢轨接触，读数。

（2）受电端

①轨面电压：同送电端。

②BZ4 型一次电压：用万用表交流 2.5 V 挡，将两表笔分别与变压器一次 1、2 端子接触，读数。

③BZ4 型二次电压：用万用表交流 25 V 挡，将两表笔分别与变压器二次 1、2 端子接触，读数。

（3）轨道继电器

①交流电压。用万用表交流 25 V 挡，将两表笔分别与轨道区段组合内 GJ 插座的 73、83 端子接触，读数。

②直流电压。用万用表直流 25 V 挡，将两表笔分别与轨道区段组合内 GJ 插座的 2（-）、3（+）端子接触，读数。

③可用轨道测试盘测量（表 2-3-1）。

表 2-3-1 实验数据

序号	测试项目	具体测试内容	标准值/V	测量值
1	送电端	变压器一次电压	220	
		变压器二次电压	0.45~10.5	
		限流电阻电压	—	
		轨面电压		
2	收电端	BZ4 型一次电压		
		BZ4 型二次电压		
		轨面电压	—	
3	轨道继电器	交流电压	调整状态：10.5~16	
			分路状态：小于 2.7	
		直流电压		

5. 注意事项

①注意设备及人身安全，做好安全防护。

②靠近裸露端子作业更要格外小心。

③测试过程注意按标准化流程进行，做好登记联系、销记训练，注意各作业人员的协调沟通。

④实验完成后必须试验良好。

技能训练 2　FTGS 型数字轨道电路的养护与检修

1. 实验目的

①认知 FTGS-917 型数字轨道电路的各组成部件。

②掌握 FTGS-917 型数字轨道电路的养护检修方法。

③能够对 FTGS-917 型数字轨道电路的电气特性进行测量。

2. 实验设备

一段完整的 FTGS-917 型数字轨道电路的各组成部件。

手锤、活口扳手、尖嘴钳、螺丝刀等通用工具。

测试仪表：数字万用表、选频电压表、兆欧表、示波器等。

0.4 Ω 分路电阻。

3. 实验内容

（1）技术规范

FTGS-917 型数字轨道电路使用 8 种频率和 15 种位模式，相邻区段必须使用不同的频率和位模式。

使用正确的位模式，并且频率无偏移发生。

当列车占用当前区段时，能正确传送报文给列车。

能根据列车行驶方向，由 ATP 控制自动转换发送/接收方向。

标准分路灵敏度为 0.5 Ω。

内部分路时，轨道继电器应可靠落下。

空闲时接收电压（接收 1 板 Ⅰ5/Ⅱ8 或 Ⅱ5/Ⅱ8）要求大于 6.5 V，分路状态时，接收电压（接收 1 板 Ⅰ5/Ⅱ8 或 Ⅱ5/Ⅱ8）要求小于 4.5 V。

正常发送电压（放大滤波板 3/4 端）45~60 V。

更换发送板、放大滤波板、方向转换板、转换单元、调谐单元、接收 1 板，重新安装各种绝缘棒时，必须进行分路试验。

每次进行分路试验后，必须根据测试数据更新数据表。

（2）FTGS-917 型数字轨道电路的养护与检修

1）日常保养

每日进行室内设备状态检查。

每周进行设备卫生清扫及室内电气测试分析。

2）二级保养

检修轨旁设备箱盒内、外部。

检修外部件。

清扫、防尘、防水。

3）小修

设备除锈、油漆。

电气测试分析。

4. 注意事项

①注意设备及人身安全，做好安全防护。

②对于不允许带电插拔的模块，在插拔前必须将其供电电源关闭。

③测试过程注意按标准化流程进行，做好登记联系、销记训练，注意各作业人员的协调沟通。

④实验完成后必须试验良好。

第四节 转辙机

任务导入

转辙机是重要的信号基础设备之一,是道岔控制系统的执行机构。通常设置于道岔尖轨的旁边,具有转换道岔、锁闭道岔、反映道岔位置和挤岔报警等功能。目前,在城市轨道交通及铁路系统中,常用的转辙机有 ZD6 型电动转辙机、ZD(J)9 型电动转辙机、S700K 型电动转辙机、ZYJ7 型电动转辙机。

学习要点

知识目标

1. 掌握 ZD6 型电动转辙机的结构及传动原理;
2. 掌握 S700K 型电动转辙机的结构及传动原理;
3. 掌握 ZYJ7 型电液转辙机的特点、结构及传动原理;
4. 掌握 ZD(J)9 型电动转辙机的结构及传动原理。

技能目标

1. 能正确使用工具拆装 ZD6 - A 型电动转辙机;
2. 能使用工具对 ZD6 - A 型电动道岔安装与调整;
3. 能正确使用仪表测量 ZD6 - A 型电动转辙机的电气参数;
4. 能按照道岔检修作业标准完成对道岔的日常维护与检修。

相关案例

2012 年 2 月 15 日,广州地铁 1 号线发生故障,导致双方向多趟后续列车延误。据广州地铁公司通报,本次延误是广州东站折返道岔的转辙机表示杆机械故障所致。

结构框图

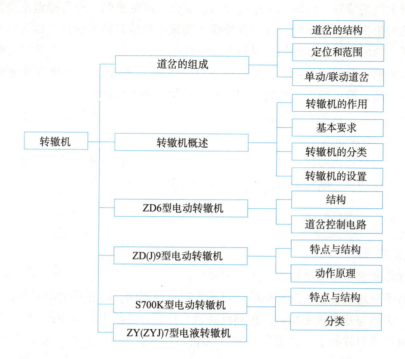

2.4.1 道岔的组成

道岔是列车从一股道转向另一个股道的转辙设备,它是轨道线路中最关键的特殊设备,是信号系统的主要控制对象之一,也是轨道的薄弱环节之一。

1. 道岔的结构

道岔由转辙部分、连接部分、辙叉部分组成,如图 2-4-1 所示。

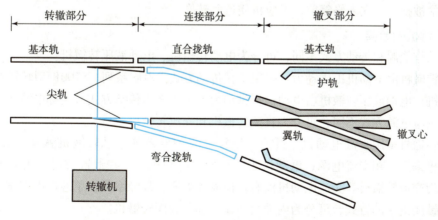

图 2-4-1 道岔结构图

2. 道岔的定位和反位

道岔有两根可以移动的尖轨，一根尖轨与基本轨密贴，另一根尖轨与基本轨分离，必须同时改变两根尖轨的位置，使原来密贴的分离，原来分离的密贴。通常把道岔经常处的位置叫作定位，临时根据需要改变的位置叫作反位。实现尖轨位置转换的设备称为转辙机。

尖轨与基本轨的密贴程度如何，对行车安全影响很大。当列车对向尖轨运行时，如果尖轨与基本轨不密贴，其间隙超过一定限度（大于 4 mm），则车辆的轮缘有可能撞着或从间隙中挤进尖轨尖端，造成颠覆或脱轨的严重行车事故。为了保证行车安全，当道岔尖轨不密贴时，不能锁闭道岔，也不允许开放信号。

3. 单动道岔和双动道岔

当按压一个道岔动作按钮，仅能使一组道岔转换，则称该道岔为单动道岔；如果能使两组道岔同时或顺序转换，则称为双动道岔（联动道岔）。

2.4.2 转辙机概述

1. 转辙机的作用

①根据操作要求，将道岔转换至定位或反位。
②道岔转换至规定位置并且密贴后，自动实行机械锁闭，防止外力改变道岔位置。
③当道岔尖轨与基本轨密贴后，正确反映道岔位置，并给出相应表示。
④道岔被挤或因故处于"四开"位置（尖轨与基本轨不密贴）时，及时发出报警提示。

2. 对转辙机的基本要求

①作为转换器，应具有足够大的拉力，以带动尖轨做直线往返运动；当尖轨受阻不能转换到底时，应随时通过操作使尖轨回复原位。
②作为锁闭器，当尖轨和基本轨不密贴时，不应进行锁闭；一旦锁闭，不会由于车辆通过道岔时的振动而错误解锁。
③作为监督器，应能正确反映道岔的状态。
④道岔被挤后，在未修复前，不应再使道岔转换。

3. 转辙机的分类

①按动作能源和传动方式不同，可分为电动转辙机、电动液压转辙机。
电动转辙机由电动机提供动力，采用机械传动方式。ZD6 系列、S700K 型转辙机都属于电动转辙机。电动液压转辙机由电动机提供动力，采用液压传动方式，简称电液转辙机。
②按供电电源方式不同，可分为直流转辙机和交流转辙机。
直流转辙机采用直流电动机，目前使用较多的 ZD6 系列电动转辙机就是直流转辙机。交流转辙机采用三相交流电源，电动机为三相异步电动机。一些地铁公司采用的 S700K 型转辙机即为交流转辙机。交流电动机没有换向器和电刷，故障率低，单芯电缆控制距离远。
③按锁闭道岔的方式，可分为内锁闭转辙机和外锁闭转辙机。
内锁闭转辙机锁闭机构设置在转辙机内部，尖轨通过锁闭杆与锁闭装置连接。ZD6 等系列电动转辙机大多采用内锁闭方式。ZD(J)9 型转辙机及 S700K 型转辙机为外锁闭方式。
④按动作速度分类，可分为普通动作转辙机和快动转辙机。

⑤按是否可挤，可分为可挤型转辙机和不可挤型转辙机。

4. 转辙机的设置

转辙机的选择应与道岔相匹配，城市轨道交通正线一般采用 9 号道岔，车辆段/停车场一般采用 5 号或 7 号道岔，城市轨道交通中使用的转辙机主要有 ZD6 型电动转辙机、ZD(J)9 型电动转辙机、S700K 型电动转辙机、ZY(ZYJ)7 型电动转辙机，前两种均含内锁闭装置，S700K 应配套外锁闭装置，ZY(ZYJ)7 有内、外两种锁闭方式。根据道岔的类型，可配置单机牵引或双机牵引，对于不可挤的单机牵引转辙机，应配套相应的挤岔表示装置。

2.4.3 ZD6 型电动转辙机

ZD6 型电动转辙机是我国城市轨道交通中广泛使用的系列电动转辙机，包括 A、D、E、J 等派生型号。由于其采用内锁闭方式，只适用于铁路中非提速路段或者提速路段的侧线。

ZD6-A 型电动转辙机是 ZD6 系列转辙机的基本型，其他型号 ZD6 型转辙机都是以 ZD6-A 型为基础改进、完善而发展起来的。

1. ZD6 型转辙机的结构

ZD6 型转辙机主要由电动机、减速器、摩擦连接器、自动开闭器、表示杆、主轴、齿条块、锁闭齿轮、动作杆、移位接触器、安全触点、壳体及相应的接线端子与电路组成。ZD6 型转辙机结构如图如 2-4-2 所示。

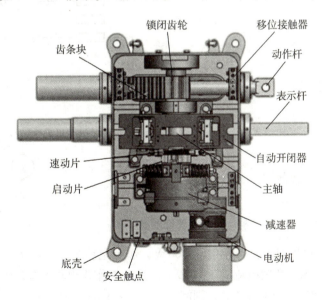

图 2-4-2 ZD6 型转辙机内部结构图

（1）电动机

电动机是转辙机的核心组成部分，直接为道岔转换提供动力。

电动机一般采用 DZG 直流电动机，是直流、串激、可逆电动机。主要由定子绕组、转子绕组、换向器、碳刷、外壳组成。实物如图 2-4-3 所示。

通过改变直流电动机中定子绕组或转子绕组的电流方向，使电动机正向转动或反向转动。为配合四线制或六线制道岔控制电路，采用了定子绕组正转和反转分开使用的方式，电

图 2-4-3 直流电动机实物图

动机内部接线如图 2-4-4 所示。

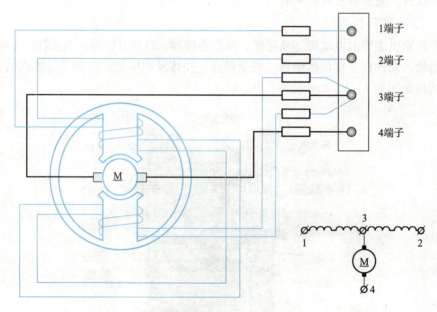

图 2-4-4 直流电动机内部接线

直流电动机电气参数如下：额定电压 160 V；额定电流 2.0 A；额定转速 2 400 r/min；额定转矩 0.882 6 N·m；摩擦电流 2.3~2.9 A；短时工作输出功率≥220 VA；20 ℃时，单定子工作电阻为 (2.85±0.14)×2 Ω；刷间总电阻 (4.9±0.245) Ω。

（2）减速器

减速器的作用是降低电动机输出转速，提高转矩，带动道岔转换。ZD6 型转辙机采用两级减速的方式，第一级为外啮合齿轮传动，称为齿轮减速器；第二级为一齿差行星内啮合齿轮传动，称为行星减速器。

（3）摩擦连接器

摩擦连接器主要由减速器壳、摩擦带夹板、摩擦带、摩擦弹簧、调整螺母等构成，构成输出轴与主轴之间的摩擦连接。当道岔转换过程中尖轨受阻时，吸收转动惯量保护电动机。

(4) 启动片与速动片

启动片连接减速器的输出轴与转辙机主轴，利用其正、反两面互相垂直成"十"字形的沟槽，在旋转时自动补偿两轴不同心的误差。另外，启动片还与速动片相配合，对自动开闭器起控制作用。

(5) 主轴

主轴由主轴套、止挡栓、锁闭齿轮、主轴及两个滚针挡圈组成，如图 2-4-5 所示。主轴带动锁闭齿轮，通过与齿条块配合完成转换和锁闭道岔。

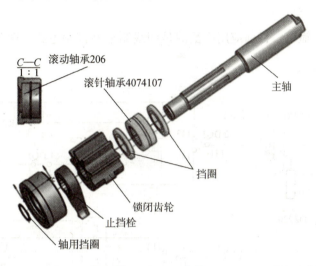

图 2-4-5　主轴

(6) 转换锁闭装置

转换锁闭装置由锁闭齿轮和齿条块组成，如图 2-4-6 所示。它将转动变为平动，转换到位后进行锁闭。电动转辙机每转换一次，锁闭齿轮与齿条块要完成解锁、转换、锁闭三个过程。

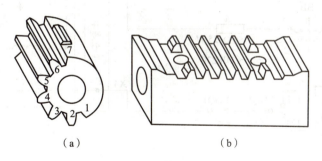

图 2-4-6　锁闭齿轮和齿条块
(a) 锁闭齿轮；(b) 齿条块

(7) 动作杆

动作杆是转辙机转换道岔的最后执行部件。动作杆一端与道岔的密贴调整杆相连接，带动尖轨运动；另一端通过挤切销和齿条块连成一体，当发生挤岔时，动作杆和齿条块能迅速脱离机械联系，使转辙机内部机件不受损坏，同时接通报警电路。

（8）自动开闭器

ZD6-A型电动转辙机所用的自动开闭器可以独立拆卸而不影响其他部分。它与表示杆（或锁闭杆）配合，利用接点的通断，及时、正确反映道岔尖轨的位置，完成控制电动机和挤岔表示的功能。

（9）表示杆

电动转辙机的表示杆与道岔的表示调整杆相连，它随道岔动作而动作。利用表示杆可以检查尖轨是否密贴，以及道岔是在定位还是在反位。

2. 四线制道岔控制电路

对于ZD6系列转辙机，目前应用广泛的是四线制道岔控制电路。图2-4-7是单动道岔四线制控制电路。

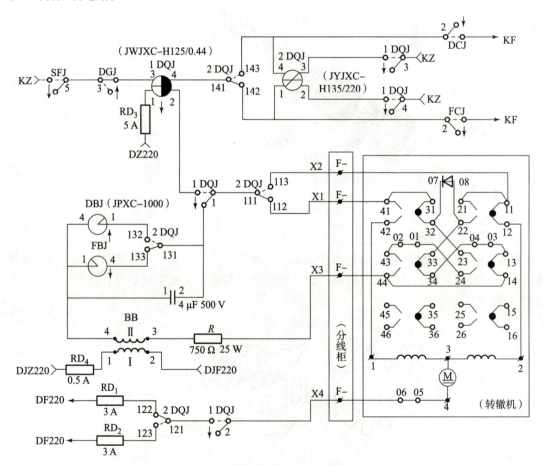

图2-4-7 四线制控制电路

（1）技术要求

为了保证行车安全，道岔控制电路必须满足以下要求：

①道岔区段有车占用，或道岔区段轨道电路故障，该区段内道岔不能转换。

②进路在锁闭状态，进路上道岔不能转换。

③道岔一经启动，就应转换到底，不受机车车辆进入道岔轨道电路的影响。

④道岔启动电路接通后，由于电路故障使道岔未转动，应能自动断开启动电路。

⑤道岔转换中途受阻不能转换到底时，经操作应能转回原位。

⑥道岔转换完毕，应能自动断开启动电路。

(2) 电路分析

ZD6 系列转辙机的控制电路采用四线制道岔控制电路，采用分级控制方式：首先由第一道岔启动继电器 1DQJ 检查联锁条件，然后由第二道岔启动继电器 2DQJ 控制电动机转动方向，最后由直流电动机转换道岔。图 2-4-7 中表示道岔在定位状态，当道岔转向反位时：

①1DQJ 励磁道岔从定位转向反位时，通过操纵按钮或由进路命令控制 FCJ 励磁，接通 1DQJ 励磁电路：

$$KZ—SFJ_{52511}—DGJ_{31-32}—1DQJ_{3-4}—2DQJ_{141-142}—FCJ_{21-22}—KF$$

②1DQJ 励磁后，利用其第四组触点接通 2DQJ 转极电路：

$$KZ—1\ DQJ_{41-42}—2DQJ_{2-1}—FCJ_{21-22}—KF$$

③电动机转动（1DQJ 自闭电路）：

2DQJ 转极后，接通 1DQJ 的 1-2 线圈自闭电路，即电动机转动电路：

DZ_{220}—BB—$1DQJ_{1-2}$—$1DQJ_{12-11}$—$2DQJ_{111-113}$—自动开闭器 11-12—电动机定子 2-3—电动机转子 3-4—遮断器 05-06—$1DQJ_{21-22}$—$2DQJ_{121-123}$—DF_{220}

电动机带动道岔尖轨转换，并带动自动开闭器动触点动作，断开道岔定位表示。

④反位表示继电器励磁道岔转换到位密贴后，由自动开闭器断开 1DQJ 自闭电路，并接通反位表示继电器励磁电路：

DJZ_{220}—RD_4—FBJ_{1-4}—$2DQJ_{133-131}$—$1DQJ_{13-11}$—$2DQJ_{111-113}$—自动开闭器 11—自动开闭器 21-22—二极管 08-07—自动开闭器 32—自动开闭器 23-24—移位接触器 01-02—自动开闭器 43-44—电阻 R—BB—DJF_{220}

道岔转换完毕，室内设备采集道岔 DBJ、FBJ 状态，将道岔实际位置反映到控制台或显示器，以便操作人员对信号设备进行监督和控制。

2.4.4　ZD(J)9 型电动转辙机

ZD(J)9 系列电动转辙机是国内自行研制，完全国产化，具有独立的知识产权的产品。

1. ZD(J)9 系列电动转辙机的特点

其具有性能优、效率高、转换力大等特点。根据客运专线要求，派生了 K 系列转辙机，底壳采用高强度铝合金材料，质量小，强度高，动作稳定可靠，寿命可达 100 万次。K 系列转辙机有多种动程配置，锁闭（表示）杆也有全系列各种动程配置，完全可以适应我国各种提速道岔多机牵引的要求。

2. ZD(J)9 电动转辙机的结构

ZD(J)9 电动转辙机主要由电动机、减速器、摩擦连接器、滚珠丝杠、推板套、动作板、锁块、锁闭铁、接点座、动作杆、锁闭（表示）杆等零部件组成，结构采用模块化设计，便于维护和维修。转辙机整体结构如图 2-4-8 所示。其主要零部件如图 2-4-9 所示。

图 2-4-8　ZD(J)9 电动转辙机整体结构图

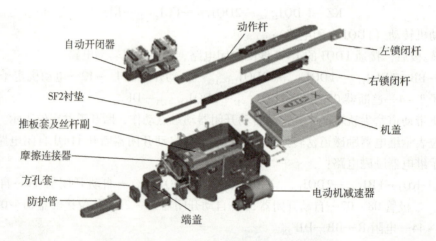

图 2-4-9　ZD(J)9 电动转辙机主要零部件图

电动机有交流和直流电动机两种，均为短时、可逆电动机，绝缘等级 F 级，具有过载能力强，在额定转矩的 1.5 倍情况下安全使用的特点。

减速器为两级减速，第一级减速为齿轮减速，以齿轮箱的形式与电动机结合在一起，如图 2-4-10 所示。第二级减速由滚珠丝杆、螺母及推板套完成，除了具有减速作用，还将旋转运动变为推板套的水平运动。

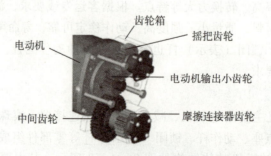

图 2-4-10　减速器实物图

滚珠丝杠相当于一个直径为 32 mm 的螺栓和螺母，如图 2-4-11 所示。当滚珠丝杠正向或反向旋转一周时，螺母前进或后退一个螺距。减速的同时，将电动机的旋转运动转变为丝杠的直线运动。

ZD(J)9 系列电动转辙机摩擦连接器采用片式粉末冶金摩擦方式，其作用是使转辙机输出的转换力保持在规定标准内；当道岔转换阻力小于摩擦连接器的规定值时，电动机转动，摩擦连接器不打滑，牵引道岔尖轨（心轨）转换；当道岔阻力大于摩擦连接器的规定值时或受到卡阻时，电动机转动，摩擦连接器打滑空转，保护电动机不烧损。摩擦连接器实物图如图 2-4-12 所示。

图 2-4-11　滚珠丝杆

图 2-4-12　摩擦连接器实物图

ZD(J)9 锁闭机构由锁块、锁闭铁、动作杆、推板四部分构成，其结构如图 2-4-13 所示。

当滚珠丝杠转动，推板套做水平运动，推动动作杆上的锁块，在锁闭铁的辅助下使动作杆水平运动，完成解锁、转换、锁闭的功能。

接点组与 ZD6 型转辙机相同，只是将动接点支架改进为有两处嵌压连接的结构，因此左右调整板设在同侧，缩小了接点组尺寸。静接点用磷青铜制造，动接点用铜钨合金制造，使用寿命 100 万次以上。锁闭柱和检查柱在接点组外侧，便于观察表示缺口。

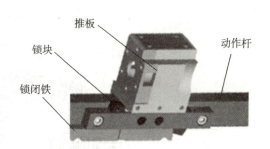

图 2-4-13　锁闭机构示意图

3. ZD(J)9 电动转辙机的动作原理

接通电源后，通过装设在电动机上的减速器，把电动机的高转速、小转矩转换为低转速、大转矩输出到摩擦连接器。

摩擦连接器内，两面烧结有铜基摩擦材料的内摩擦片通过花键传动滚珠丝杠，将旋转运动转换成滚珠丝杠母的直线运动。

在滚珠丝杠母外套有推板套，推动动作杆上的锁块，在锁闭铁的作用下使动作杆水平运动，完成转辙机的解锁、转换和锁闭动程。

2.4.5 S700K型电动转辙机

S700K型电动转辙机是我国铁路为提速需要从德国引进设备和技术，经消化吸收和改进后，在干线铁路推广的一种转辙机。这种转辙机结构先进、工艺精良，解决了ZD6转辙机存在的电动机断线、故障电流变化、触点接触不良、移位接触器跳棋、挤切销折断等惯性故障。

1. S700K型电动转辙机的特点

①采用三相交流电动机，降低了电动机的故障率，延长了控制距离，线路上的电能损失大大减小，降低了成本。

②采用滚珠丝杠传动装置，摩擦力小，机械效率高，延长了转辙机的使用寿命。

③采用具有簧式挤脱装置的保持连接器，选用不可挤型零件，从根本上解决了由挤切削劳损造成的惯性故障。

④采用多片干式可调摩擦连接器，经工厂调整加封，使用中无须调整。

2. S700K型电动转辙机的结构

S700K型电动转辙机由外壳、动力传动机构、检测和锁闭机构、安全装置、配线接口五大部分组成，其结构如图2-4-14所示。

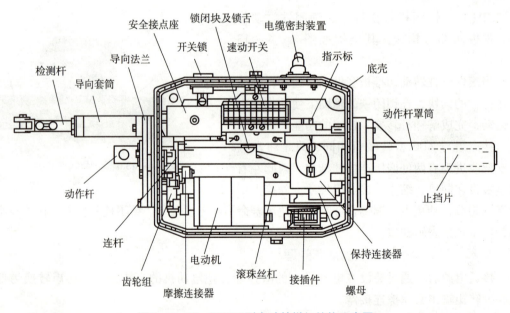

图2-4-14　S700K型电动转辙机结构示意图

（1）外壳部分

外壳部分主要由铸铁底壳、动作杆套筒、导向套筒、导向法兰等组成。

（2）动力传动机构

动力传动机构主要由三相交流电动机、齿轮组、摩擦连接器、滚珠丝杠、保持连接器、动作杆等组成。

(3) 检测机构

检测机构主要由检测杆、叉形接头、速动开关组、锁闭块和锁舌、指示标等组成。

(4) 安全装置

安全装置主要由开关锁、遮断开关、连杆、摇把孔挡板等组成。

(5) 配线接口端

配线接口端主要由电缆密封装置、接插件插座两部分组成。

3. S700K 型电动转辙机分类

S700K 型电动转辙机规格齐全，不仅满足单机牵引，也满足多机牵引的需要。

S700K 型电动转辙机的机身是通用的，经配件组装，可组成不同种类。不同种类的转辙机动作杆有不同的动程，标示杆也有不同的动程，转换力不同，也可根据需要重新组合为新的种类。

根据安装方式的不同，每一种类又分为左装、右装两种。左装（面对尖轨，转辙机安装在线路左侧）的转辙机型号用字母 A 加上奇数表示，如 A13、A15；右装的转辙机型号用字母 A 加上偶数表示，如 A14、A16 等。S700K 型电动转辙机概况见表 2-4-1。

表 2-4-1 S700K 型电动转辙机概况

代号 左/右装	型号	动作 时间/s	动程/ mm	检测行程/ mm	额定转换力/ N	适用的 提速道岔
A13/A14	220/160	≤6.6	220	160	3 000	9 号尖轨第一牵引点 12 号尖轨第一牵引点
A15/A16	150/75	≤6.6	150	75	4 500	9 号尖轨第二牵引点 12 号尖轨第二牵引点

2.4.6 ZY(ZYJ)7 型电液转辙机

ZY(ZYJ)7 系列电动液压转辙机及其配套的安装装置与外锁闭装置系统，能转换、锁闭国内现有各种规格、型号的内、外锁闭道岔，并能正确反映尖轨及可动心轨辙叉的位置和状态。

ZY(ZYJ)7 型电动液压转辙机有 ZY(ZYJ)7 型电液转辙机（也称主机，用于第一牵引点）和 SH6 型转换锁闭器（也称副机，用于第二、第三等牵引点）组成，主机与副机共用一套动力系统，两者之间靠油管连接传输动力。主机主要由动力机构、转换锁闭机构、表示锁闭机构等组成，副机主要由转换锁闭机构、挤脱表示机构等组成。两点牵引 ZYJ7 主机与 SH6 配套使用，如图 2-4-15 所示。

图 2-4-15 两点牵引 ZYJ7 主机与 SH6 配套使用图

思考与练习

1. 简述道岔的组成。
2. 简述转辙机的作用。
3. 简述对转辙机的基本要求。
4. 简述 ZD6 型电动转辙机的结构和各部件作用。
5. 简述 ZD(J)9 系列电动转辙机的特点。
6. 简述 ZD(J)9 系列电动转辙机的动作原理。
7. 简述 S700K 型电动转辙机的特点。
8. 简述 S700K 型电动转辙机的结构组成。

技能训练

技能训练 1 认识 ZD6-A 型转辙机的基本结构

1. 实验目的

①熟悉 ZD6 型电动转辙机的内部结构。

②掌握 ZD6 型电动转辙机各个组成部件的作用。

2. 实验设备

ZD6 型道岔控制台一套。

3. 实验内容

①打开转辙机机盖,观察其内部组成。

②观察各个组成部件，了解转辙机各个部件的作用。

③操纵转辙机动作，观察转辙机牵引尖轨转换的过程。

④判断转辙机的安装方式：站在转辙机侧来看，根据动作杆相对于电动机的伸出位置，右伸为正装，左伸为反装，判断转辙机的安装方式。

4. 注意事项

在操作道岔控制台时，一定要互相通知，确保各人员安全后方可操作，以防造成人身伤害。

技能训练2　练习手摇道岔

1. 实验目的

①了解关于手摇道岔的相关规定。

②能够熟练完成手摇道岔操作。

2. 实验设备

ZD6 - A型道岔控制台一套、《行车组织规则》中关于手摇道岔的有关规定。

3. 实验内容

①利用手摇把摇动道岔，掌握手摇道岔的方法。

一看：看道岔开通位置是否正确，是否需要改变位置。

二开：打开孔盖板及钩锁器的锁，拆下钩锁器。

三摇：摇道岔转向所需位置，在听到"咔嚓"的落槽声后停止。

四确认：手指尖轨"尖轨密贴开通定（反）位"，并和另一人共同确认。

五加锁：另一人在确认道岔位置开通正确后，用钩锁器锁定道岔尖轨。

六汇报：向车站控制室汇报道岔开通位置正确。

②学习道岔故障时的处理方法及手摇把管理的有关规定。

a. 手摇把编号、保管：

手摇把应统一编号。编号以区域为单位，由01～09两位数字组成。由车辆部安全技术室登记造册，一式两份，车辆部安全技术室存档一份，手摇把存放室一份。

手摇把的保管。设加锁手摇把保管箱，由车辆部统一配置，设置在规定地点。信号楼手摇把保管箱的钥匙由车辆段/停车场值班员保管。

手摇把配备数量。由车辆部根据道岔组数确定应配数量。

b. 手摇把取出与收回：

维修人员检修道岔或处理转辙机故障需使用手摇把时，由信号人员在《行车设备检查登记簿》上登记，写明用途、手摇把编号，经车辆段/停车场值班员签认后，方可开锁取出手摇把；使用完毕后，应由车辆段/停车场值班员清点数量、核对编号后签收加锁。

设备停电或故障需手摇道岔排列进路时，同上。

紧急处理故障时，可先应急使用，后补签手续。

c. 手摇道岔排列进路的规定：

信号维修人员负责手摇转换道岔，并确认道岔密贴。

车辆段/停车场助理值班员负责确认道岔位置开通正确,负责钩锁器的加固、加锁。

4. 注意事项

①小组各人员分工进行实训操作,实训中协调合作。

②按标准化流程进行,做好登记联系、销记训练,注意各作业人员间协调沟通。

③在对转辙机进行操纵时,一定要互相通知,确保各人员安全后方可操纵,以防造成人身伤害。

④实训完成后,必须试验良好。

技能训练 3 ZD6-A 型转辙机电气性能测试

1. 实验目的

①掌握 ZD6-A 型转辙机的电气性能测试步骤。

②了解 ZD6-A 型转辙机的检修流程及标准。

2. 实验设备

ZD6-A 型道岔控制台一套、万用表若干个、十字螺丝刀若干个、尖嘴钳若干个、斜口钳若干个。

3. 实验内容

(1) 电动转辙机电气参数测量

1) 测试动作电压

用万用表直流 250 V 挡位测量动作电压,将黑色表笔放在电动机的 1 端子上,红色表笔放在电动机 2 端子上;测反位动作电压,将色表笔放在电动机的 2 端子上,红色表笔放在电动机 4 端子上,转换道岔时所测得的电压值不应小于 160 V。

2) 测试工作电流

将万用表放在直流 5 V 挡上,断开安全接点,将万用表两个表笔分别接在 05、06 端子上,操纵道岔控制台,在道岔转换时测得工作电流,应不大于 2 A。

3) 测试故障电流

将万用表放在直流 5 A 挡,断开安全接点。将万用表表笔分别放在 05、06 端子上,并在尖轨和基本轨之间夹入 4 mm 安全锤,然后转换道岔。在摩擦连接器空转时,测得的电流值即为故障电流值。

4) 测量线圈电阻

将万用表放在 R×1 挡上,将安全接点断开,将万用表表笔分别放在电动机 1、3 或 2、3 端子上即可测得两个定子线圈的电阻;将万用表表笔分别放在 3、4 线圈上即可转子线圈电阻。测试结束后,将结果填入表 2-4-2 中。

表 2-4-2 实验数据

机器型号	动作电压		工作电流	故障电流	线圈电阻	
	定位	反位			定子线圈电阻	转子线圈电阻
ZD6 型转辙机						

（2）转辙机检修作业流程及标准

①登记：按《行车组织规则》及作业标准化要求认真做好登记工作。

②现场联系：与室内工作人员联系，扳动道岔，核对道岔型号是否正确。

③根据检修标准对道岔安装装置、转辙机内部及电缆箱盒进行检查维护。

④试验调整销记：扳动道岔，检查尖轨与基本轨是否密贴良好；对转辙机进行电气性能测试，符合标准后，加盖机盖并拧紧固定螺钉。确认设备良好后，向车站值班员汇报注销。

4. 注意事项

①注意人身安全，能正确执行安全技术操作规程。

②实验完成后，要保证工作场地的整洁，工具、工件摆放整齐。

③在操作工程中要保证工具不乱丢，不损坏材料。

第五节 计 轴 器

计轴器具有检查区段占用与空闲的功能，不受轨道线路道床状况的影响。作为区段检测的安全设备，其作用与轨道电路等效。

在采用 CBTC 系统的轨道交通线路中，取消了传统的轨道电路，通过车－地之间实时、双向的无线通信进行列车位置的在线监测，指挥列车的运行。但是，对于非通信列车或 CBTC 车－地通信出现故障的情况下，整个线路运行的列车安全间隔距离就无法保障。因此，作为城市轨道交通 CBTC 系统的后备模式，普遍采用"计轴器"替代轨道电路，用"计轴器"检测轨道区段有无列车占用。

知识目标

1. 掌握计轴器的组成及工作原理；
2. 了解典型电子计轴系统及其特点；
3. 了解典型微机计轴系统及其特点；
4. 熟悉计轴器在城市轨道交通信号系统的应用。

技能目标

1. 会使用仪器仪表测试电子计轴器的电气参数；
2. 会使用相关工具拆装计轴器设备；
3. 能区分不同类型的计轴器；
4. 能区分 AzS（M）350U 微机计轴系统主机面板的组成单元。

相关案例

2014 年 12 月 17 日 6 时 50 分，地铁 2 号线师范大学站轨旁计轴器发生故障，导致信号系统启动了保护系统，造成地铁列车延误。发现故障后，地铁部门的信号设备专业人员立即到车站抢修，7 时 36 分故障抢修完成。经客运组织调整，约 8 时 15 分全线恢复正常行车间隔。

结构框图

2.5.1 电子计轴系统

1. 电子计轴系统的基本结构

电子计轴系统的基本结构包括室外部分及室内部分（信号楼或控制中心），如图 2-5-1 所示。室外部分包括轨道传感器（磁头）、电子单元（EAK 即电缆盒）、传输电缆；室内部分主要是信号处理电路及计数处理电路。

以 Alcatel 公司的 AzLM 计轴系统为例，AzLM 计轴系统是多区间监督的安全计轴设备，监督区间的占用状态并向联锁设备提供相关信息。轨道占用的信息有三种状态：空闲、占用、受干扰。

（1）室外轨旁设备

室外轨旁设备主要由安装在轨道上的双磁头 SK30、安装在轨旁密闭安装盒内的电子单元 EAK 等组成，这两种设备都安装在轨道区段的各个末端。

1）轨道磁头

轨道磁头为电磁式有源传感器，是车轮轮对的探测点，也是轨道区段的分界点，用来采

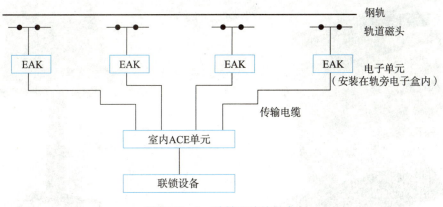

图 2-5-1 计轴系统的组成

集车轴信息和判定列车运行信息。轨道磁头包括发送磁头和接收磁头，有两套物理上分离的线圈组 Sk1 和 Sk2，安装在同一根钢轨上。发送磁头安装在钢轨外侧，接收磁头安装在钢轨内侧，如图 2-5-2 所示。

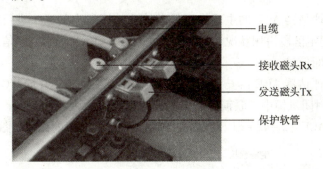

图 2-5-2 AzLM 计轴系统轨道磁头

发送磁头的信号来自电子单元（EAK）的发送接收板，在发送线圈附近产生由两种不同额定频率 28 kHz 和 30 kHz 形成的电磁场。钢轨内侧有两个接收磁头的线圈，产生两个存在时间差的感应电压，电子单元通过这些感应电压可以判断车轮的存在和行进方向。

钢轨磁头使用自带螺栓安装在轨腰上。各个安装孔的垂直位置取决于钢轨剖面。

每个标准 Tx/Rx 磁头通常使用 4 m 长的固定电缆，与电子单元连接。

2）电子单元（EAK）

电子单元又称为电子连接盒，包含电子设备，驱动并监控磁头，探测车轮，计算经过的轴数，运行自检程序，并向计轴评估器（ACE）发送含有计数和监控信息的报文，其内部结构如图 2-5-3 所示。计轴、监控和报文生成功能由两个受 ACE 安全模块监控的独立微控制器执行。

密闭安装盒又称黄帽子，如图 2-5-4 所示。密闭安装盒将电子单元密闭在其中，具有防尘、防潮、防电磁干扰的作用，为电子单元提供较好的工作环境。

3）电源

电源可以从联锁室传输到轨旁设备，采用这种供电方式时，电源使用与 ACE 数据传输相同的两根电线，也可以使用本地供电。

图 2-5-3 EAK 内部结构　　　　　　图 2-5-4 密闭安装盒

（2）室内设备

室内设备计轴评估器 ACE 的主要作用是向检测的区段内的磁头进行数据轮询，处理来自 EAK 的数据，判定区段占用状况，向联锁设备发送区段占用或空闲信息，以及与诊断计算机连接并发送诊断信息。

室内设备计轴评估器 ACE 由安全计算机模块、串行 I/O 口、并行 I/O 口组成，ACE 可以安装在开放机架或封闭机柜中。联锁接口可配置为串行（以太网）、并行（继电器/光电耦合器）或两种均可。ACE-2-42-SI 型室内设备计轴评估器 ACE 的面板如图 2-5-5 所示。

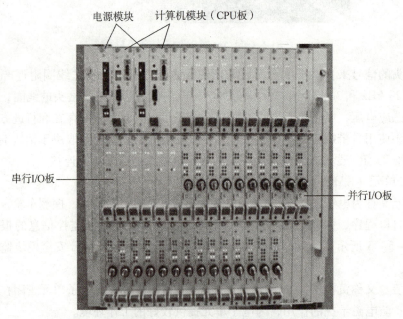

图 2-5-5 ACE-2-42-SI 计轴评估器 ACE 面板

1）计算机模块

计算机模块可以选择冗余的三取二安全计算机系统。如采用低成本的二取二版本，虽然无冗余,但是安全标准是一样的。使用三取二版本时,故障引起的一个计算机通道丢失将导致功能降级为二取二结构,但该降级仍可维持系统的全部功能,并允许在不影响运行的情况下进行日常维修。

2)电源模块

每个 CPU 通道都有自己的 DC/DC 转换器,向设备提供 5 V 和 12 V 电源。

3)串行 I/O 模块

轨旁设备发出的数据通过串行 I/O 模块接收。这些模块是预处理板,它们将来自检测点的串行数据转换成安全模块的 I/O 总线数据。预处理器与安全模块之间使用工业标准的 CAN 总线。

每个串行 I/O 板被分配给一个(冗余的三取二结构 ACE)至两个(非冗余的二取二结构 ACE)检测点,占用 ACE 的一个 I/O 槽。

使用多个 ACE 中的同一个检测点,可以将这个检测点的报文采用菊花链方式发送给另外一个 ACE。采用这种方式时,在二取二结构的 ACE 中,连接到串行 I/O 模块的检测点数降至一个。

故障引起的检测点丢失会导致区段进入干扰状态,干扰仅限于与该检测点相关的区段。

4)并行 I/O 模块

轨道占用信息由安全模块通过双通道安全并行 I/O 预处理器模块输出,它使用与串行 I/O 相同的双通道 CAN 总线。

串行 I/O 和并行 I/O 模块是电气兼容的,按照要求的组合方式插入评估器子架上的 I/O 槽中。每个区段的并行 I/O 模块占用一个 I/O 槽。

2. 电子计轴系统基本的工作原理

在定义的轨道区段两端,选择在同一侧的一根钢轨上安装两个计轴传感器探测通过的车轮,如图 2-5-6 所示。当车轮通过时,它改变了传感器的发送器和接收器之间的交变磁场,从而改变了接收线圈上的感应电压或相位值,计轴设备根据交变磁场的变化频率和变化的时间顺序判断通过的列车轴数,识别列车运行的方向。计轴主机处理从计轴轨旁盒传来的计轴传感器变化信息、比较进入区段的轴数和离开区段的轴数,给出轨道空闲/占用的指示。

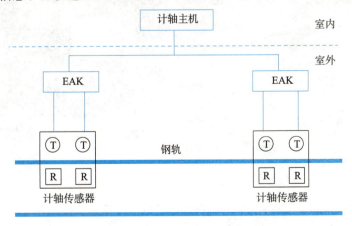

图 2-5-6 计轴系统原理

2.5.2 微机计轴系统

微机计轴系统与电子计轴系统的组成基本相同,差别在于前者是以"3C"技术为背景,以微机计轴技术为基础发展而成的系统,后者是以20世纪80年代的电子技术为背景发展而成的系统。

微机计轴技术是以计算机为核心,辅以外部设备,利用统计车辆轴数检测相应轨道区段是否有列车占用或列车已出清的技术。

1. 西门子 AzS(M)350U 微机计轴系统的结构组成

AzS(M)350U 微机计轴系统主要由室外设备和室内设备两部分组成,室外设备包括车轮电子检测器、车轮传感器及电缆等,室内设备主要由计算机组成(EC)。

(1)室外设备

ZP43E 型计轴点由传感器和车轮电子检测器箱组成,如图 2-5-7 所示。S、E 为固定在钢轨上的双置传感器的发送、接收装置;A 为安装传感器的钢轨旁的车轮电子检测器箱;R 为钢轨屏蔽板。

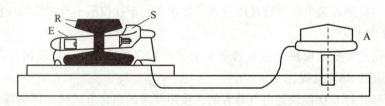

图 2-5-7 ZP43E 型计轴点的组成

车轮传感器安装于两轨枕间钢轨的轨腰处,发送器装于钢轨的外侧,接收器装于钢轨的内侧。

车轮电子检测器安装时,其外延距所属线路侧钢轨内侧不小于 1 400 mm,ZP43E 型、ZPD43 型车轮电子检测器结构如图 2-5-8 所示。

(a)　　　　　　　　　　　(b)

图 2-5-8 车轮电子检测器
(a) ZP43E 型;(b) ZPD43 型

（2）室内设备

AzS（M）350U 微机计轴系统主机面板如图 2-5-9 所示。所有的电路板都插在一个组匣中。对于可选用的电路板，若没有使用，则其位置先用空板替代。计轴主机间可通过 SIRI-US2 板（串行数据输入输出板）连接。SIRIUS2 板提供了两个双向串行接口来传输数据，每一个串行接口都有一个 V.24 输出端。

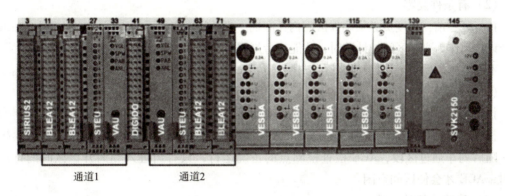

图 2-5-9　AzS（M）350U 微机计轴系统主机面板

BLEA12 碧色信息输入/输出板用于传送所有进出联锁系统的信息。

STEU 板（控制诊断板）用于分析所接收到的车轮传感器信号。计轴主机的每一个通道都是相同的，都有一个 STEU 板。

VAU 板（数据处理和监视板）是中央处理单元，它以 SIMIS-C 计算机为核心构成了故障—安全型微机系统。提供双通道的监控和比较功能。

每一个直接连接的车轮传感器都需要一个与之相对应的 VESBA 板（放大接触和带通滤波板），它将室内和室外设备从电气上进行隔离。VESBA 板将信号 f_1 和 f_2 分离并传送到两个独立的同道中进行带通滤波、放大、整形和触发。

SVK2150 电源板为计轴主机（5 V）和车轴检测器（70 V）供电。

2. 西门子 AzS（M）350U 微机计轴系统的基本工作原理

当一个车轮进入 ZP43E 型计轴点双置车轮传感器发送-接收系统的作用范围时，增强了二者之间的电磁场强度。在其接收端产生一组感应脉冲，该组脉冲信号经计轴点轨道箱的内部电路对其进行预处理后，经连接电缆系统传输至信号楼内的 AzS（M）350U 运算单元组合，运算单元对该信号进行处理，识别轮对、判断轮对运行方向，对内部存储器的轴数信息做相应的修改，并以此判断相应轨道区段的空闲/占用状态，判断的结果经继电器输出。AzS（M）350U 型微机计轴系统的核心是 ZP43E 型计轴点设备和 AzS（M）350U 运算单元。

2.5.3　计轴设备复零

当计轴设备上因故障或干扰造成区段轴数不相等，致使计轴系统判断区段占用时，需要进行人工复零操作。计轴区段复零是一个安全作业程序，必须严格遵守调度和维护人员规章制度中的规定进行。

AzLM 计轴系统支持四种类型的复零方式，分别是无条件复零、有条件复零、预复零、待确认的预复零。

(1) 无条件复零

执行复零前,调度员必须确保区间内无车辆。在执行轨道区段复零前,一旦接收到复零命令,ACE 检查无禁止复零的技术条件,例如持续故障等。有串行接口的计轴系统不提供无条件复零。无条件复零生效后,使区间立刻空闲。

(2) 有条件复零

执行复零前,调度员必须确保区间内无车辆。当区间确实处于被占用状态时,只有在最后一个计数动作为离开区间的计数时,才能执行复零(有条件复零)。当区间处于"受干扰"状态,不用考虑最后一个计数动作就可以执行复零。有条件复零生效后,使区间立刻空闲。

(3) 预复零

执行复零前,调度员必须确保区间内无车辆。执行预复零命令后,区间不会立刻变空闲。执行复零前,一旦接收到复零命令,ACE 检查无禁止复零的技术条件,例如持续故障等,随后列车通过区段,ACE 检查检测点的正确运行,只有当进入和离开该区间的计数相同时,ACE 才会使区间空闲。

(4) 待确认的预复零

执行复零前,调度员必须确保区间内无车辆,与预复零不同的是,列车通过区间后,还需要值班员进行人工确认,区间才会空闲。

2.5.4 计轴点的设置

对于无岔区段,在其两端各设置一个计轴点,如图 2-5-10 (a) 所示。对于数个无岔区段构成的带形区段,其测轴点的设置如图 2-5-10 (b) 所示。对于无岔区段构成的重叠区段,其测轴点的设置如图 2-5-10 (c) 所示。

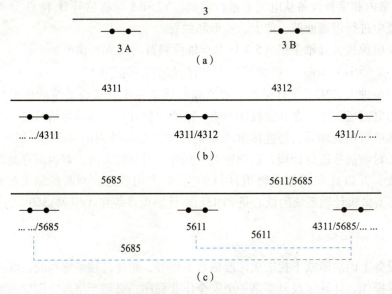

图 2-5-10 无岔计轴区段

(a) 单一无岔计轴区段;(b) 带形区段计轴区段;(c) 重叠区段计轴区段

对于道岔区段,在其岔前、岔后直向和岔后侧向各设置一个测轴点,如图 2-5-11 (a) 所示。对于交叉点,其测轴点的设置如图 2-5-11 (b) 所示。对于交叉渡线,其测轴点的设置如图 2-5-11 (c) 所示。

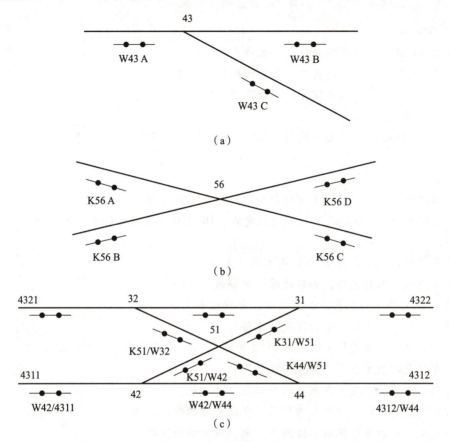

图 2-5-11 道岔计轴区段
(a) 单开道岔计轴区段;(b) 交叉道岔计轴区段;(c) 交叉渡线计轴区段

思考与练习

1. 简述电子计轴系统的基本结构。
2. 简述电子计轴系统的基本工作原理。
3. 简述计轴系统的四种类型的复零方式。
4. 简述计轴点的设置方法。
5. 简述西门子 AzS(M)350U 微机计轴系统的组成。
6. 简述西门子 AzS(M)350U 微机计轴系统的基本工作原理。

技能训练

技能训练1　AzLM型计轴系统故障诊断与维护处理

1. 实验目的

①熟悉AzLM型计轴系统的结构、工作原理。
②熟悉AzLM型计轴系统室内设备故障的处理方法。
③熟悉AzLM型计轴系统室外设备故障的处理方法。

2. 实验设备

AzLM型计轴系统、磁头测试仪、ISDN测试仪、数字万用表、模拟轮、扭矩扳手、螺丝刀。

3. 实验内容

第一种情况：整个联锁区全部计轴轨道继电器无车落下
①检查输入电源，DC 60 V计轴主机电源，DC 120 V室外计轴点电源，DC 24 V轨道继电器电源。
②检查计轴主机电源板及CPU板工作状态。
检查电源板指示灯状态，如有故障，更换板卡。
检查CPU板指示灯状态，如有故障，更换板卡。
③重新启动计轴主机，进行区段复零操作。

第二种情况：一个或几个计轴轨道继电器落下（计轴系统的故障一般由信号员发现一个区段无车但是却显示占用，并且不能复零）
①定位室外计轴点及室内相应的串口板、并口板。
②确定是否是由磁头故障或者位置不合适引起的瞬时故障。
③确定是否是由通信中断、检测点断电，或者检测点故障。
④检查室内相关串口板、并口板工作状态，如有故障，更换相应器件。
⑤检查室外计轴点模拟板、评估板工作状态，如有故障，更换相应器件。
⑥检查室外磁头是否有损坏，如有损坏，更换磁头。
⑦排除故障后，进行区段复零操作。

4. 故障维护工作注意事项

①故障维护工作必须执行城市轨道交通运营的有关规章制度，以确保行车及人身安全。
②ACE主机电源板、CPU板不支持热插拔；串口板、并口板及室外计轴点EAK模拟板、评估板支持热插拔；ACE主机重启前至少断电30 s。
③如果有故障电路板，必须立即更换，并将故障电路板包装好，以避免机械或电气损坏。
④用户不得自行修理电路板。没有经过检验的电路板不能投入使用。

技能训练2　西门子AzS(M)350U微机计轴系统故障诊断与处理

1. 实验目的

①熟悉西门子AzS(M)350U微机计轴系统的结构、工作原理。

②熟悉 AzS(M)350U 微机计轴系统室内设备故障处理方法。

③熟悉 AzS(M)350U 微机计轴系统室外设备故障处理方法。

2. 实验设备

西门子 AzS(M)350U 微机计轴系统、磁头测试仪、ISDN 测试仪、数字万用表、模拟轮、扭矩扳手、螺丝刀。

3. 实验内容

西门子 AzS(M)350U 微机计轴系统故障可能发生在室内运算单元（系统计算机）、轨旁预处理单元（轨旁连接箱）、车轮传感设备（计轴磁头）或联锁系统的通信链路中。以上任一设备发生故障，都会导致一个或两个区段报告"干扰状态"或"占用状态"。

①出现干扰区段，首先尝试在列车完全通过该区段后，在 ATS 终端输入"区段复位"命令复位干扰的区段。如果未成功，维护人员应该到计轴系统 ACE 机柜前准备第二步操作。

②连接维护终端。使用维护终端区段状态请求命令"S"，检查所有区段的状态。如果 ACE 上所有区段报告正常，但是 INTERSIG 报告干扰，故障原因在 ACE 和 INTERSIG 的通信连接上，需检查或者替换计轴器的接口方式。

③如果认为故障是在轨旁设备，参考 AzLM 型计轴系统轨旁设备故障诊断与维护处理。

4. 注意事项

参考 AzLM 型计轴系统故障诊断与维护处理注意事项。

第六节 应答器（信标）

任务导入

应答器（信标）是高速率、大信息量的点式数据传输设备，主要用途是在特定的地点实现车-地间的数据交换，向列车提供可靠的轨旁固定信息和可变信息，既可是单向传输，也可是双向信息传输。

学习要点

知识目标

1. 了解应答器的分类；
2. 掌握应答器的组成及工作原理；
3. 掌握应答器的功能。

技能目标

1. 会使用仪器仪表测试应答器的电气参数；
2. 会使用相关工具拆装应答器设备；
3. 能区分不同类型的应答器。

相关案例

2012 年 12 月 27 日，微机监测报警窗口，并通报：京沪高铁中继 41 列控中心 A、B 机 LEU2 端口 4 状态故障。在排除了列控中心故障之后，通过 DMS 终端里的"应答器报警"栏中报警信息看到，G262、G102 次等多趟动车组都在里程 K681+747 处（应答器编号 069-4-04-014-3、应答器名称 B06818-3）报警："252（报文计数器异常）"。因为动车组能正常收到报文计数器 252，说明应答器是好的。经过现场测量，机械室内分线盘防雷部位室内侧能读到 255，室外侧读出 252，并且用万用表测量室外侧发现电阻无穷大，因此判断应答器接口故障或尾缆出现断线。

结构框图

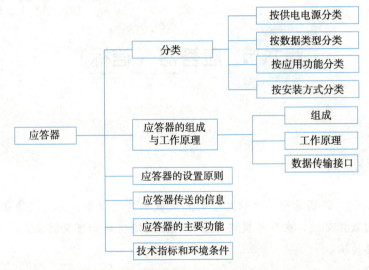

目前城市轨道交通信号控制系统中主要存在 Amtech 公司的美国标准 TAG 产品和欧洲标准 Eurobalise 产品两种应答器。应答器是欧洲标准的称谓，信标是美国标准的称谓。应答器（信标）是安全相关的部件，为了叙述方便，本节中以应答器称谓阐述。

2.6.1 应答器的分类

1. 按供电电源分类

（1）无源应答器

又称为固定信息应答器，与外界无物理连接，如图2-6-1所示。无源应答器不需要外加电源，平时处于休眠状态，无源应答器自身功耗很低，仅在列车通过并获得车载查询器发送的功率载波能量时被激活，激活后立即发送调制好的数据编码信息。无源应答器中的信息经特殊设备固化在应答器存储单元里，一般安装以后不能改变，用于发送固定信息，如线路速度、坡度、轨道电路参数、信号点类型等信息。

图 2-6-1　无源应答器

（2）有源应答器

又称为可变信息应答器，通过外接电缆获得电源，如图2-6-2所示。有源应答器中的信息是可以通过外接电缆由地面控制设备实时改变的，一般设置在信号机或道岔旁，用于向列车传送实时可变信息，如信号显示、临时限速、道岔位置等。

图 2-6-2　有源应答器

有源应答器又分为信号机应答器和进路应答器，信号机应答器安装于信号机旁，与信号机相联锁；进路应答器安装在道岔旁，指示是否需要侧向速度通过道岔。

2. 按数据类型分类

（1）固定数据应答器（FB）

固定数据应答器（FB）是无源应答器，当列车通过时被激活，同时将FB里面的数据发送给应答器天线。

（2）可变数据应答器（VB）

可变数据应答器（VB）是有源应答器，与轨旁电子单元（LEU）相连。

（3）填充数据应答器（IB）

填充数据应答器（IB）是有源应答器，与轨旁电子单元（LEU）相连，复示VB。

（4）错误侧数据应答器（WB）

错误侧数据应答器（WB）是无源应答器，在某些特定位置用于列车应答器天线的转换。

3. 按应用功能分类

（1）普通类型应答器

该类应答器自应答器向车载查询器传送信息，包括安全信息和非安全信息。应答器和车载查询器的尺寸大小相同。

（2）增长型应答器

应答器比车载查询器长很多，有可能长达 10 倍，专门用途是控制列车在车辆段、机械房内的定位，如图 2-6-3 所示。

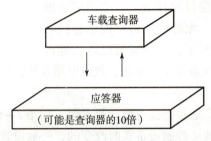

图 2-6-3　地面应答器

（3）标定型应答器

它的应答器结构连续多环，专门用于标定列车速度，如图 2-6-4 所示。

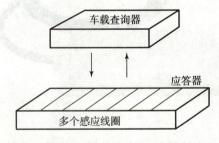

图 2-6-4　轨旁电子单元

4. 按安装方式分类

（1）中心安装方式

应答器安装在两根轨道的中间，车载天线安装在列车底部中间位置，与应答器相对应耦合。

（2）侧面安装

应答器安装在一根钢轨的侧面，车载天线也安装在列车侧面，与应答器相对应耦合。

（3）立杆式安装

应答器安装于线路旁立杆上。

2.6.2　应答器的组成与工作原理

1. 应答器的组成

应答器包括地面设备和车载设备。地面设备主要是地面应答器和轨旁电子单元，车载设备主要包括车载查询器天线和车载查询器主机。

(1) 地面设备

地面应答器：主要由壳体、电路板、灌封材料组成，设置于两根钢轨中间，如图2-6-5所示。其内部寄存器按协议以代码形式存放实现列车速度监控及其他行车功能所必需的数据。

图2-6-5 地面应答器

轨旁电子单元（LEU）：是地面有源应答器与信号机之间的电子接口部件，是数据采集和处理单元，如图2-6-6所示，包括电源板（CALE）、处理器板（CRTE）、串行通信板（SLIB）、应答器驱动板（SERB）四部分。

当地面信号数据变化时，LEU依据变化后的数据形成报文并送给地面有源应答器进行发送。一个LEU可以同时向四个地面有源应答器发送四种不同的报文。LEU实时监测与地面有源应答器之间的信息通道的状态，并及时向控制中心回送。当LEU与地面有源应答器通信中断时，LEU向有源应答器发送默认报文。

图2-6-6 轨旁电子单元

(2) 车载设备

车载查询器天线（车载天线）：置于列车底部，距轨道180~300 mm，是一个双工收发天线，一方面，连续地向地面发送高频电磁能量，以激活地面应答器；另一方面，接收地面应答器发送的数据报文。车载查询器天线的外壳由硬塑料保护，以防异物撞击，如图2-6-7所示。

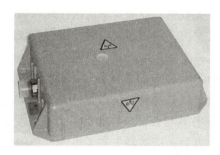

图2-6-7 车载查询器天线

车载查询器主机：安装于列车内部 ATP 机柜内，如图 2-6-8 所示。车载查询器主机负责检查、效验、解码和传送接收到的报文，可根据需要选择激活位于机车两端的任一天线，与列车运行控制系统进行双向数据传输，其具有自检和诊断功能。其完成的主要功能包括：提供电子里程标校准列车位置，提供列车前方一定距离内的线路参数，提供地面信号状态信息，向地面有源应答器发送车次号信息。

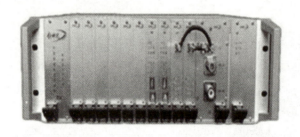

图 2-6-8 车载查询器主机

2. 应答器的工作原理

有源应答器电路板原理框图如图 2-6-9 所示。

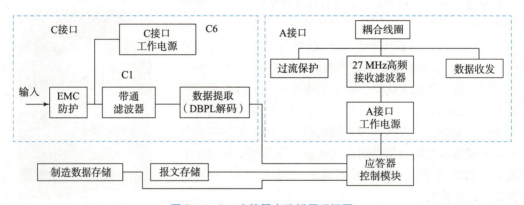

图 2-6-9 应答器电路板原理框图

其工作过程如下：

当车载天线接近应答器时，应答器的耦合线圈感应到 27 MHz 的磁场，能量接收电路将其转化为电能，从而建立起应答器工作所需要的电源，此时，应答器开始工作。

应答器控制模块是整个电路的控制核心，当电源建立后，它首先判断由 C 接口来的数据是否有效，若该数据无效或无数据，控制模块使用存储在报文存储器中的数据，将其进行 FSK 调制后，输出到数据收发模块，经功率放大后，由耦合线圈发送。只要电源存在，控制模块就不间断地发送，这意味着车载天线一直在应答器上方。

当控制模块上电时，判断出 C 接口的数据有效，则控制模块将发送 C 接口传来的数据。

一旦控制模块做出报文选择（选择存储的数据还是 C 接口传来的数据），在这次上电的工作周期内，无论 C 接口数据有效与否，应答器都不会改变发送的数据。

当车载天线离开应答器上方后，应答器失去了电源，便停止数据发送。

C 接口工作电源仅用于该接口电路部分，不给控制模块和数据收发供电，因此，有源应答器也只有在车载天线出现时才发送数据。

制造数据存储器的数据只能被报文读写工具读取。

3. 应答器的数据传输接口

应答器系统中存在多种数据接口，基本接口有接口"A"和接口"C"两种。

（1）接口"A"

接口"A"为地面应答器与车载查询天线之间的通信接口，其接口定义对确保不同应答器设备间互联互通及信息传输的高效、安全、可靠具有重要的意义。接口"1"保证车载查询天线设备向地面应答器提供电磁能量，地面应答器向车载查询天线设备发送数据报文，无线读写器向地面应答器读写数据报文。

（2）接口"C"

接口"C"为 LEU 与地面有源应答器间的通信接口，它包含由 LEU 向地面有源应答器输出数据报文的接口、地面有源应答器回送被激活的接口、LEU 向地面有源应答器提供工作电压的接口。这三种接口信号同在一对双绞线上传输，采用应答器设备专用屏蔽双绞电缆。

另外，车载设备各模块之间也有相应的数据传输接口，以构成数据或信息的传输通道。

2.6.3 应答器的设置原则

进站信号机处设置有源应答器和无源应答器。有源应答器在接车进路建立后，进站应答器发送相应的接车进路信息和临时限速信息，无源应答器提供反向线路参数。

车站出站口处设置无源应答器和有源应答器。无源应答器提供前方一定距离内的线路参数等信息；有源应答器提供前方一定距离内的临时限速等信息。出站信号机处（含股道）原则上不设置应答器。

区间间隔 3~5 km 设置一个无源应答器，分别提供正向前方一定距离内的线路参数及定位信息，原则上设置在闭塞分区分界处。

根据需要可设置特殊用途的无源应答器（如 CTCS 级间转换等）。

ATP 车载设备可通过成对的应答器识别运行方向。

应答器的正线线路参数应交叉覆盖，实现信息冗余。

2.6.4 应答器传送的信息

应答器向列控车载设备传送的信息主要包括：

①线路基本参数，如线路坡度、轨道区段等参数。

②线路速度信息，如线路最大允许速度、列车最大允许速度等。

③临时限速信息，当由于施工、天气等原因引起对列车运行速度进行限制时，向列车提供临时限速信息。

④车站进路信息，根据车站接发车进路，向列车提供"线路坡度""线路速度""轨道区段"等线路参数。

⑤道岔信息，给出前方道岔侧向允许列车运行的速度。

⑥特殊定位信息，如升降弓、进出隧道、鸣笛、列车定位等。

⑦其他信息，固定障碍物信息、列车运行目标数据、链接数据等。

2.6.5 应答器的主要功能

在城市轨道交通信号控制系统中，应答器有 4 个基本功能，即系统初始化、列车定位和轮径校核、精确停车及在 CBTC 下的后备模式。

1. 系统初始化

从车辆段（场）驶入正线的列车，要在出段线路转换轨"登记"进入 ATC 系统监控区。列车出发，驶入"转换轨"，经转换轨上的应答器进行车 – 地通信初始化，自动将车组号和司机号传送到中央 ATS 系统。中央 ATS 系统自动赋予列车相应的识别号，此列车便正式登录 ATC 控制区。每列列车的识别号为唯一确定的，ATS 系统以此作为识别每列列车的身份标志，监督各列车在线路上的运行状态。

2. 列车定位和轮径校准

定位应答器为无源设备，安装在道床上，由列车上的查询器天线的无线电信号激活。当列车通过一个应答器时，可以接收到一组数字信息，用来识别应答器，并根据应答器提供的数据信息检索车载轨道数据库，为列车提供精确的绝对地理位置信息（也可以提供线路的坡度、曲线半径等其他信息）。

由于应答器提供的位置精度很高，达厘米量级，常用应答器作为修正列车定位精度的手段。应答器的设置根据信号系统设计的需要布置，一般情况下，列车定位的精确度与应答器的数量成正比。

列车的位置和速度的测定是以车轮的转动为依据的，车轮半径是定位及测速的基础数据。为了减小列车定位及测速的误差，在每次运营之前，车载控制器需要完成轮径校准工作。校准的过程是用车载里程计测量两个应答器之间的车轮转数，并与车载数据库中预置的这两个应答器之间的实际距离比较。

3. 精确停车

城市轨道交通列车在车站停车时，要求车门与屏蔽门之间的停站允许误差控制在（±0.25 ~ ±0.5）m 内，列车精确停车信息需要地面应答器提供。用于 ATO 车站定位停车应答器布置的示意图如图 2 – 6 – 10 所示。

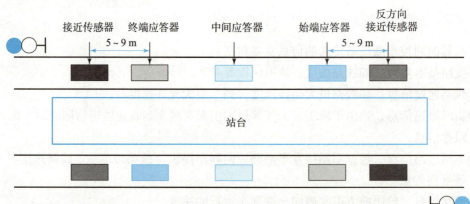

图 2 – 6 – 10　ATO 车站定位停车应答器布置示意图

列车以 ATO 模式运行时，当列车运行至始端应答器位置时，列车接收到停车标志位置信息，启动定点停车程序，列车按照定点停车曲线运行，其制动率被控制在一个恒定值，此时列车离定位停车点较远；当列车到达中间应答器位置时，应答器将根据定点停车曲线对实际车速进行校正；当列车接收到终端应答器位置信息时，列车转入定位模式，制动率进一步降低。最后，列车接收到站台接近传感器（金属对位板）的信息时，立即实施全常用制动，将车停住。

4. 在 CBTC 下的后备模式

在后备运营模式下，利用 CBTC 车载控制器和地面应答器实现后备 ATP 控制功能，确保列车安全地停在信号机前方，并防止列车冒进信号。

列车由司机人工驾驶，系统提供速度监控，以站间闭塞方式运行。

在点式 ATP 防护模式下，车载控制器根据车载测速及测距设备确定列车速度和走行距离；根据地面有源应答器和车载线路数据库确定列车在线路上的位置；根据读取的有源应答器信息并结合车载线路数据库确定列车距前方目标点的距离及限速，生成 ATP 速度－距离线，并将相关信息显示给司机；通过监控列车的实际运行速度，实现超速防护，一旦列车超速，向司机提示、报警，如果司机在规定时间内或规定速度范围内未采取有效措施，系统将自动实施紧急制动，以保证列车运行安全。图 2－6－11 所示为有源应答器与出站信号机及列车正常停车位置之间的理想位置关系。

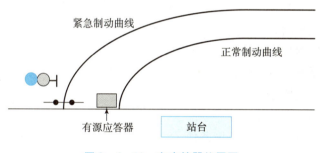

图 2－6－11　有应答器位置图

紧急制动曲线将会在前方出站信号机处终止。有源应答器将会设置在列车正常停车位置与出站信号机之间，这种位置关系可以使列车在正常制动曲线下永远不会读到有源应答器。

2.6.6　应答器的技术指标和环境条件

1. 技术指标（以欧式应答器为例）

①能量传输频率：27.095 MHz。
②数据传输载频：4.237 MHz。
③调制方式：FSK。
④调制频率：282 kHz。
⑤报文码长：341 bit（短码），1 023 bit（长码）。
⑥数码安全方式：75 bit 循环冗余校核。
⑦数码速率：565 Kb/s。

⑧车载接收天线与应答器之间的距离：195～463 m。
⑨适用列车速度：≤500 km/h（短码），≤300 km/h（长码）。

2. 环境条件（以欧式应答器为例）

①运行温度范围：-40～+70 ℃。

②震动：符合 EN 50125-3。

③抗震：根据标准 EN 60068-2-75，符合摆锤打桩机冲击试验，根据标准的表格 2，最高级别是 20 J。

④最大承受压力：2 000 N。

⑤湿度范围：根据 EN 60721-3-4 表格 1，为等级 4K3。

⑥压力范围：根据 EN 60721-3-4 表格 1，为等级 4K3。

⑦防护等级：根据标准 EN 60529，为 IP68。

⑧使用年限：大于 20 年。

⑨安全：根据 EN 50129，为 SIL4（电气系统）。

思考与练习

1. 简述应答器系统的分类方法。
2. 简述有源应答器与无源应答器的区别。
3. 简述应答器系统的设备组成。
4. 简述应答器的设置原则。
5. 简述应答器的主要功能。
6. 简述应答器的技术指标和环境条件。

 技能训练

技能训练 1　无源应答器的安装

1. 实验目的

①认知应答器系统设备。

②掌握无源应答器的安装方法。

③熟悉相关检修工具的使用方法。

2. 实验设备

设备：无源应答器。

工具：轨距尺、水平仪、扳手、尖嘴钳、套筒扳手、测牛计、小手锤。

3. 实验内容

①刨开安装轨枕两边道床道碴。

②按应答器安装要求，测量轨枕尺寸，确定安装位置，标记各部件的安装位置。

③将底板从轨枕底部穿过轨枕；把 5 mm 橡胶垫和固定压板放置在轨枕上平面；使用 M12 螺栓固定 U 形轨枕夹和底板。

④调节轨枕夹及钢板的位置，使应答器能够安装在轨枕的中间位置，并能够满足相应的偏差要求。

⑤使用扭矩扳手、紧固器和专用螺栓将应答器固定在压板上。

⑥应答器使用专用螺栓固定，一般工具无法固定，具有防盗性。

⑦应答器与压板之间有 8 mm 的橡胶垫，橡胶垫缺口朝向轨枕中心。

⑧检测应答器是否满足相关的安装要求，必要时重复④、⑤、⑥、⑦的工作。

⑨安装可变信息应答器电缆保护罩、安装轨底夹、连接 LEU 电缆。

4. 注意事项

①无源应答器安装工作必须执行城市轨道交通运营的有关规章制度，以确保行车及人身安全。

②按规定顺序规范操作，正确使用轨距尺、水平仪等相关仪器工具。

技能训练 2　应答器的维护

1. 实验目的

①认知应答器系统设备。

②掌握应答器的维护方法。

③熟悉应答器故障原因及处理方法。

2. 实验设备

设备：应答器设备（地面设备、车载设备）。

工具：扳手、尖嘴钳、套筒扳手、测牛计、小手锤、数字万用表、报文读写工具。

3. 实验内容

（1）周期性维护

周期性维护的主要内容如下：

①检查有源应答器电缆连接是否可靠。

②检查应答器是否有丢失现象。

③检查安装架螺栓是否紧固。

④检查有源应答器尾缆连接是否紧固。

⑤在室内发送端测量接口 C 信号波形。

⑥在室外分线盒测量接口 C 信号波形。

⑦周期性地利用电务检测车接收应答器报文，检查应答器的工作情况。

⑧清扫应答器安装空间内金属物。

（2）故障维护

应答器设备的维护采用更换的方式进行。当现场的设备故障后，应该利用报文读写工具，将故障应答器的报文写入新的备用应答器，并将写好报文的应答器换下对应的故障应答器。

（3）应答器故障判断

在故障维护的时候，对故障应答器首先应该进行确认，对于无源应答器，需要利用报文读写工具读取报文，如果在应答器安装地点不能正确读取报文，则可以将应答器拆下，搬到别的地方进行读取，排除安装地点对应答器传输的影响。当在各种情况下都不能正确读取报文时，可判断为应答器故障。

对于有源应答器，除了利用无源应答器的判断方式判断应答器是否故障外，还需要利用报文读写工具判断应答器是否可以可靠发送来自地面电子单元（LEU）的报文。

（4）应答器更换

当应答器丢失或应答器故障后，都需要利用备用应答器及时更换。备用应答器均是没有写入报文的空应答器，在更换前需要利用报文读写工具写入故障应答器的报文，并且写入后应该读取校核。在完成应答器报文的写入工作并确认后，方可到现场更换。更换后的应答器需要利用读写工具进一步确认。对于有源应答器的更换，还需要利用报文读写工具检查连线是否可靠。

4. 注意事项

①应答器故障维护工作必须执行城市轨道交通运营的有关规章制度，以确保行车及人身安全。

②按规定顺序规范操作，正确使用报文读写工具等相关仪器工具。

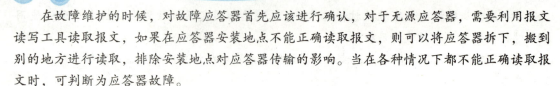

第七节　交叉感应电缆环线

 任务导入

CBTC 系统不依靠轨道电路，利用交叉感应电缆环线、漏泄电缆、裂缝波导管或无线电台等通信方式实现车－地双向实时数据传输。其中，基于交叉感应环线通信的 CBTC 系统具有信号传输稳定性高、抗干扰能力强的特点，能够有效保证列车安全、高效运行，在国内外都有广泛的应用。

 学习要点

知识目标

1. 掌握交叉感应电缆环线的信息传输过程；
2. 了解交叉感应电缆环线列车定位原理；
3. 掌握交叉感应电缆环线通信设备组成；

4. 掌握交叉感应电缆环线特点。

技能目标

1. 会使用仪器仪表测试感应环线的电气参数；
2. 会使用相关工具拆装交叉感应电缆环线设备；
3. 能区分感应环线车载、地面设备。

 相关案例

巴黎地铁14号线、广州地铁4号线应用的是西门子公司的基于交叉感应电缆环线通信的CBTC系统。加拿大温哥华SKYTRAIN线，英国伦敦DOCKLANDS轻轨线，武汉轻轨1、3号线采用，广州地铁3号线采用的是阿尔卡特公司的基于交叉感应电缆环线通信的CBTC系统。

结构框图

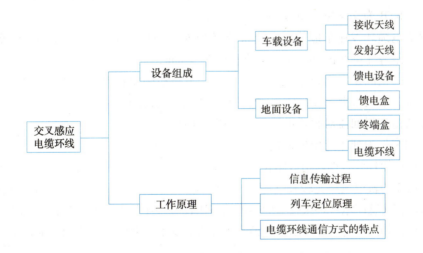

2.7.1 交叉感应电缆环线通信设备组成

交叉感应电缆环线通信系统包括馈电设备（FID）、远程环线盒（RLBs）和交叉感应电缆环线；车载天线通信系统包括两个车载发射天线和两个车载接收天线，如图2-7-1所示。

EFID 设置在 CBTC 系统环线间开放边界处，用于支持 VCC 和 VOBC 之间通过交叉感应电缆环线通信系统建立的双向通信。当列车经过 EFID 时，对 VOBC 来说，是从一个环线区域过渡到另外一个环线区域。通过这种方式，VOBC 可以建立起自身位置技术系统。

FID 是 VCC 数据传输设备架和感应环线之间的接口，FID 机柜安装有带保险丝的供电单元为交叉感应电缆环线提供要求的电源，FID 机柜可以根据要驱动的环线数配置1~4个通道，每个通道可以驱动一个感应环线。

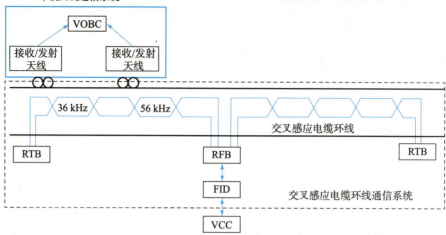

图 2-7-1 交叉感应电缆环线通信系统

VOBC：车载控制器；FID：馈电设备；RFB：馈电盒；RTB：终端盒；VCC：控制中心

RLBs 安装在轨旁，用于阻抗匹配或环线电缆终端。RLBs 的配置为：馈电盒（RFB）、终端盒（RTB）或者两者的复合。RFB 用于匹配来自馈电设备和同轴电缆的阻抗，同时提供浪涌保护。RTB 为交叉感应电缆环线提供终端。

交叉感应电缆环线在车地信息交换系统（TWC）中作为地面发射和接收天线。感应环线由铜绞线、绝缘非屏蔽的外套组成，直径约为 9 mm，设置于两根钢轨之间。两根电缆交叉设置，其中一根固定在钢轨中间的轨道板上，另一根固定在钢轨的颈部下方，每隔 25 m 相互交叉一次，最大误差为 ±1.5 m。这种交叉设置的作用如下：

①避免轨道牵引回流对轨道电缆可能造成的干扰；
②可以用来作为列车定位的依据。

交叉感应电缆环线根据轨道线路长短铺设成一个对称或非对称的结构配置。当通过交叉感应电缆环线覆盖的轨道线路比较长（超过 1 000 m）时，使用对称的结构配置，如图 2-7-2 所示；当通过交叉感应电缆环线覆盖的轨道线路比较短（小于 1 000 m 或更短）时，使用非对称的结构配置，如图 2-7-3 所示，这种配置方式减少了硬件设备的使用，降低了成本。

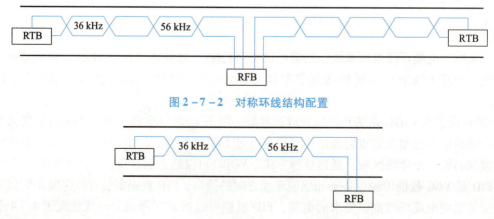

图 2-7-2 对称环线结构配置

图 2-7-3 非对称环线结构配置

车载接收天线和车载发射天线都是由一个铁质线圈和附加的电阻、电容元器件构成的。在每个装备了 VOBC 的车厢的车体下面都装有两个接收天线、两个车载发射天线。接收天线与交叉感应电缆环线通过电磁感应，接收 VCC 传输给 VOBC 的报文数据。发射天线与交叉感应电缆环线通过电磁感应，发送 VOBC 传输给 VCC 的报文数据。

以上四个天线具体安装位置：从列车前端到第一个接收天线中心距离为 1.737 m，从列车前端到第一个发射天线中心距离为 2.334 m。

2.7.2 交叉感应电缆环线工作原理

1. 信息传输过程

当列车经过交叉感应电缆环线交叉点时，检测到信号相位的变化，以此进行列车的定位计算。室内、室外设备联系用控制中心和沿线设置的若干个中继器两级控制方式来实现，如图 2-7-4 所示。

一个中继器最多可控制 128 个电缆环路，一个中继器的最大控制距离为：128 × 25 = 3 200（m）。中继器是控制中心与轨间感应电缆的中间环节，它的功能是把控制中心的命令通过轨间感应电缆传递给列车，将列车信息传输给控制中心，实现控制中心与轨间电缆之间的信息交换。中继器需要完成频率变换、电平变换、功率放大及抑制干扰等任务，其工作原理如图 2-7-5 所示。

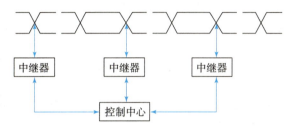

图 2-7-4 交叉感应电缆环线结构示意图

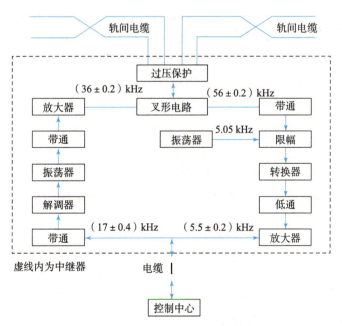

图 2-7-5 中继器传输原理图

信息的传输采用频移键控方式，从中继器向列车的传输频率为 (36 ± 0.6) kHz，从列车向中继器的传输频率为（56±0.2）kHz，两种信息在同一电缆中传输。

2. 列车定位原理

交叉感应电缆环线用于粗略定位，结合车载速度传感器实现精确定位。列车定位原理如图 2-7-6 所示。

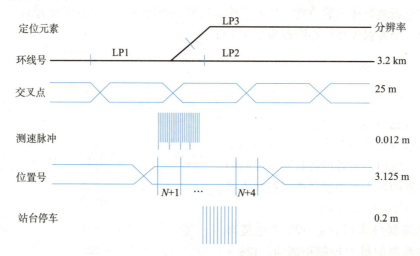

图 2-7-6 定位原理图

一个交叉感应电缆环线区段最长为 3.2 km，且每段感应环线都有对应的编号（LPn），车载控制器（VOBC）能够准确地识别该编号，从而确定列车处于哪个环线区段。交叉感应电缆环线每隔 25 m 交叉一次，车载接收天线的感应信号能够显示交叉感应电缆环线电流相位的变化，从而确定列车所处的环线交叉区域。列车车轮每转动 0.012 m，车轮速度传感器就会输出一个测速脉冲信号。列车在交叉感应电缆环线上的位置以电缆交叉点距离 1/8（3.125 m）计算，定位精度达到 3.125 m。当列车进站停车时，车载接近传感器将会感应到安装在轨旁的目标班，使站台停车分辨率精确到 0.2 m。

列车运行的具体位置是通过地址码来确定的，可用 14 位电码的约定结构来表示列车的位置信息，见表 2-7-1。

表 2-7-1 列车定位地址码结构图

码位	1~3	4~10	11~13	14
内容	细地址码	粗地址码	中继器码	方向码

其中最高位为列车运行方向码；第 11~13 位为对应中继器的代码；第 4~10 位为表示列车处于具体环路的粗地址码，当列车每驶过一个交叉点时，利用信号极性的变化，粗地址码就会加 1；第 1~3 位为细地址码，当列车每驶过 25 m×1/8 时，细地址码就会加 1。当控制中心接收到地址码后，通过解码就可确定列车的具体位置。

例如，当控制中心接收到的地址码为：
1　011　0010110　101

解码：

①最高位 1 代表列车的运行方向为上行。

②第 11～13 位代码是中继器代码：011（3#中继器）。

③第 4～10 位代码是粗地址码：0010110（十进制的 22），即列车处于第 22 环路。

④细地址码为：101（十进制的 5），即列车处于 22 环路的 25 m×1/8×5＝15.625 m 处。

最终定位为：

25×128×3＋25×22＋15.625＝10 165.625（m）

根据这个数值就可以确定列车在线路上的位置，各个列车的具体位置确定下来以后，车载防护系统 ATP 根据计算出的或地面控制中心传递的列车最大允许速度来控制列车的运行，以避免列车超速。

3. 电缆环线通信方式的特点

①采用感应环线方式传输信息，环线安装于轨道道床上。

②选用 36 kHz 和 56 kHz 的频率，车载天线与地面环线之间采用电磁感应的方式传输信息，地面环线与车载天线之间有距离要求。

③采用 25 m 交叉一次的环线交叉点和车载定位设备进行列车定位，定位精度达到 3.125 m。

④感应环线方式带宽相对较窄，传输数据量较少，但能满足列车实时控制及数据双向传输的要求。

⑤每段环线最大覆盖线路 3.2 km。

⑥感应环线方式传输速率低，传输衰耗小，环线结构简单，工程投资省。

⑦轨旁设备少，但感应环线敷设较多，维修工作量大，且电缆的存在，给线路养护工作带来不便。

⑧感应环线需保证 25 m 交叉，敷设及安装精度要求较高。

⑨采用轨间感应电缆传输车－地信息，数据传输受外界的影响比较小，避免了牵引电流的干扰。数据传输不受隧道、高山、森林和其他通信信号的干扰。

⑩在世界各国多条地铁中应用，具有较丰富的城市轨道交通工程运用及运营管理经验。

思考与练习

1. 简述交叉感应电缆环线通信设备组成。
2. 简述交叉感应电缆环线信息传输过程。
3. 简述列车定位原理。
4. 如果控制中心收到的地址码是 1010000101101，列车定位距离是多少？

 技能训练

技能训练 1　交叉感应电缆环线的故障处理

1. 实验目的

①掌握交叉感应环线的故障现象。

②掌握交叉感应电缆环线的故障处理方法。

2. 实验设备

设备：一段完整的交叉感应电缆环线。

工具：数字兆欧表、钳形电流表、数字万用表、尖嘴钳、套筒扳手、小手锤。

3. 技术指标

①交叉感应电缆环线接收频率（36±0.6）kHz，发送频率（56±0.2）kHz。

②调制方式：移频键控 FSK。

③数据传输速率：最大 1 200 b/s。

④最大环线长度：3 200 m。

⑤馈电设备输入电源：DC 36～40 V。

⑥电流值：对于远端馈电连接，300～600 A；对于直接馈电连接，无 RFB 测的电流值应为 160～250 A。

⑦入口感应环线电流值：160～250 A。

⑧线路中间的感应环线不应低于轨面 40 mm，道岔区域不应低于 15 mm。

⑨若感应环线电缆下垂超过 75 mm，必须将其拉直校正。

4. 实验内容

（1）二级保养：每半年一次

具体检修项目、方式、标准见表 2-7-2。

表 2-7-2 交叉感应电缆环线二级保养项目

序号	检修项目	检修方式	检修标准
1	安装装置检查	手动检查设备外观，安装装置不超限	正常线路：轨面以下 40 mm（0～-10 mm）；道岔区域：轨面以下 15 mm（0～-5 mm）、环线支架离环线侧钢轨距离 717 mm，牢固、不晃动
2	导线、引接线、防护管、接地线检查	眼看、手动检查设备外观	导线、引接线、防护管、接地线连接牢固且无绝缘破损，防护管无裂纹及老化现象
3	检查各种紧固件（绑带）	眼看、手动检查设备外观	紧固件无破损、脱落
4	盒内外各种螺栓	眼看、手动检查设备外观	各种螺栓无生锈、滑丝、松动现象
5	箱盒外观及内部防潮、防湿检查	眼看、手动检查设备外观	箱盒外观良好、无生锈、脱漆、变形；内部干燥、清洁，有防潮、防湿措施
6	感应环线电缆电流测试	采用钳形电流表	远端馈电连接，300～600 A；对于直接馈电连接，无 RFB 测的电流值应为 160～250 A

（2）小修：每年一次

①同二级保养内容。

②电缆芯线对地绝缘及线间绝缘测试：用数字兆欧表，不小于 5 MΩ。

③环线电缆高阻测试：用数字兆欧表，复合系统标准。

(3) 中修：五年一次

对整机性能部件老化度评估，根据评估结果更换老化部件。

(4) 大修：十五年一次

更换系统（根据采购合同系统生命周期而定，性能不能低于原设备标准）。

5. 注意事项

①交叉感应电缆环线室外设备检修工作必须执行城市轨道交通运营的有关规章制度，以确保行车及人身安全。

②按规定顺序规范操作，正确使用数字兆欧表、钳形电流表等相关仪器工具。

技能训练2　交叉感应电缆环线室内设备的养护与检修

1. 实验目的

①了解交叉感应电缆环线系统室内设备组成。

②了解感应环线室内设备的维护方法。

③熟悉相关检修工具的使用方法。

2. 实验设备

设备：交叉感应电缆环线室内设备。

工具：数字兆欧表、钳形电流表、数字万用表、尖嘴钳、套筒扳手、小手锤。

3. 实验内容

馈电设备柜、入口馈电设备柜、线路放大器柜的养护与检修。

(1) 二级保养：每三个月一次

具体检修项目、方式、标准见表2－7－3。

表2－7－3　馈电设备柜、入口馈电设备柜、线路放大器柜二级保养项目

序号	检修项目	检修方式	检修标准
1	设备运转状态检查	眼看、手动检查设备外观	无异状、设备灯显示状态正常
2	设备柜的清洁	手动操作	清除内部板块积尘
3	接线端子、接地线连接	眼看、手动检查设备外观	连接良好、安装牢固、无锈蚀、无松动
4	所有插接件	眼看、手动检查设备外观	插接牢固、无松动
5	橡胶密封条	眼看、手动检查设备外观	无老化变形
6	设备铭牌及指示	采用钳形电流表	标识齐全、清楚，设备铭牌安装良好
7	电气参数测量	采用数字万用表	测量各种设备参数

(2) 小修：每年一次

①同二级保养内容。

②地线、屏蔽线检查：连接良好、安装牢固、无锈蚀。

(3) 中修：五年一次

对整机性能部件老化度评估，根据评估结果更换老化部件。

（4）大修：十五年一次

更换系统（根据采购合同系统生命周期而定，性能不能低于原设备标准）。

4. 注意事项

①交叉感应电缆环线室内设备检修工作必须执行城市轨道交通运营的有关规章制度，以确保行车及人身安全。

②按规定顺序规范操作，正确使用数字兆欧表、钳形电流表等相关仪器工具。

第二章 测试题

第三章
联锁系统

第一节 联　　锁

城市轨道交通信号系统的任务是保证行车安全、提高运输效率。城市轨道交通正线及车辆段都有很多线路，列车运行或转线通过进路实现。列车能否正常进入运行进路由联锁系统控制。联锁系统是信号系统中保证行车安全的核心设备。

知识目标

1. 了解联锁的概念与基本内容；
2. 掌握联锁设备的结构层次；
3. 掌握联锁设备的功能；
4. 掌握进路的概念、组成、分类；
5. 掌握多列车进路、追踪进路、侧面防护、保护区段的意义。

技能目标

1. 熟悉防护进路信号的开放应满足的联锁条件；
2. 熟悉进路的建立过程；
3. 熟悉进路的解锁过程；
4. 熟悉联锁对象之间的关系。

相关案例

2011年7月28日19时6分，上海地铁10号线本应发往航中路的列车，反方向朝虹桥火车站开出，发生"开错方向"的离奇事件。

主要原因为CBTC系统信号升级调试过程中发生信息阻塞故障。

结构框图

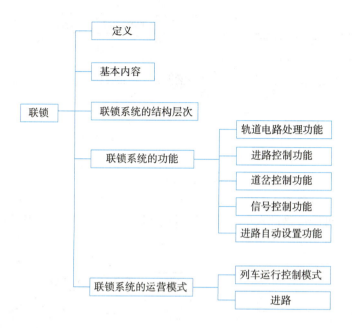

3.1.1 联锁的定义

联锁：为了保证轨道交通列车在进路上的安全，有效利用站内线路，高效率地指挥行车和调车，改善行车人员的劳动条件，利用机械、电气自动控制、远程控制及计算机等技术和设备，通过一定的技术方法，使信号、道岔和进路必须按照一定程序并满足一定条件才能动作或建立起来的相互制约的关系。

联锁是轨道交通信号保证行车安全的重要技术措施。

信号、道岔和进路是联锁对象，必须按照一定程序并满足一定条件是联锁规则，动作或建立起来的相互关系是联锁结果。

城市轨道交通设备种类繁杂，是一个大的联动系统，任何一个系统发生故障都可能影响行车，甚至导致行车事故。联锁对象远非信号、道岔、进路三个。

3.1.2 联锁的基本内容

联锁的基本内容包括防止建立会导致机车车辆相冲突的进路（防止建立敌对进路）；必须使列车或调车车列经过的所有道岔均锁闭在与进路开通方向相符的位置；必须使信号机的显示与所建立的进路的开通状态相符合（信号机显示必须正确）。

（1）不允许建立会导致列车、机车车辆冲突的进路

防护进路的信号开放前，须检查其敌对信号处于关闭状态；信号开放后，应将其敌对信号锁闭在关闭状态，不允许办理与之相敌对的进路。

（2）进路上的道岔必须被锁闭在与所办理进路相符合的位置

办理进路后，当有关道岔转换至开通进路的位置并锁闭后，才能开放信号。图 3-1-1

所示为某车辆段出入口平面图，若图中10号道岔处于直向位置，信号机D14不能开放，不能为洗车线中列车排列进路。

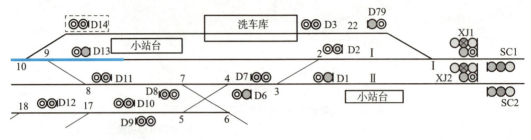

图3-1-1　车辆段出入口信号平面图

（3）信号机的显示必须与进路的开通状态相符合

以车辆段进段信号机XJ1为例，如图3-1-2所示，信号机XJ1显示一个黄灯，表示开通直向进路，列车可沿进路进入车辆段；信号机XJ1显示两个黄灯，表示开通侧向进路，指示列车可以进入洗车线。

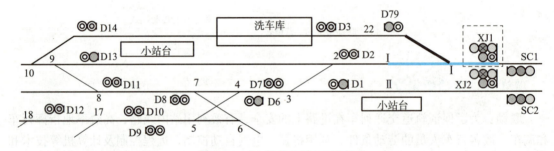

图3-1-2　进段信号机示意图

在联锁设备中，防护信号开放，表示进路已经准备好且允许列车进入。防护进路信号的开放应满足以下联锁条件：

①进路上各区段空闲时才能开放信号。如果进路上有车占用的时候开放信号，则会引起列车、调车车列与原停留列车发生冲突。

②进路上有关道岔在规定位置才能开放信号。如果进路上有关道岔不在规定位置却给出进路开放的信号，则会引起列车、调车车列进入导线或出现挤岔现象。信号开放后，进路上所有道岔必须被锁闭在规定的位置且不能转换。

③敌对信号未关闭时，防护进路的信号机不能开放。进路开放前检查到存在敌对信号时，防护信号机不能开放，否则可能造成正面冲突。信号开放后，其敌对信号也必须被锁闭在关闭状态不能开放。

3.1.3　联锁系统的结构层次

为了保证车站行车安全，必须制定一系列制约信号的开放与关闭、道岔转动和进路的联锁规则，这些联锁规则必须通过信号技术手段来实现。联锁系统中，通常以电气设备或电子设备来实现其联锁功能，具体表现为以信号机、转辙机和轨道电路（或室外采用其他轨旁设备）作为检测设备三大件来体现联锁功能。

根据系统内各设备在功能上的分工和所在的位置,联锁系统的结构可分解成人机会话层、联锁层、监控层和室外设备层四个层次,如图3-1-3所示。其中,联锁层、监控层都必须符合故障—安全原则,其设备设在车站信号机房或车辆段信号楼内。人机会话层相关设备安装在车站值班室或车辆段信号楼值班室,供运营管理人员及信号段工作人员使用。

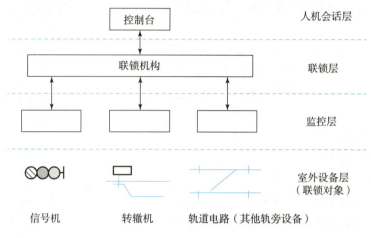

图3-1-3 联锁系统层次结构图

1. 人机会话层

操作人员通过操作向联锁机构输入进路操作信息,并接收联锁机构输出的反应联锁设备工作状态的信息和行车作业情况表示信息。

2. 联锁层

实现联锁逻辑处理,是联锁系统的核心。联锁机构根据联锁条件对人机会话层输入的操作信息和监控层反馈的信号机、转辙机、轨道电路等信号设备状态信息进行逻辑运算,改变联锁系统内部存储信息并产生相应的控制命令。

3. 监控层

接收联锁机构的控制命令,通过信号控制电路来改变信号机显示;接收联锁机构的道岔控制命令,驱动道岔转换,向联锁机构反馈信号机状态、道岔状态和轨道电路状态信息。

4. 室外设备层

信号机、转辙机和轨道电路(或室外采用其他轨旁设备)通过输入/输出接口接收监控层的控制命令并执行,将现场设备状态信息通过输入/输出接口反馈回监控层。

3.1.4 联锁系统的功能

1. 轨道电路处理功能

接收和处理轨道区段"空闲、占用"状态信息,并把该状态信息转发给其他相关设备。

2. 进路控制功能

进路控制功能包括建立进路和解锁进路两方面。建立进路是指从开始办理进路到防护该进路的信号机开放的过程。解锁进路是指从列车驶入进路到越过进路中全部轨道区段的过程,或操作人员解除已建进路的过程。

(1) 建立进路过程

建立进路过程包括进路选择、道岔控制、进路锁闭和信号控制四个阶段，如图3-1-4所示。

进路建立后，一直保持在锁闭状态。当发出取消进路命令，或有占用列车出清封锁区后，进路才能取消。

进路选择的检查条件是：所选进路空闲，道岔位置正确，敌对信号未开放。如果进路选择检查条件满足要求，联锁设备开始转换道岔并锁闭，开放进路始端信号机。如果进路选择检查条件不满足要求，联锁设备停止建立进路的操作。

(2) 解锁进路过程

进路解锁是指在进路建立之后，又要取消，使线路信号设备关闭等待状态。其过程可以采用系统自动解锁进路的方式或者采取人工办理解锁进路的方式实现。进路解锁过程如图3-1-5所示。

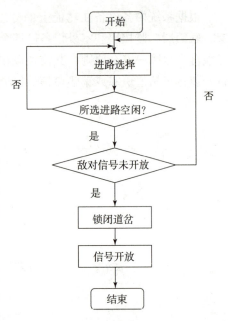

图3-1-4 进路建立过程

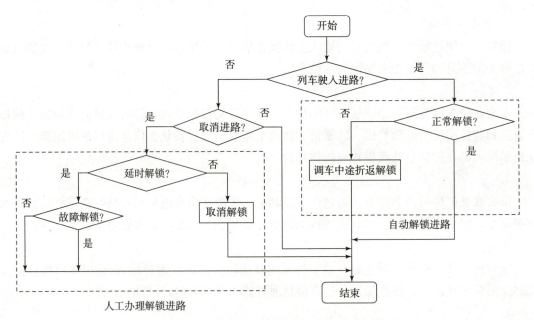

图3-1-5 进路解锁过程

1) 自动解锁进路

自动解锁进路是指进路锁闭信号开放后，随着列车越过信号机进入进路或调车车辆（列车）的牵出、折返，进路上有关轨道区段自动解锁，控制台上相应轨道区段的白光带自动熄灭。

进路的自动解锁根据电路动作的特点不同，包括两种情况：

正常解锁：也称为逐段解锁，即列车或调车机车车辆顺序占用和出清进路的各轨道区段后，进路上的轨道区段自动顺序解锁。

调车中途返回解锁：在调车过程中，调车机车车辆未压上或部分压上的轨道区段，能够随着调车机车车辆的折返而自动解锁。

调车中途折返解锁是车站范围内调车转线作业形成的。调车转线作业一般需要两个过程：一是调车进路的牵出过程；二是调车进路的折返过程，如图 3-1-6 所示。正常情况下，调车中途折返必须符合下列条件：①原牵出进路的信号机已经关闭；②原牵出进路曾经占用过，并已退清；③调车车列确实折返回去了。

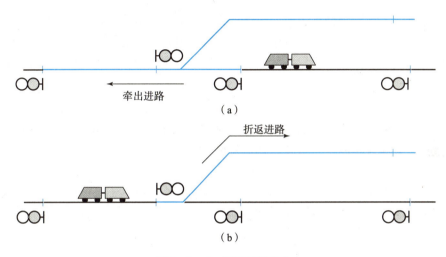

图 3-1-6　调车转线作业
（a）调车进路的牵出过程；（b）调车进路的折返过程

2）人工办理解锁进路

人工办理解锁进路指的是进路建立后，不经列车或调车机车车辆运行，经人为操作将进路解锁。

当进路接近区段无车占用时，进路处于预先锁闭状态，办理"取消解锁"，可将进路解锁。

当进路接近区段有车占用时，进路处于接近锁闭状态，须办理"人工解锁"，才能将进路解锁。办理"人工解锁"时，进路需经过 3 min 或 30 s 的延时才能解锁。设置延时解锁，是为了防止解锁原有进路后，再改办其他进路时，处于接近区段的列车或调车机车车辆可能由于停车不及时冒进信号而压上正在转换的道岔。延时能够确保列车或调车机车车辆有足够的停车时间。

当发生车站停电后恢复供电及进路没有完全解锁等情况，控制台上全部或部分轨道区段显示白光带，此时有关区段均处于锁闭状态，需办理"区段人工解锁手续"，才能将有关区段解锁。

3. 道岔控制功能

监控所有道岔的状态，如果发生挤岔等不正常情况，可由道岔检测设备反映到控制室，给出声光报警。锁闭道岔，并反馈锁闭状态信息给控制中心，可以根据需要对每组道岔进行单独锁闭。

除进路锁闭外，联锁道岔还有以下锁闭方式：

①区段锁闭：道岔区段有车占用时，区段内有关道岔不能转换，称为区段锁闭，此时控制台上有关道岔区段显示红光带。

②单独锁闭：即利用控制台上道岔按钮断开道岔控制电路，使该道岔不能转换。对道岔进行单独锁闭后，控制台上该道岔表示灯显示红灯。

③故障锁闭：即在故障情况下道岔区段被锁闭，此时控制台上有关道岔区段显示白光带。例如，列车经过进路后，由于分路不良，使部分轨道区段不能解锁，控制台遗留有白光带。

联锁道岔受到上述任一种锁闭时，应保证机车车辆通过道岔时，道岔不能启动。

上述锁闭方式均属于对道岔进行电气锁闭，即通过断开转辙机的控制电路，使转辙机不能转换。除上述锁闭方式外，当设备故障时，为保证行车安全，使用钩锁器对道岔现场加锁进行机械锁闭。

4. 信号控制功能

当进路建立条件满足，进路始端信号机开放（绿（黄、白）灯亮），表示进路处于锁定状态；若进路建立条件不满足，进路始端信号机关闭（红灯亮）。

5. 进路自动设置功能

正常情况下，城市轨道交通信号联锁系统根据列车的目的地和进路触发条件，自动设置进路。包括根据列车时间表自动设置进路和根据列车识别号自动设置进路两种模式。

3.1.5 联锁系统的运营模式

城市轨道交通信号中，为了保证行车安全、提高运营效率，需要设置联锁系统来实现信号、道岔、进路之间的相互制约关系。城市轨道交通存在很多与传统铁路电气集中系统不同的情况。例如，多列车进路、追踪进路、折返进路、列车运行的三级控制、联锁监控区、保护区段和侧面防护等。

1. 列车运行控制模式

列车进路由进路防护信号机防护，但列车在进路中的运行安全由 ATP 负责，这为城市轨道交通高密度行车提供了前提和安全保证。列车运行进路控制采用三级控制，即控制中心控制（ATS 自动控制）、远程终端控制和车站工作站控制。

控制中心集中控制全线的列车运行（不包括车辆段内列车的运行控制）。系统根据列车运行时刻表及列车运行状况发出列车运行控制命令，并进行自动调整。在车站设置必要的自动控制功能，控制中心故障时，转入站级控制，如图 3-1-7 所示。

中心级控制：全自动列车监控模式，在该模式下，列车进路设置命令由自动进路设定系统发出，其信息来源于时刻表和列车运行自动调整系统。控制中心行车调度员也可以人工干预，对列车进行调整，操作非安全相关命令，排列和取消进路。

远程终端控制：在控制中心设备故障或控制中心与下级设备的通信线路故障时，控制中心将无法对远程控制终端进行控制，此时系统自动地转入列车自动控制的降级模式。在降级模式下，由司机在车上输入目的地码，通过列车上的车次号发送系统发出带有列车去向的车次号信息，远程控制终端自动产生进路控制命令，联锁系统根据来自远程控制终端的进路号

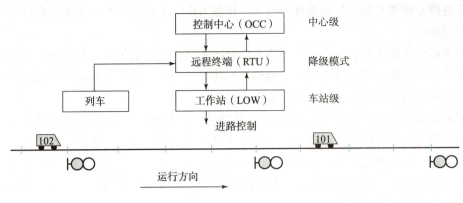

图 3-1-7 列车进路控制

排列进路。在这种情况下，系统不具备列车运行自动调整功能，但对于高密度的列车运行，用此功能可以节省车站操作人员大量的精力。

站级控制：列车运行的进路控制在车站值班员工作站执行，但此时只要控制中心设备及通信线路功能完好，自动进路设置仍可进行。站级控制时，列车进路的设定完全取决于行车值班员的意图，行车值班员选择通过联锁区的预期进路。联锁控制逻辑检查进路没有被占用，并没有建立敌对进路，然后自动排列通过联锁区的进路，锁闭进路，在所有条件满足列车的安全运行后，开放地面信号机，并允许 ATP 将速度命令传送给列车。信号机的开放表示通过联锁区的进路开通。

2. 进路

(1) 进路定义及分类

进路是指列车或调车车列在站内运行所经过的路径。按照作业性质，进路大体上可分为列车进路和调车进路两类。

列车进路是指列车在车站到达、出发、通过的作业进路，又划分为接车进路（到达进路）、发车进路、通过进路等。凡是列车进站所经由的进路叫列车接车进路；列车由车站发往区间所经由的进路叫发车进路；列车由车站通过所经过的正线接车进路和正线同方向发车进路组成的进路，叫通过进路。具体如图 3-1-8 所示。

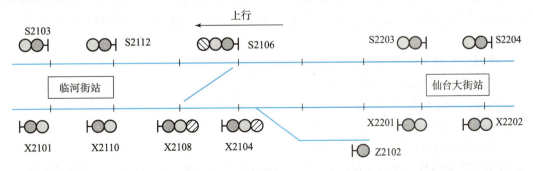

S2111—S2013：接车进路；S2203—S2112：发车进路；
S2204—S2112：通过进路（S2203/S2106 均开放为允许灯光）

图 3-1-8 列车进路

调车进路是指列车调车作业通过的路径。根据方向，又可分为调车接车方向进路和调车折返方向进路。

各种不同性质的进路，应由设于进路入口处的不同用途的信号机进行防护，如接车进路应有进站信号机防护；发车进路应有出站信号机防护；调车进路应有调车信号机防护等。所有的列车或车列均需要根据信号机的开放进入进路。

按照进路重要性，可分为基本进路和变通进路。基本进路是指集中联锁的车站，使用始、终端两按钮后所排出的运行进路。变通进路是指除基本进路外，能够排列出的由其他进路构成的进路，称为变通进路。如图 3-1-9 所示，X→5G 列车进路有两条，分别是道岔 1/3 定位和 1/3 反位。若将其中道岔 1/3 反位形成的一条进路规定为基本进路，则道岔 1/3 定位形成的进路则为变通进路。

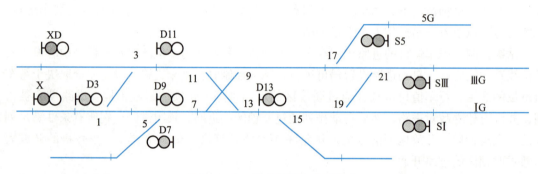

图 3-1-9 基本进路和变通进路

（2）进路组成

进路一般由三部分组成，分别为主进路、保护区段及侧面防护。主进路是指进路上从始端信号机至终端信号机的路径，分为监控区段（含道岔区段）和非监控区段。保护区段是指终端信号机后方的 1~2 个区段。侧面防护由道岔、信号机及轨道区段的单个元素或组合元素组成。

（3）进路划分

进路划分的关键是确定各种进路的始端和终端。始端应设置信号机防护，终端应以同向或反向的信号机为界，没信号机时，以车挡、站界标为界。因此，列车进路划分的原则大致包括：

①进路的始端一般是信号机；

②发车进路的终端可以是信号机、站界标及警冲标等；

③进路范围包括有岔和无岔区段；

④一架信号机同时可以防护几条进路。

列车进路的划分如图 3-1-10 所示。根据图示，可知 I 道下行接车进路始端为信号机 X1，终端为进路信号机 X_I1。接车进路的始端为进站信号机，而终端可以是同侧的出站信号机、警冲标或车挡。具体划分情况及始终端信号机详见表 3-1-1。

第三章 联锁系统

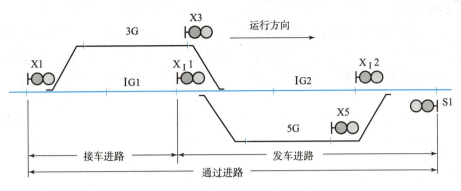

图 3–1–10 列车进路的划分

表 3–1–1 列车进路的具体划分表

列车进路类型	路径	防护信号机	始端信号机	终端信号机
接车进路	列车进站所经由的进路	进站信号机	X	X_I1
发车进路	列车由车站发往区间所经由的进路	出站信号机	X_I1	S1
通过进路	列车由车站通过所经过的正线接车进路和正线同方向发车进路组成的进路	进站，正线出站信号机	X1	S1

调车进路和列车进路一样，也要有一定的范围，才能对它进行防护。调车进路的始端是防护该调车进路的调车信号机或出站信号机（兼调车信号机）；终端视具体情况而定，可以是调车信号机、兼做调车信号机的列车信号机或车挡等。

（4）进路状态

依据进路是否建立，可以将进路状态分成锁闭状态和解锁状态。建立了进路，即指利用该路径排列了进路，称该进路处于锁闭状态。没有建立进路，即指没有利用该路径排列进路，称该进路处于解锁状态。两者关系如图 3–1–11 所示。

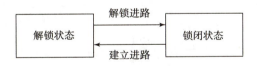

图 3–1–11 进路锁闭状态与解锁状态的关系

当列车运行通过锁闭的进路后，该进路将被解锁而处于解锁状态。解锁状态时，进路上道岔随时有转换位置的可能，进路处于不安全的状态，列车在该进路上运行将极其危险，因而一般不允许列车在没有锁闭的进路上运行。

（5）城市轨道交通中的进路

在城市轨道交通信号系统的设计中，ATP 与计算机联锁功能相结合，进一步提高了列车自动控制系统的安全性能。根据城市轨道交通运营的特点，城市轨道交通进路可分为多列车进路、追踪进路、折返进路等。

145

1)多列车进路

在城市轨道交通信号系统中,由于列车运行间隔小,车流密度大,列车的运行安全由 ATP 系统保护,所以在一条进路中可能出现多列列车在运行的情况。这种在一条进路中允许多辆列车运行的进路称为多列车进路;相反,一条进路中只允许有一列车运行称为单列车进路。

如图 3-1-12 所示,S1→S2 为多列车进路,只要监控区空闲,以 S1 为始端的进路便可以排出,信号 S1 开放。

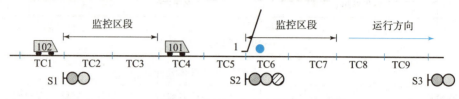

图 3-1-12 多列车进路

对于多列车进路,当列车 101 离开进路始端信号机 S1 后的监控区后,可以为列车 102 排列第 2 条相同终端的进路。第 2 条进路排出后,列车 101 驶离进路,进路不解锁,直到列车 102 通过后才能解锁。

人工取消多列车进路时,进路的第一个轨道电路必须空闲。如果接近区段逻辑空闲,进路及时解锁;如果接近区段非逻辑空闲,进路延时 30 s/60 s 解锁。

多列车进路排出后,如果进路中有列车运行,则人工取消进路时只能取消最后一次排列的进路至前行列车所在位置的部分,其余部分随前行列车通过后自动解锁。

进路解锁后,相应的侧防道岔、侧防信号机及保护区段都随之解锁。

例 1: 如图 3-1-13 所示,S4→S5 为多列车进路,列车 101 通过 TC2、TC3 以后,这两个轨道区段正常解锁,这时,可以排列第 2 条进路 S4→S5,S4 开放正常绿灯信号。如果列车 101 继续前进,则通过区段 TC4、TC5、TC6、TC7、TC8 后,这 5 个区段不解锁,只有在列车 102 通过这 5 个区段后才能解锁。若第 2 条进路排列后,又要取消,这时只能取消从始端信号机 S4 到列车 101 之间的进路,其余的进路会随列车 101 通过后自动解锁。

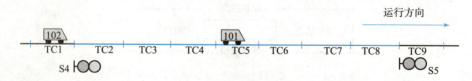

图 3-1-13 多列车进路解锁示意图

2)追踪进路

追踪进路为联锁系统本身的一种自动排列进路功能,防护该种进路的信号机具有自动信号属性。列车接近信号机,占用触发区段(触发区段是指列车占用该区段时引起进路排列的区段,触发区段可能是信号机前方第 1 个接近区段,也可能是第 2 个接近区段,触发区段根据线路布置和通过能力而定)时,列车运行所要通过的进路自动排出。追踪进路排出的前提除了满足进路排出的条件外,进路防护信号机还必须具备进路追踪功能。

146

当信号机被预定具有进路追踪功能时,则对其规定的进路命令便通过接近表示自动产生。调用命令被存储,一直到信号机开放为止。接近表示将由触发轨道区段的占用而触发。

当行车调度员或行车值班员将该架信号机设置为自动信号时,在 ATS 显示界面中,该架信号机前方会出现黄色箭头,表示此信号机由普通信号变为自动信号。自动信号平时点亮禁止灯光(红灯),当列车占用该信号机的触发区段时,联锁系统会自动排列进路,将自动信号点亮为允许灯光;当列车驶入信号机内方时,信号机点亮禁止灯光(红灯)。

如图 3-1-14 所示,X6、X7 是自动信号机,信号机图标前带有黄色箭头,标明为自动信号。TC1、TC5 分别是以 X6、X7 为始端的进路的触发区段,当列车 102 占用 TC1 时,触发联锁系统,X6→X7 进路自动排出,X6 信号开放。

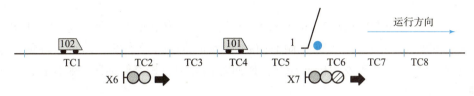

图 3-1-14　追踪进路示意图

3)折返进路

列车折返进路作为一般进路纳入进路表。通常,折返进路可以由联锁系统根据折返模式自动排列进路。折返进路包含两条基本进路。

如图 3-1-15 所示,列车 101 通过站后折返线进行折返作业。列车 101 出站后,经过始端为 X2、终端为 X12 的进路,进入折返线,如图 3-1-15(a)所示。改换驾驶室后,通过 X8→X4 的进路进入正线继续运行,如图 3-1-15(b)所示。

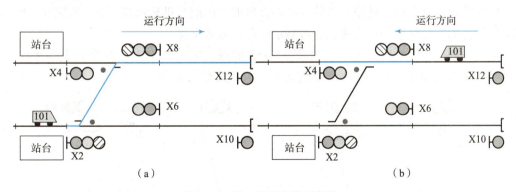

图 3-1-15　折返进路示意图
(a) X2→X12 进路排列;(b) X8→X4 进路排列

4)保护区段

为了保证列车的运行安全,避免列车由于某种原因不能在信号机前停住而导致事故的发生,充分考虑了列车的制动距离及线路等因素,在停车点后设置了保护区段,即终端信号机后方的 1~2 个区段为保护区段,类似于铁路的延续进路。

例 2:如图 3-1-16 所示,为了防止进入有坡道的站台且没有及时制动的列车冲出停车点而发生事故,在列车进站的同时,在站台区域列车运行方向的前方设置了相应的保护区段（图中淡蓝色光带），列车进站停稳并对准后，保护区段自动解锁。

进路可以带保护区段或不带保护区段排出。如进路短，排列进路时带保护区段；多列车进路无保护区段时，进路防护信号机可以正常开放。

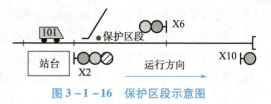

图 3-1-16 保护区段示意图

根据设计，保护区段可以在主体信号控制层内受到监督，也可以不在主体信号控制层内受到监督。此外，还可以在进路排列时直接征用保护区段，或进路先排列，保护区段设置延时，直至进路内的接近区段被占用。延时的保护区段设置是一种标准方式，为多列车进路内的每个列车提供保护区段条件。

5) 侧面防护

城市轨道交通的道岔控制全部为单动，不设双动道岔，所有的渡线道岔采用单动道岔来防护列车的侧面冲突。列车进路侧面防护是保证其在路径上安全运行，避免其他列车从侧面进入进路，与列车发生侧面冲突。侧面防护分为主进路侧面防护和保护区段侧面防护两种。

道岔为一级侧面防护，信号机为二级侧面防护。排列进路是首先确定一级侧面防护，再确定二级侧面防护。没有一级侧面防护时，则将信号机作为侧面防护。

侧面防护的任务是通过转换、锁闭和检查邻近分歧道岔位置（需在侧面防护要求的保护位置上），使通向已排运行进路的所有路径均不能建立。如果侧面防护道岔实际位置与所要求的位置不一致，则发出转换道岔的命令，当命令不能执行时（如道岔已锁闭），操作命令将被储存，直到达到要求的终端位置；否则，通过取消或解锁该进路来取消操作命令。

侧面防护也可由位于进路需要侧面防护方向的主体信号机显示禁止信号来完成，即检查该架信号机的红灯灯丝是否正常，通过显示红色信号来确保。

例3：如图 3-1-17 所示，主进路 S7→S3 的保护区段为 TC11，侧防道岔为 1、3，侧防信号机为 X6；保护区段 TC11 侧防道岔 5、7，侧防信号机为 X4。

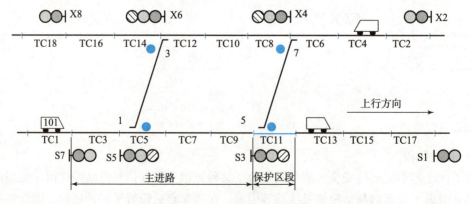

图 3-1-17 侧面防护示意图

6) 联锁监控区段

在装备准移动闭塞的城市轨道交通中，开放信号机前，联锁设备不需检查全部区段，只要检查部分区段即可,这些被检查的区段叫作联锁监控区段。

联锁监控区段,即排列进路时,信号机开放必须空闲的区段,一般为信号机内的两个区段。监控区段内有道岔,则在最后一个道岔区段后加一区段作为监控区段。监控区段的长度应满足驾驶模式转换的需要。列车通过这些区段后,能自动将运行模式转为 SM 模式或 ATO 模式。列车之间的追踪保护由 ATP 来实现。进路设有监控区段时,只要监控区段空闲,进路防护信号机便可正常开放。

(6)联锁对象间的联锁关系

城市轨道交通信号系统中,通过某种技术方法,使信号、道岔和进路必须按照一定程序并满足一定条件,才能动作或建立起来的相互关系称为联锁关系。其中信号、道岔和进路是联锁系统的联锁对象。

1)道岔与进路间的联锁

道岔有定位和反位两个工作位置,进路则有锁闭和解锁两个状态。道岔位置正确,进路才能锁闭,进路解锁后,道岔才能改变其工作位置。这就是存在于道岔和进路之间的基本联锁关系。这种关系可用图表方式表达,如图 3-1-18 及表 3-1-2 所示。

图 3-1-18　道岔与进路的联锁

表 3-1-2　道岔与进路联锁关系

进路号	进路名称	道岔
1	Ⅰ道下行接车	(1)
2	Ⅱ道下行接车	1

在图 3-1-18 中,进路 1 是指Ⅰ道下行接车进路,进路 2 是Ⅱ道下行接车进路。进路 1 要求道岔 1 在反位;进路 2 要求道岔 1 在定位。在表 3-1-2 中,带括号的代表道岔在反位,不带括号的代表道岔在定位。表中的意义是,进路 1 与道岔 1 之间有反位锁闭关系,进路 2 与道岔 1 存在着定位锁闭关系。

在建立进路时,不但对进路中的道岔进行锁闭,在某种情况下,为了保证行车安全,还应将进路以外的有关道岔防护到规定位置上并进行锁闭,以免发生车辆冲撞事故。这种道岔称为防护道岔,如图 3-1-19 及表 3-1-3 所示。

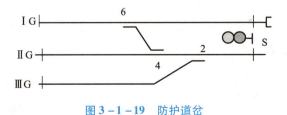

图 3-1-19　防护道岔

表 3-1-3　防护道岔联锁关系

进路号	进路名称	道岔
1	Ⅰ道上行接车	2，(4/6)
2	Ⅱ道上行接车	2，4/6
3	Ⅲ道上行接车	2，[4/6]

道岔 4/6 虽然属于上行Ⅲ道接车进路以外的道岔，但是也要求道岔 4/6 与上行Ⅲ道的接车进路发生联锁关系，即道岔 4/6 不在定位，禁止进路Ⅲ锁闭（即禁止防护进路 3 的信号机开放）。一旦进路Ⅲ锁闭，必须将道岔 4/6 锁闭在定位状态，从而使进路Ⅰ和进路Ⅲ有效隔离，消除了与Ⅰ道下行列车相撞的危险。

2）道岔与信号机间的联锁

进路是由信号机防护的，故道岔与进路之间的联锁也可以用道岔与信号机之间的联锁来描述，如图 3-1-20 及表 3-1-4 所示。

图 3-1-20　道岔与信号机的联锁

表 3-1-4　道岔与信号机的联锁关系

信号机	信号机名称	道岔
X	下行进站信号机	1，(1)

下行信号机 X 防护着两条进路：一条是Ⅰ道下行接车进路，要求道岔 1 在反位；另一条是Ⅱ道下行接车进路，要求道岔 1 在定位。因此信号机 X 与道岔 1 之间的联锁关系，既有定位锁闭关系，又有反位锁闭关系，叫作定反位锁闭，应记作"1，(1)"。

定反位锁闭意味着道岔 1 在定位时，允许信号机 X 开放；在反位时，也允许信号机 X 开放。由于可能会出现道岔不密贴或被挤岔等情况，道岔处于既不在定位又不在反位的状态的非工作状态，即"四开"状态。为了保证"四开状态"下进路不能开放，必须遵守道岔在非工作状态时信号机不允许开放的联锁规则。

3）进路与进路间的联锁

进路与进路之间存在着两种不同性质的联锁关系：一是抵触进路，二是敌对进路。

抵触进路：如果两条进路具有共用路段（有重叠部分），又都经由某一道岔，但该道岔的位置要求不相同，一条进路要求某一道岔在定位，而另一条进路要求该道岔在反位，一条进路建立后，另一条进路由于道岔位置要求不符合则不能建立，这类用道岔位置能够区分，不可能同时建立的两条进路称为抵触进路，如图 3-1-21 及表 3-1-5 所示。

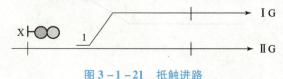

图 3-1-21　抵触进路

表 3－1－5　抵触进路联锁关系

进路号	进路名称	抵触进路
1	X 至 Ⅰ 道接车	2
2	X 至 Ⅱ 道接车	1

下行接车进路有 2 条，即 X 至 Ⅰ 道接车与 X 至 Ⅱ 道接车。这 2 条进路因为要求道岔位置各不相同，且在同一时间只能建立一条进路。任何一条进路锁闭以后，在其未解锁以前，因为把有关道岔锁住了，不可能再建立另一条进路了。因此，这两条进路属于互相抵触的进路。

既然抵触进路不可能同时建立，也就避免了侧向撞车的可能。因此，在抵触进路之间就不需要采取锁闭措施。既然是不需要采用锁闭措施的联锁内容，也就没有必要列在联锁表内。

敌对进路：如果两条进路既有共用路段，又对共用道岔位置的要求相同，同时建立则可能造成撞车事故，这种不可能借助道岔位置防止同时建立的两条进路叫敌对进路，如图 3－1－22 及表 3－1－6 所示。

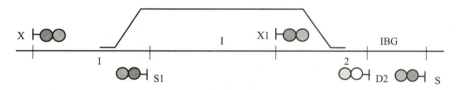

图 3－1－22　敌对进路

表 3－1－6　敌对进路联锁关系

进路号	进路名称	抵触进路
1	X 至 Ⅰ 道接车	2，3，4
2	S1 向上行发车	1
3	S 至 Ⅰ 道接车	1，4，5，6
4	D2 至 Ⅰ 道接车	1，3，5，6
5	X1 向下行发车	3，4，6
6	Ⅰ 道至 IBG 调车	3，4，5

敌对关系的进路必须采取技术措施来防止它们同时建立，从而保证不发生正面和尾部撞车事故。因此，对于任何两条进路，必须确切地判明它有哪些敌对进路，这是非常重要的。

下列进路规定为敌对进路，必须相互检查，不得同时开通。

①同一到发线上对向的接车进路与接车进路。如 X 至 Ⅰ 道接车与 S 至 Ⅰ 道接车进路，又称迎面敌对进路。

②同一到发线上对向的接车进路与调车进路。如 X 至 Ⅰ 道接车与 D2 至 Ⅰ 道调车进路，也称迎面敌对进路。

③同一咽喉区对向重叠的接车进路与发车进路。如 X 至 I 道接车与 S1 向上行发车进路。

④同一咽喉区对向或顺向重叠的列车进路与调车进路。如 S 至 I 道接车与 I 道至 IBG 调车（对向重叠）。S 至 I 道接车与 D2 至 I 道调车（顺向重叠）。

⑤同一咽喉区对向重叠的调车进路。如 D2 至 I 道调车与 I 道至 IBG 调车。

由此可见，敌对进路有如下特点：两条进路有重叠部分，并且不能以道岔的位置区别它们。

4）进路与信号机之间的联锁

因为信号机是防护进路的，所以进路与进路之间的联锁关系，可用进路与信号机之间的联锁关系来描述，如图 3-1-23 及表 3-1-7 所示。因为进路较多时，用进路与信号机之间的联锁关系描述较明显，不需要从进路号码中查找进路名称。

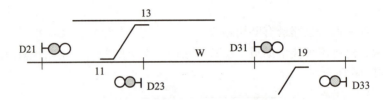

图 3-1-23　进路与信号机间的联锁

表 3-1-7　进路与信号机间的联锁关系

进路号	进路名称	抵触进路
1	D21 至 W	D23，<19>D33
2	D33 至 W	D31，<11/13>D21

进路 1 是从 D21 信号机至无岔区段 W 的调车进路，D23 信号机所防护的进路与上述进路为敌对进路，所以把 D23 列为进路 1 的敌对信号，在联锁进路 I 的敌对信号栏内记作"D23"。

D33 信号机防护着两条进路：一条经由道岔 19 反位，另一条经由道岔 19 定位至无岔区段 W，由于无岔区段一般较短，故禁止同时由两个方向无岔区段内调车，即 D21 至 W 的调车进路与 D33 至 W 的调车进路互为敌对进路。但这两条敌对进路，只是在道岔 19 在定位时，才能构成，反之则不构成敌对进路。这种有条件的敌对进路在进路 1 的敌对信号栏中记作"<19>D33"。同理，进路 2 与调车信号机 D2，也存在着条件敌对关系，所以，在进路 2 的敌对信号栏内，记作"<11/13>D21"。

由此可见，建立一条进路时，用道岔位置无法区分，但又不允许同时开放的信号称为敌对信号。敌对信号也可理解为敌对进路的防护信号。检查到敌对信号未开放，也就防止了敌对进路的同时建立。

在较复杂的站场，建立一条进路时，进路之外的某一信号机，有些条件下不允许其开放，即为敌对信号；有时又允许其开放，即为非敌对信号。这样的信号称为有条件敌对信号。

5）信号机与信号机间的联锁

进路是由信号机防护的,进路与进路之间的联锁可以用信号机与信号机间的联锁关系来描述,如图 3-1-24 及表 3-1-8 所示。

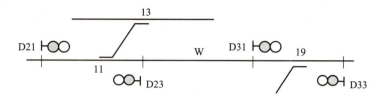

图 3-1-24　进路与信号机间的联锁

表 3-1-8　信号机与信号机间的联锁关系

信号机编号	信号机类型	敌对信号	
		条件	锁闭
D21	调车信号机	19	D23
			D33
D23	调车信号机		D21
D31	调车信号机		D33
D33	调车信号机		D31
		11/13	D21

每一条进路都有信号机防护,敌对信号机未关闭时,有关信号机不能开放。信号机开放后,其敌对信号不能开放,总之,凡属于敌对进路的信号机,不能同时开放。在图 3-1-24 中,D21 和 D33 是条件联锁,相应条件是道岔 11/13 定位和道岔 19 定位。

思考与练习

1. 简述联锁的定义。
2. 简述联锁系统的功能层次。
3. 简述联锁设备的功能。
4. 简述进路定义、分类及组成。
5. 简述列车进路划分的原则。
6. 结合图 3-1-25 回答以下问题:
（1）多列车进路排列的条件。
（2）进路的自动解锁过程。
（3）人工取消多列车进路时,区段的解锁过程。

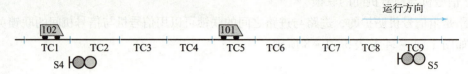

图3-1-25 多列车进路

技能训练1　进路选择实验

1. 实验目的

①通过城市轨道交通ATC行车调度仿真培训系统，熟悉系统的操作。

②通过办理进路过程，验证各种进路的选路处理过程。

2. 实验设备

①城市轨道交通ATC行车调度仿真培训系统操作手册。

②城市轨道交通ATC行车调度仿真培训系统软件。

3. 实验站场

站场信号平面布置图如图3-1-26所示。

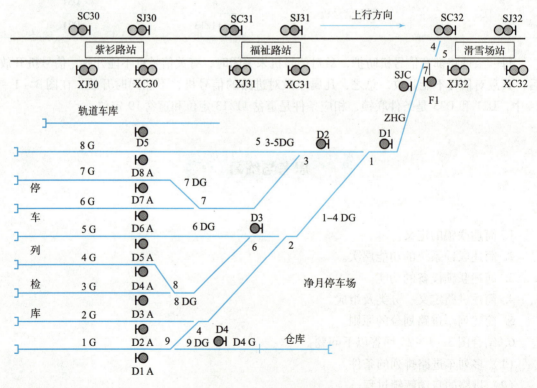

图3-1-26 站场信号平面布置图

4. 实验内容

①实验教师结合具体设备讲解 ATC 行车调度方仿真培训系统工作原理。
②实验教师通过办理进路使学生熟悉 ATC 行车调度方仿真培训系统的实验。
③由实验同学动手操作，办理各种进路情况，并验证联锁逻辑关系，具体内容：
a. 办理道岔的总定和总反，办理道岔的单封和解封，办理道岔的单锁和单解；
b. 办理滑雪场站至 7G 的接车进路；
c. 办理 5G 至滑雪场站的发车进路；
d. 办理 1G 到 2G 之间调车基本进路；
e. 办理 6G 到 8G 的长调车进路；
f. 办理正线下行通过进路；
g. 办理下行引导进路；
h. 办理引导总锁接车。

技能训练 2　进路解锁实验

1. 实验目的

①了解进路的取消、人工解锁方式各种使用场合及联锁条件上的差别。
②通过办理进路的各种解锁，验证取消进路的工作原理和工作时序。

2. 实验设备

①城市轨道交通 ATC 行车调度仿真培训系统操作手册。
②城市轨道交通 ATC 行车调度方仿真培训系统软件。

3. 实验站场

站场信号平面布置图如图 3-1-26 所示。

4. 实验内容

①实验教师通过办理各种进路的取消和人工解锁，使学生熟悉车站联锁车务仿真培训系统的实验执行过程。
②由实验同学动手操作，进行各种进路在各种情况下的取消和人工解锁，并验证进路解锁过程的联锁逻辑关系，具体内容：
a. 办理滑雪场站至净月停车场 5G 的进路解锁；
b. 取消福祉路站至紫衫站路上行方向的接车进路；
c. 取消 1G 到 2G 之间调车基本进路；
d. 取消 6G 到 8G 的长调车进路；
e. 取消滑雪场站至 7G 的接车进路。

第二节 联锁设备

任务导入

控制车站的道岔、进路和信号,并实现它们之间联锁关系的设备称为联锁设备。联锁设备既可以分散控制,也可以集中控制。目前使用的联锁设备有继电联锁和计算机联锁两大类。

**学习要点**

知识目标

1. 掌握6502电气集中联锁系统的设备组成;
2. 掌握6502电气集中联锁系统的主要技术特征;
3. 了解6502电气集中联锁系统的特点;
4. 掌握计算机联锁系统硬件设备的组成;
5. 了解计算机联锁结构层次及冗余结构。

技能目标

1. 熟悉6502电气集中联锁系统设备;
2. 熟悉计算机联锁系统设备。

相关案例

某铁路车站使用TYJL-Ⅱ型计算机联锁系统,在开放D354和D380调车信号时,控制台出现全站区段锁闭,所有操作无效。重新启动系统后,设备恢复正常使用,但进行上述进路排列时,故障又重新出现。

故障原因:道岔转辙机驱动线混线。

第三章 联锁系统

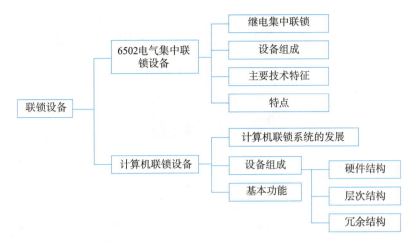

在城市轨道交通中,联锁设备是建立进路、控制道岔的转换和信号机的开放及进路解锁,以保证行车安全的重要信号设备。根据使用的位置不同,联锁设备分为正线集中联锁站联锁设备和车辆段联锁设备。联锁设备主要包括继电联锁和计算机联锁两大类。

目前的城市轨道交通信号系统中,通常将正线上几个车站的联锁控制集于一站,称为集中联锁站,该站仅设置一套联锁设备。该联锁设备与传统的车站联锁在原理上相似,即在信号机、道岔和进路之间建立一定的相互制约关系,以保证列车在正线上的运行安全。城市轨道交通的车辆段线路较多,道岔较多,信号机也较多,一般独立采用一套联锁设备。用以实现车辆段内建立进路、转换道岔、开放信号及解锁进路等作业,实现道岔、信号、进路之间的联锁关系,保证行车安全,提高作业效率。并通过 ATS 车辆段分机与控制中心交换信息。车辆段联锁设备早期使用的是继电集中联锁,目前均采用计算机联锁。

3.2.1 6502 电气集中联锁设备

1. 继电集中联锁

继电集中联锁设备框图如图 3-2-1 所示,其联锁机构由继电电路构成,能够较好地实现逻辑运算。用继电器断电失磁或后接点闭合来表达安全侧信息,具有故障—安全性能。继电集中联锁电路监控层的控制电路也是由安全型继电器构成的,它除了满足联锁条件外,还控制信号灯和转辙机内电动机的动作电源,使其符合故障—导向原则。

在城市轨道交通中,上海地铁 1 号线车辆段、北京地铁 1 号线车辆段、广州地铁 1 号线车辆段等均采用 6502 电气集中联锁。

2. 设备组成

继电联锁电路有多种制式,几经修改完善,6502 电气集中联锁被认为是较好的电路,在城市轨道交通中得到了较好的应用。6502 大站电气集中联锁设备分为室内设备及室外设备两部分。

(1) 室内设备

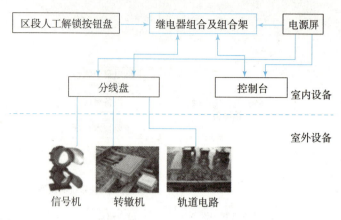

图 3-2-1 继电集中联锁设备框图

1）控制台

控制台设置于车辆段运转值班室内，如图 3-2-2 所示。控制台是车辆段/停车场信号楼值班员指挥列车运行和调车作业的控制中心。控制台由带有按钮及表示灯的单元块拼装而成，按照实际站场情况布置，模拟站场线路、进路方向、道岔及信号机位置，用光带单元（白光带和红光带）组成模拟站场线路图形。值班员利用控制台盘面上的按钮排列进路，达到转换道岔、开放（关闭）信号的目的，并且通过控制台盘面上的表示灯监督室外道岔位置、线路占用情况及信号机的显示状态。

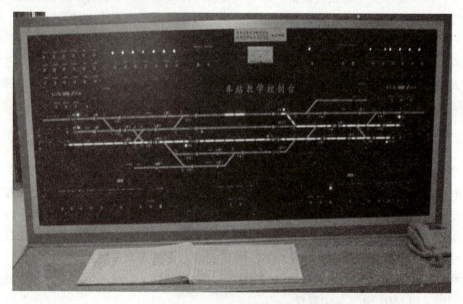

图 3-2-2 6502 电气集中联锁控制台

2）区段人工解锁按钮盘

区段人工解锁按钮盘是辅助设备，其上设有多个二位自复式带铅封的事故按钮，在更换继电器或停电后恢复设备时，用来使设备恢复到正常状态；道岔区段因故障不能正常解锁时，用它办理故障解锁；在用取消进路办法不能关闭信号的情况下，可用它关闭信号。

用于区段人工解锁的按钮可以集中设置在控制台上,也可将其单独设置,并与控制台隔开一定距离。操作时,一人按压控制台上的总人工解锁按钮,另一人按压区段人工解锁按钮盘的按钮,避免单人误操作危及行车安全。

3)继电器组合及组合架

6502 电气集中联锁中,按照信号机、道岔和轨道电路为基本单元设计的几种继电器组成的定型电路称为继电器组合。6502 电气集中联锁共有 12 个定型组合电路,每个定型组合电路均包含若干固定的继电器,完成相应的联锁功能。继电器组合架设置在继电器室,如图 3-2-3 所示。组合架上下分为 11 层,1~10 层安装继电器组合,每层安装一个继电器组合,每层安装不超过 10 个继电器。

图 3-2-3　继电器组合及组合架

4)电源屏

电源屏是电气集中中的供电设备,如图 3-2-4 所示。它必须保证不间断地供电,并且不受外电网电压被动的影响。在大站上,一般要求有两路可靠的独立电源——主电源和副电源。主、副电源在信号楼内要能够自动或手动互相切换,向电气集中的各种设备供电。电源屏应根据车站的规模大小选用合适的容量。

5)分线盘

分线盘一般设置于继电器室内,如图 3-2-5 所示,实现室内、外设备相互间的电气连接。

(2)室外设备

1)色灯信号机

城市轨道交通中,在各进路规定位置的固定信号机,

图 3-2-4　电源屏

如进段信号机、出段信号机及调车信号机等,用来指挥行车,保证行车安全。车辆段咽喉区及运用库内的调车信号机均采用矮型信号机,进、出段信号机根据需要可采用高型信号机。

图 3-2-5 分线盘

2）电转辙机

联锁区内的每组道岔都设置转辙机，用来实现道岔的转换及锁闭，同时能够在道岔转换到位时给出道岔位置的表示，并在出现故障或"四开"状态时及时报警。

3）轨道电路

城市轨道交通中各线路均应装设轨道电路，用来反映列车、调车车列的对轨道区段的占用情况，传递行车信息。

4）电缆线路

电缆线路连接室内、室外设备之间，室内控制的控制条与继电器组合架之间的信息传送通道。电缆分为信号电缆、道岔电缆、轨道电缆，均采用地下电缆方式布置。

室外电缆的分歧点、连接点及终点设有电缆箱盒，用以实现电缆与电缆之间的接续、电缆与设备之间的连接。

3. 主要技术特征

（1）组合式电路

6502电气集中是组合式电路，也就是以道岔、信号机和轨道电路区段为基本单元设计成定型的单元电路，称为继电器定型组合。将各种组合按站场形状拼装起来即称为组合式电路。组合式电气集中具有简化设计、加速施工、工厂预制、便于维修等优点。6502电气集中几乎是用定型组合拼成的，只需设计少量零散电路。

（2）双按钮选路

利用6502电气集中办理进路时，只需按压进路始端及终端两个按钮，就能将进路中的所有道岔转换到相应的位置并进行锁闭，同时开放该进路的防护信号。不论进路中有多少组道岔，均能一次转换，简化了操作手续，提高了效率。

（3）逐段解锁

6502电气集中采用逐段解锁方式，它把进路分为若干段，采用多次分段解锁方式，即列车或调车车列出清一段解锁一段，实现进路建立后的逐段占用，逐段出清，逐段解锁。

（4）逻辑清晰

6502 电气集中联锁采用继电电路作为室内外设备的控制电路，各网络线和继电器用途明确，具有良好的逻辑性能，联锁机构逻辑清晰。

（5）显示直观

6502 电气集中联锁控制台上的各种显示清晰直观，有道岔位置表示灯、进路排列表示灯、进路按钮表示灯、信号复示器表示灯、光带表示灯等，用来监督办理进路时选择组电路和执行组电路动作层次是否正常及室外信号设备的状态。

4. 特点

6502 电气集中电路是按车站信号平面图，用组合拼接而成的。任何一个站场都可以按所布置的信号机、构成站场的道岔形状及划分的轨道电路区段，选用相应的组合拼接起来组成整个站场电路。这种与站场相似的网络结构的优点有简化电路结构，节省继电器接点，同样用途的继电器可以接在同一网络上，不用反复检查同样的条件；图形规律性强，与站场信号平面图相似，便于设计施工与维修；有利于组合单元电路的标准化和提高定型率，适于批量生产。6502 电气集中联锁具有操作简便、办理迅速、表示完善及安全可靠等优点。

但是继电集中联锁也存在如下缺点：控制台是专用产品，造价较高，兼容性差，无自诊断功能，设计、施工量大，且不利于维护，不利于增加新功能，并且信号设备室建筑面积大，无进路自动设置功能。

正因为存在以上缺点，国内干线铁路上的继电集中联锁不能满足地铁运营的要求。地铁除了在车辆段有所运用外，正线上均采用计算机联锁。

3.2.2 计算机联锁设备

随着计算机技术的迅速发展，尤其是对于可靠性技术和安全性技术的深入研究，出现了计算机联锁。它与电气集中联锁设备相比，在安全性、可靠性、经济性及设计、施工、维修、使用等方面，具有明显的优势，更适应信号设备数字化、网络化、综合化、智能化的要求，是联锁设备的发展方向。

1. 计算机联锁系统的发展

20 世纪 70 年代后期，随着微电子技术、计算机技术、信息技术、容错技术的发展，各国相继研究计算机联锁，从系统软件入手，采用计算机的软件和其他一些电子、继电器件组成的硬件冗余结构，实现"故障—安全"。

1978 年，由瑞典 ABB 公司研制的世界上第一套计算机联锁控制系统在哥德堡站成功应用。1985 年，英国的计算机联锁系统 SSI 在明斯顿车站正式使用，它采用三取二表决系统（TMP）的模式。1985 年，以 SIMIS 系统为核心构成的车站联锁控制系统在德国慕尼黑－米滕瓦尔特区段的穆尔瑙站交付使用。

我国计算机联锁系统研制始于 1983 年，1984 年铁道部通信信号总公司研究设计院研制生产出了国内第一个车站计算机联锁控制系统，并成功地应用于地方铁路，1989 年开始应用于国家铁路，20 世纪 90 年代予以推广。

计算机联锁系统主要有三种结构：双机热备型、三取二型、二乘二取二型。

目前，国内双机热备型的计算机联锁系统有 TYJL－Ⅱ型、DS6－11 型、JD－IA 型、VPI 型和 CIS－1 型等。二乘二取二型计算机联锁有：EI32－JD 型、DS6－K5B 型和 iLOCK

型等。三取二计算机联锁目前有：TYJL-TR9型、TYJL-ECC型和DS6-20型。此外，还有兰州交通大学、兰州大成自动化工程有限公司研制的全电子化计算机联锁系统，如图3-2-6所示，此系统填补了国内空白，引领和推动了我国铁路行业的技术进步，实现了我国铁路信号控制系统由第2、第3到第4代的跨越式发展。系统具有安全通信接口，可与城市轨道交通的ATS、ATP等系统接口。

图3-2-6　全电子化计算机联锁系统

计算机联锁系统在国内城市轨道交通系统应用情况见表3-2-1。

表3-2-1　计算机联锁系统在国内城市轨道交通系统应用情况一览表（部分）

型号	开发企业（单位）	应用
TYJL-Ⅱ型	中国铁道科学研究院	北京地铁1号线四惠车辆段 北京地铁13号线正线车站及车辆段 广州地铁2号线车辆段 深圳地铁车辆段 南京地铁1号线车辆段 重庆单轨交通
VPI型	卡斯柯信号有限公司（与法国阿尔斯通合资）	上海地铁2号、3号、4号、5号、6号、8号线停车场
VPI-2型	卡斯柯信号有限公司（与法国阿尔斯通合资）	上海地铁3号线正线
DS6-11型	北京全路通信信号研究设计院	大连快速轨道交通3号线正线

续表

型号	开发企业（单位）	应用
MicroLok Ⅱ 型	美国 USSI 公司	西安地铁 2 号线正线 上海地铁 2 号线正线
SICAS 型	德国西门子公司	上海地铁 5 号线正线、广州地铁 1 号线和 2 号线正线、深圳地铁 1 号线正线、南京地铁 1 号线正线
PMI 型计算机联锁	阿尔卡特股份有限公司	上海地铁 6 号线、8 号线、9 号线正线
DS6 – 60 型	北京全路通信信号研究设计院	长春轻轨 4 号线南三环车辆段

2. 设备组成

计算机联锁系统由硬件系统和软件系统构成。

下面以 TYJL – Ⅱ型计算机联锁系统为例介绍计算机联锁设备组成。TYJL – Ⅱ型计算机联锁系统结构如图 3 – 2 – 7 所示。

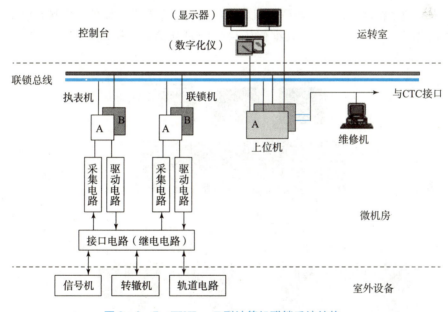

图 3 – 2 – 7　TYJL – Ⅱ型计算机联锁系统结构

（1）硬件结构

计算机联锁系统的硬件由控制台、联锁机、执行表示机和输入/输出接口、维修机及电源屏等组成。

1）控制台

主要有单元控制台、数字化仪控制台、鼠标控制台等多种形式，提供站场图形显示、语音和文字等控制表示合一的设备，如图 3 – 2 – 8 所示。

2）上位机（监控机）

标准工业控制机，其接口关系如图 3 – 2 – 9 所示。作为计算机联锁系统的人机接口，接

图 3-2-8 控制台

收来自控制台的操作命令,向控制台提供图像显示、语音、文字等信息;与联锁机交换信息,发送操作命令给联锁机,接收联锁机发来的站场信息及微机设备工作状态信息;发送站场信息及操作信息给维修机,接收维修机传来的时钟信息;构成局域网与其他信息系统接口。

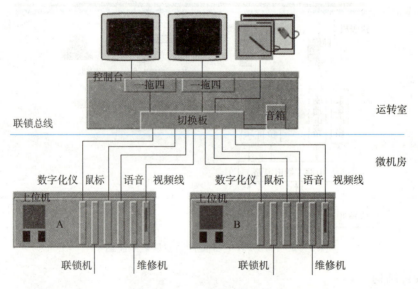

图 3-2-9 上位机接口关系

3) 联锁机

联锁机是计算机联锁系统的核心,联锁柜是用来放置联锁机、驱动板、采集板等设备的机柜。车辆段联锁机柜如图 3-2-10 所示。

根据现场信号设备状态和控制台操作命令,实现信号设备的联锁逻辑处理功能,完成进路确定和锁闭、发出转换道岔和开放信号灯控制功能。

4) 执行表示机和输入/输出接口

图 3–2–10　某车辆段联锁机柜

执行表示机通过由继电电路构成的输入/输出接口，接收并执行来自联锁机的控制命令，采集并向联锁机发送现场设备信息。输入/输出接口如图 3–2–11 所示。

图 3–2–11　输入/输出接口

5）维修机

维修机主要由主机、显示器、键盘及打印机等构成，如图 3–2–12 所示。负责记录设备运行状态信息和站场变化信息等（自动存盘和人工存盘），能够再现一个月之内系统的操作信息、故障诊断信息等，便于系统管理和维修人员分析和查找故障；远程维修中心建立拨号网络，实现远程诊断；与上位机交换信息，实时反映主、备联锁系统的运行状态，校准上位机时钟。

图3-2-12 维修机

6）电源屏

与6502电气集中联锁设备相同。

7）现场设备

现场设备保留电气集中的设备，道岔控制电路、信号机点灯电路、轨道电路等仍采用现有的成熟电路。

（2）层次结构

计算机联锁系统设备从功能方面划分，主要由操作表示层、联锁逻辑层、执行表示层、设备驱动层和现场设备层五层组成，如图3-2-13所示。有的设备商将执行表示层和设备驱动层结合在一起，统称为执行表示层。

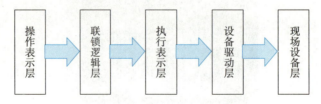

图3-2-13 联锁系统层次结构

操作表示层是人机操作界面，接收操作员的操作指令并传给联锁逻辑层进行处理，并将设备工作状态和列车的运行情况给以表示。联锁逻辑层是系统的核心，主要进行联锁逻辑的运算处理。行表示层是联锁逻辑层与设备驱动层之间的接口，其任务是分析、执行联锁逻辑层的命令，控制设备驱动层驱动现场设备，并采集设备驱动层的表示信号给联锁逻辑层。设备驱动层是现场设备的驱动设备，其功能是完成列车自动选路、列车自动跟踪、列车指示等功能。现场设备层主要指转辙机、信号机和轨道电路等。

（3）冗余结构

由于计算机联锁系统不但需要昼夜不停地连续运转，并且一旦出现故障，就会对行车安全和效率产生不利影响。因此，计算机联锁系统必须具有比较高的可靠性和安全性。

可靠性指的是系统在规定时间内、在规定条件下完成规定功能的能力。度量可靠性的定量标准是可靠度,可靠度用自身的平均故障间隔时间 MTBF 来表征。安全性是指当系统的任何部分发生故障时,其不会导致人身伤亡或财产重大损失的性能。度量系统安全性的技术指标是系统产生不安全性输出的平均间隔时间。根据有关技术标准,计算机联锁系统 MTBF 应达到 10^6 h,计算机联锁系统产生不安全型输出的平均时间间隔为 10^{11} h 以上。

为达到上述要求,计算机联锁系统的核心硬件结构上一般都采用冗余结构。所谓冗余结构,是指为了提高系统的可靠性、安全性而增加的结构。

目前计算机联锁为了提高可靠性和安全性,主要采用了双机热备系统、二乘二取二系统、三取二系统来达到上述指标要求。

1) 双机热备系统

双机热备系统的结构如图 3-2-14 所示,采用双套相互独立、结构相同的计算机系统同步并行工作,完成相同的功能。其中对外输出的一台称为主机,处于接替状态的另一台称为备机,双机互为热备,相互监测,通过故障检测机构确定系统正常工作后,才能输出控制指令。如果一套系统发现自身出现故障,就给出控制信号,自动切换到另一套系统上并给出故障报警和提示。

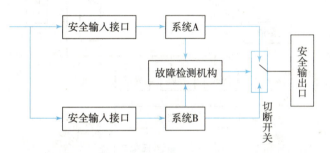

图 3-2-14 双机热备系统

双机热备系统的优点是切换的快速性和工作的连续性。这种结构对故障的处理是通过控制切换开关的换位达到系统重组的,提高了系统的可靠性和可用性。

2) 二乘二取二系统

为了使计算机联锁系统既具有可靠性,又具有安全性,可采用多重冗余结构。二乘二取二系统的结构如图 3-2-15 所示。采用了四套计算机构成系统Ⅰ、系统Ⅱ两个系统,双系

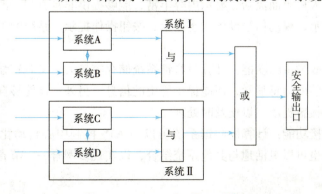

图 3-1-15 二乘二取二系统

统互为热备关系。二乘二取二系统通过"单系保证安全,双系提高可靠性",实现整体系统的安全性和可靠性。

双系中的每一单系统均包括两套计算机实时校核工作,每一单系中必须两套计算机工作一致才能对外输出,利用安全性冗余结构,实现整体系统的安全性。任一单系统检出故障,均可立即导向备系工作,双系之间构成可靠性冗余结构,实现全部系统的可靠性。

3)三取二系统

三取二系统又称三机表决系统,其结构如图 3-2-16 所示。采用三套计算机系统同时并行工作,三套系统的性能相同并分别执行同一套程序。三套系统的输出交由表决器进行表决,只要三套系统的任何两套的输出是相同的,则表决器就有正确的输出。这种结构通过三个系统两两相互比较来保证整体系统的安全性,通过屏蔽已发生故障的系统来保证整体系统的可靠性。若一套设备出现故障,系统从三取二过渡到二取二,并不影响信号系统的使用。

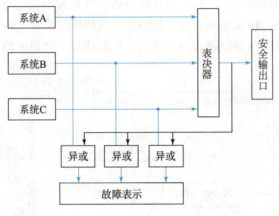

图 3-2-16 三取二系统

3. 基本功能

计算机联锁系统能够完成 6502 电气集中联锁设备所能完成的全部功能。计算机联锁系统和继电联锁系统相比,功能更加强大。其基本功能如下:

①联锁控制功能:接收 ATS 或车站值班员的进路命令,进行联锁逻辑运算,实现对道岔、进路和信号机的控制。

②显示功能:人机界面灵活,显示内容丰富,能够提供非常直观、清晰、形象的各种显示。如站场形状显示、现场信号设备状态显示、按钮操作提示、系统的工作状态显示、故障报警显示等。

③记录储存和故障诊断功能:计算机联锁系统储存容量大,具有较强的记忆功能,不但能够及时地提供当前的信息显示,还能提供历史的信息。另外,还能够自动检测自身运行的状态,并及时给出报警提示,以便及时处理。

④ATS 系统对接功能:计算机联锁系统可以与 ATS 控制中心自动化系统直接进行数据交换和信息传送,也可以灵活地与其他系统结合,以实现多网合一,节省设备。

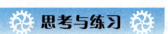

思考与练习

1. 简述 6502 电气集中联锁系统的设备组成。
2. 简述 6502 电气集中联锁系统的主要技术特征。
3. 简述 6502 电气集中联锁系统的特点。
4. 简述计算机联锁系统硬件结构及各组成部分功能。
5. 简述计算机联锁的层次结构。
6. 简述计算机联锁的冗余结构。
7. 简述计算机联锁系统的基本功能。

技能训练

技能训练 1　6502 电气集中联锁操作

1. 实验目的

①掌握 6502 电气集中联锁操作方法。

②掌握《行车组织规定》中对使用 6502 电气集中联锁设备的有关规定。

2. 实验设备

6502 电气集中控制台。

3. 实验内容

①6502 电气集中基本操作：办理进路、解锁进路、操作道岔、道岔的锁闭和解锁等。

②6502 电气集中非正常办理：在设备故障情况下，例如，道岔不能转换、轨道区段红光带等，办理列车作业、调车作业。

③学习城市轨道交通车辆段采用 6502 电气集中设备时关于列车、调车作业的有关规定。

4. 注意事项

①注意设备及人身安全。

②实验完成后设备良好。

技能训练 2　计算机联锁操作

1. 实验目的

①掌握计算机联锁操作方法。

②掌握《行车组织规定》中对使用计算机联锁设备的有关规定。

③熟练掌握 LOW 工作站操作界面上道岔、轨道区段、信号机各设备的现实意义。

2. 实验设备

①计算机联锁设备。

②计算机联锁模拟软件。

③城市轨道交通正线及车辆段沙盘、LOW 工作站模拟设备。

3. 实验内容

①计算机联锁基本操作：办理进路、解锁进路、转换道岔、道岔的锁闭和解锁、道岔的封锁和解封锁等。

②非正常情况下计算机联锁设备的操作。

③学习城市轨道交通车辆段采用计算机联锁设备时关于列车、调车作业的有关规定。

④对轨道区段的操作：封锁区段、解封区段、强解区段、轨区逻空、轨区设限等。

⑤对道岔的操作：单独锁定、转换道岔、强行转岔、封锁道岔、岔区逻空、岔区设限等。

⑥对信号机的操作：关单信号、封锁信号、开放信号、开放引导等。

4. 注意事项

①注意设备及人身安全。

②实验完成后设备良好。

第三章　测试题

第四章
区间闭塞技术

为了确保列车在区间内的运行安全,列车由车站向区间发车时,必须确认区间内没有列车,并需遵循一定的规律组织行车,以免造成列车正面冲突或追尾等事故。这种为保证列车运行安全,在组织列车运行时,通过设备或人工方式控制,使连续发出的列车保持一定间隔安全行车的技术方法,称为行车闭塞法,简称闭塞。

第一节 传统的闭塞技术

 任务导入

所谓区间，是指两个车站之间的轨道交通线路。用信号或凭证，保证列车按照空间间隔运行的技术方法称为行车闭塞法，简称闭塞。从列车能否追踪的角度，传统的闭塞可分为站间闭塞和自动闭塞两大类。

 学习要点

知识目标

1. 掌握站间闭塞分类；
2. 掌握电话闭塞、半自动闭塞、自动站间闭塞的区别；
3. 了解自动站间闭塞的原理；
4. 掌握自动闭塞原理。

技能目标

1. 会识读路票；
2. 熟悉电话闭塞方法；
3. 熟悉半自动闭塞方法；
4. 熟悉电话闭塞时车站行车值班员的工作流程。

 相关案例

2011年9月27日14时10分，上海地铁10号线因信号设备发生故障，上海交通大学站至南京东路站上下行期间采用人工调度方式，14时51分，在豫园往老西门方向的区间隧道内发生了5号车追尾16号车的事故，造成295人受伤。

结构框图

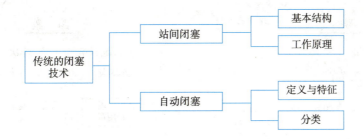

4.1.1 站间闭塞

站间闭塞就是两站间只能运行一列列车，其列车的空间间隔为一个站间。按技术手段和闭塞方法，又可分为电话闭塞、半自动闭塞、自动站间闭塞。

1. 电话闭塞

（1）定义

电话闭塞法是人工办理闭塞的一种方法，是车站/车辆段之间以电话记录号作为确认闭塞区间空闲的凭证，车站值班站长（行车值班员）填写好路票交付司机，路票作为列车占用区间的凭证，以发车手信号作为允许信号的一种行车组织方法。

（2）特征

站间或所间只准走行一列列车；人工办理闭塞手续；人工确认列车完整到达和人工恢复闭塞。

（3）基本规定

①电话闭塞的闭塞区间为相同运行方向两架相邻出站信号机间的区域。

②使用电话闭塞法行车时，行车调度员发布电话闭塞法组织行车的调度命令后，闭塞区间内列车采用非限制人工驾驶模式（NRM）驾驶，司机要加强瞭望，遇弯道时，司机需控制行车速度，遇突发事件时能够随时停车。

③执行电话闭塞法区段，进路上的道岔必须锁定，优先使用 ATS 站级工作站锁定，当 ATS 站级工作站电子锁定无法使用时，由车站人员现场确认进路正确后使用钩锁器锁定。

④列车进出折返线或存车线时，比照调车方式办理，限速 15 km/h。车站准备好进路后，先用无线通信设备通知司机，然后由值班站长或指定人员在指定地点显示道岔开通信号，司机凭信号显示进出折返线或存车线。

⑤启动电话闭塞法行车的时机：电话闭塞实施区域内全部列车已在站停稳，所有区间空闲后，行车调度员及时向有关车站及司机发布命令。

⑥电话记录号码使用规定：电话记录号由五位数字组成，前两位为车辆段（停车场）及车站编号，后三位为序列号。一般上行/出车辆段（入停车场）使用双数序列号，下行/入车辆段（出停车场）使用单数序列号。电话记录号码每站一组，由车站编制。

（4）路票

路票的构成要素包括电话记录号码、车次、列车运行方向、车站行车专用章、车站值班员签名及日期。包括站间路票与段站间路票两种，站间路票如图 4-1-1 所示，段站间路票如图 4-1-2 所示。

```
（上行）                NO:××××                                    NO:××××
首限速25 km/h   路  票      道岔已加锁              路  票            道岔已加锁
              电话记录第____号，车次____              电话记录第____号，车次____
                    ____站至____站                车辆段____道至上行（下行）站____
   ×××站      车站行车值班员_____       ×××段     车辆段运转值班员_____
   行车专用章    ____年___月___日          行车专用章    ____年___月___日
```

　　图 4-1-1　站间路票　　　　　　　　图 4-1-2　段站间路票

2. 半自动闭塞

（1）定义

半自动闭塞是使用闭塞设备，人工办理闭塞手续、开放出站信号，列车凭出站信号机的允许信号显示作为发车凭证，依靠轨道电路与信号机的联锁关系，在列车驶入出站信号机内方后，出站信号机自动关闭的闭塞方法。

（2）特征

站间只准许走行一列列车，人工办理闭塞手续，信号机自动关闭，人工确认列车到达，人工恢复闭塞。

例1：如图 4-1-3 所示，在半自动闭塞情况下，上行方向发车站（人民广场站）要向接车站（儿童公园站）发车，发车站（人民广场站）行车值班员必须与接车站（儿童公园站）行车值班员配合办理闭塞手续，才能开放出站信号机。列车 16301 凭借出站信号机（S1601）显示绿色允许信号驶出，列车进入出站信号机（S1601）内方的轨道区段后，S1601 显示红色禁止信号，两站之间处于"闭塞"状态，当列车到达接车站（儿童公园站）后，由接车站（儿童公园站）行车值班员确认列车整列到达，向发车站（人民广场站）行车值班员发送闭塞复原信息，区间闭塞解除。

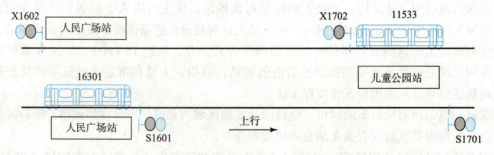

图 4-1-3　半自动闭塞示意图

3. 自动站间闭塞

（1）定义

自动站间闭塞是在有区间占用检查的条件下，自动办理闭塞手续，列车凭信号显示发车后，出站信号机自动关闭的闭塞方法。

（2）特征

有区间占用检查设备；站间或所间区间只准走行一列列车；办理发车进路时，自动办理闭塞手续；自动确认列车到达和自动恢复闭塞。

4.1.2 自动闭塞

1. 定义与特征

（1）定义

将站间区间划分为若干个闭塞分区，在每个闭塞分区的入口处，设置相应的通过信号机予以防护，司机凭借信号行车，通过信号机的显示是根据列车的运行而自动变换的，这样一种闭塞制度就是自动闭塞。

（2）特征

把站间划分为若干闭塞分区，有分区占用检查设备，司机可以凭借信号机显示行车，也可以凭借车载信号行车；站间能实现列车追踪；办理发车进路时，自动办理闭塞手续；通过信号机的显示状态随列车走行自动变换。

列车根据前方列车位置，通过轨道电路自动控制通过信号机的显示状态，并向列车发送运行"指令"，并且可以允许多列列车在区间运行。图 4-1-4 所示是自动闭塞原理示意图，这种闭塞方式能够确保行车安全，提高行车效率。

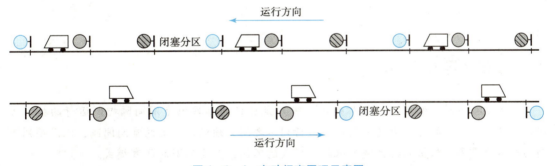

图 4-1-4　自动闭塞原理示意图

2. 分类

自动闭塞一般以地面信号为主，车载信号为辅，适用于列车最高运行速度在 160 km/h 及以下的区段，可分为：三显示自动闭塞、四显示自动闭塞、多信息自动闭塞。

三显示自动闭塞就是通过信号机具有三种显示，能预告列车前方两个闭塞分区状态的自动闭塞。分两个速度等级，一个闭塞分区的长度满足从规定速度到零的制动距离。

四显示自动闭塞就是通过信号机具有四种显示，能预告列车前方三个闭塞分区状态的自动闭塞。分三个速度等级，两个闭塞分区的长度满足从规定速度到零的制动距离。

多信息自动闭塞也称多显示自动闭塞，是对四显示及以上自动闭塞的统称。高速列车多信息自动闭塞以机车信号显示为主，客货混运的低速列车以地面信号为主。

为了确保列车在区间内的运行安全，列车由车站向区间发车时，必须确认区间内没有列车，并需遵循一定的规律组织行车，以免造成列车正面冲突或追尾等事故。这种为保证列车运行安全，在组织列车运行时，通过设备或人工方式控制，使连续发出的列车保持一定间隔的安全行车的技术方法，称为行车闭塞法，简称闭塞。

思考与练习

1. 简述电话闭塞的定义与特征。
2. 简述路票的构成要素。
3. 简述半自动闭塞的定义与特征。
4. 简述自动站间闭塞的定义与特征。
5. 简述自动闭塞的分类。

第二节 列控系统中的闭塞技术

任务导入

列车运行自动控制系统（简称列控系统）是保证列车按照空间间隔控制运行的技术方法，通过控制列车的运行速度来实现。运行列车之间必须保持一定的空间间隔，以满足列车制动距离的需要，根据列控系统采取控制模式的不同，产生不同的闭塞模式。

列控系统是在自动闭塞的基础上发展起来的，早期的列控系统采用固定闭塞方式，仍保留闭塞分区的概念；先进的列控系统采用移动闭塞方式，"扬弃"和"继承"了闭塞分区的概念，使列车间的追踪运行间隔更小。

列控系统采用的闭塞制式分为固定闭塞、准移动闭塞和移动闭塞3类。

学习要点

知识目标

1. 掌握固定闭塞的原理；
2. 了解超前速度控制和滞后速度控制的区别；

3. 了解阶梯型分级制动模式的特点；
4. 掌握准移动闭塞的原理和特点；
5. 掌握移动闭塞的原理和特点。

技能目标

1. 认识列控系统中不同的闭塞设备；
2. 能区分不同的列车制动控制模式。

相关案例

2009年12月22日，上海地铁1号线地铁下行至上海火车站的117号车，车尾与中山北路至火车站下行的150号车侧面碰撞。事故原因：当天运营部门因供电系统故障而采取临时非正常交路折返，信号系统在这一区段向150号车错误发送65 km/h速度码，造成制动距离不足。

结构框图

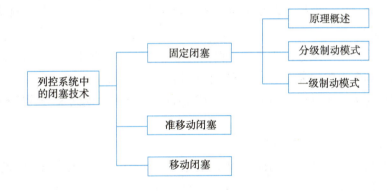

4.2.1 固定闭塞

列控系统采用分级制动模式时，采用固定闭塞方式。

1. **固定闭塞原理概述**

固定闭塞模式下，后行列车的追踪目标点为前行列车所占用闭塞分区的始端，后行列车从最高速度开始制动的计算点为要求开始减速的闭塞分区的始端，这两个点都是固定的，空间间隔的长度也是固定的，所以称为固定闭塞。

用轨道电路或计轴装置来划分闭塞分区，具有列车定位和占用轨道的检查功能；司机可以凭借车载信号行车；站间能实现对列车追踪运行。

当采用滞后型阶梯分级速度控制模式时，需要增加一个闭塞分区作保护区段，如图4－2－1所示；当列控系统采用滞后型曲线分级速度控制模式时，不需要增加一个闭塞分区作为保护区段，如图4－2－2所示。

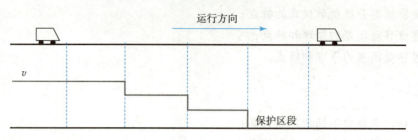

图 4－2－1　滞后型阶梯分级速度控制模式

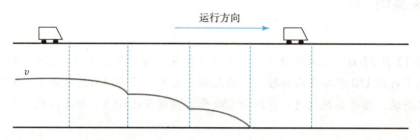

图 4－2－2　滞后型曲线分级速度控制模式

固定闭塞方式的列控系统，线路条件和列车参数在闭塞设计中均予以考虑，并体现在地面闭塞分区的划分之中。列控系统根据每个闭塞分区的限速指令监督列车的速度。

2．分级制动模式

分级制动是以一个闭塞分区为单位，根据列车运行的速度分级，对列车运行进行速度控制。分级制动的列车追踪间隔主要与闭塞分区的划分、列车性能和速度有关，而闭塞分区的长度是以列车性能为依据并结合线路参数来确定的。分级制动模式又分为阶梯型和曲线型两种。

（1）阶梯型分级速度控制模式

阶梯型分级速度控制又分为超前式和滞后式。一个闭塞分区的进入速度称为入口速度，驶离速度称为出口速度。

超前速度控制模式又称为出口速度控制模式，给出列车的出口速度值控制列车不超过出口速度。超前速度控制模式又称为设备控制优先的方法，在日本、德国城市轨道交通系统中都有应用。如图4－2－3所示，阶梯式实线为超前速度控制线，粗虚线为列车实际减速运行线，从最高速至零速的列车实际减速运行线为分段曲线组成的一条不连贯曲线组合。由于列控系统超前对出口进行了控制，列车驶出每一个闭塞分区前必须把速度降至超前式速度控制线以下，否则设备自动引发紧急制动，以保证列车不会冒出闭塞分区。

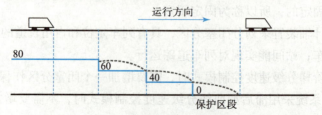

图 4－2－3　超前速度控制

滞后速度控制模式又称为入口速度控制模式，给出列车的入口速度值监控列车在本闭塞分区不超过给定的入口速度值，采取人控优先的方法，控制列车不超过下一闭塞分区入口速度值。法国 TVM-300 列控系统采用人控优先的方法，只要在每一个闭塞分区列车速度不超过给定的入口速度值，就不会碰撞滞后式速度控制线。万一列车失控，在本闭塞分区的出口即下一闭塞分区的入口处的速度超过了给定的入口速度值，碰撞了滞后式速度控制线，即为撞墙，此时触发设备自动引发紧急制动，列车必然会越过第一红灯进入下一闭塞分区，如此必须要增加一个闭塞分区作为安全防护区段，俗称双红灯防护。

滞后速度控制模式如图 4-2-4 所示，粗虚线为列车实际减速运行线，从最高速至零速的列车实际减速运行线为分段曲线组成的一条不连贯曲线组，细虚线为撞墙后的紧急制动曲线。

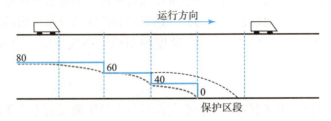

图 4-2-4　滞后速度控制

从上述可知，阶梯型分级制动模式，只是对每一个闭塞分区的入口速度或出口速度进行控制，对列车速度的控制不是连续的，车地传输的信息量较少，设备相对简单。

阶梯型分级制动模式中车载信号设备不要求闭塞分区的线路参数，曲线型分级制动模式只要求提供一个闭塞分区的线路参数。固定闭塞的列控系统属 20 世纪 80 年代技术水平，2002 年开通的大连快轨 3 号线使用的列控系统是我国自主开发研制的列控系统，属于此种类型。特点如下：

①为了保证列车运行安全，需要设置较长的保护区段；

②以钢轨作为信息传输载体，通过模拟轨道电路实现列车定位功能，传输信息量小，对列车运行控制精度不高；

③司机的劳动强度大，对列车运行的舒适性控制不好；

④不易实现列车的优化控制和节能控制，限制了行车效率的提高。

在固定闭塞设计中，要求的运行间隔越短，闭塞分区（设备）数也越多。列车最小行车间隔为 100~150 s。

上海地铁 1 号线引进的 GRS（现属 ALSTOM）公司的 ATP 系统和北京地铁 1 号线引进的西屋公司的 ATP 系统均采用台阶式分级速度控制模式。

（2）曲线型分级速度控制模式

曲线型分级速度控制，根据列车运行的速度分级，每一个闭塞分区给出一段速度控制曲线，对列车运行进行速度控制。法国 TVM430 系统采取曲线式分级速度控制模式。如图 4-2-5 所示，粗实线为分段曲线式分级速度控制线，从最高速至零速的列车控制减速线为分段曲线组成的一条不连贯曲线组合，列车实际减速运行线只要在控制线以下就可以了，万一超速碰撞了速度控制线，设备自动引发紧急制动。因为速度控制是连续的，所以不会超速太多，紧急制动的停车点不会冒出闭塞分区，不需增加一个闭塞分区作为安全防护区段，设计时考虑留有适当的安全距离即可。

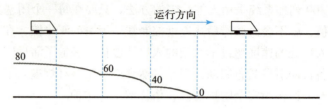

图 4-2-5　分段曲线式分级速度控制

列控设备给出的分段的制动速度控制曲线，是根据每一个闭塞分区的线路参数和列车自身的性能计算而定的，闭塞分区的线路参数可以通过地对车信息实时传输，也可以事先在车载信号设备中存储，通过核对取得。因为制动速度控制曲线是分段给出的，每次只需一个闭塞分区线路参数，与目标距离连续式一次速度控制模式曲线不同，归属于分级速度控制范围。

3. 一级制动模式

一级制动是按目标-距离制动的，根据与前行列车的距离或前方停车站的距离，由控制中心根据目标距离、线路参数和列车自身的性能计算出列车制动模式曲线，或由车载计算机计算，按制动模式曲线控制列车运行。线路参数可以通过地对车信息实时传输，也可以事先在车载信号设备中存储，通过核对取得。由于制动速度控制曲线是一次连续的，需要一个制动距离内所有的线路参数，地对车信息传输的信息量相当大，可以通过无线通信、数字轨道电路、轨道电缆、应答器等地对车信息传输系统传输。目标距离速度控制列车制动的起始点是随线路参数和列车本身性能不同而变化的，空间间隔的长度是不固定的，适用于各种不同性能和速度列车的混合运行，其追踪运行间隔要比分级速度控制小，减速比较平稳，旅客的舒适度较高，是列车自动控制技术的发展方向。一级制动模式速度曲线如图 4-2-6 所示。

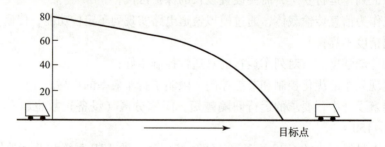

图 4-2-6　一级制动模式速度曲线

4.2.2　准移动闭塞

列控系统采用目标-距离控制模式时，采用准移动闭塞方式。

目标距离控制模式根据目标距离、目标速度及列车本身的性能确定列车制动曲线，不设定每个闭塞分区速度等级，采用一次制动方式。

准移动闭塞的追踪目标点是前行列车所占用闭塞分区的始端，并且留有一定的安全距离,而后行列车从最高速开始制动的计算点是根据目标距离、目标速度及列车本身的性能计算决定的。目标点相对固定,在同一闭塞分区内不依前行列车的走行而变化,而制动的起始点是随线路参数和列车本身性能不同而变化的,在前行列车出清原占用闭塞分区时,目标点前移一个闭塞分区,本列车的制动曲线随着目标点的移动而发生跳变,向前延伸。准移动闭塞模式下,后行列车与前行列车之间的空间间隔的长度是不固定的,由于要与移动闭塞相区别,所以称为准移动闭塞。

为使后续列车能够生成速度控制曲线,需向其提供前方大于全程制动距离长度内的线路参数及前行列车所处闭塞分区等信息。准移动闭塞系统主要通过地对车的单向安全数据通信,以数字信号为基础,利用轨道电路、轨道电缆、无线通信等作为车-地信息传输载体,信号传输、处理过程数字化,传输信息量大,抗干扰能力强。闭塞分区使用轨道电路、感应环线、轨间电缆或计轴装置来划分,具有列车定位和轨道占用的检查功能,列车采用一次制动模式,不需设定速度等级。闭塞分区的长度可以等长,如图4-2-7所示。

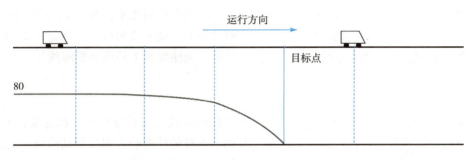

图4-2-7　准移动闭塞控制模式

利用轨道电路作为车-地信息传送载体的系统称为基于轨道电路的 ATC 系统。地面轨道电路可以向列车传送足够用于列车连续曲线速度控制的信息(包括目标速度、目标距离、线路状态、线路允许速度、轨道电路识别号及长度等),车载设备可以实现列车的连续曲线速度控制。该系统提高了列车控制的精度和行车效率,减少了司机的工作量,不需要频繁地牵引、制动,节能效果好,舒适度较高。

设计中,要求的运行间隔越短,闭塞分区的设备越多,列车运行最小间隔为 85～90 s。准移动闭塞的列控系统连续曲线速度控制如图4-2-8所示。

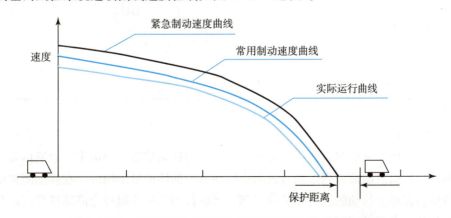

图4-2-8　准移动闭塞的列控系统连续曲线速度控制示意图

虚拟闭塞是准移动闭塞的一种特殊方式，它不设轨道占用检查设备，采取无线定位方式来实现列车定位和占用轨道的检查功能。闭塞分区是以计算机技术虚拟设定的，如图4-2-9所示。

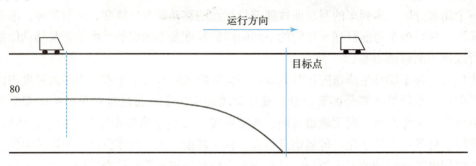

图4-2-9 虚拟闭塞控制模式

准移动闭塞的列控系统属20世纪90年代先进的列车控制技术，准移动闭塞的列控系统在我国城市轨道交通中被广泛应用。例如，广州地铁1号线和2号线、上海地铁2号线和3号线、深圳地铁1号线和4号线、南京地铁1号线、天津地铁1号线和滨海线等。

4.2.3 移动闭塞

移动闭塞方式的列控系统也采取目标-距离控制模式（又称连续式一次速度控制）。目标-距离控制模式根据目标距离、目标速度及列车本身的性能确定列车制动曲线，列车采用一次制动方式。移动闭塞的追踪目标点是前行列车的尾部（留有一定的安全距离），后行列车从最高速开始制动的计算点是根据目标距离、目标速度及列车本身的性能计算决定的。目标点与前行列车的走行和速度有关，是随时变化的，而制动的起始点随线路参数和列车本身性能不同而变化。前行列车与后行列车之间的空间间隔的长度不固定，所以称为移动闭塞。

移动闭塞控制模式下，列车追踪运行间隔要比准移动闭塞更小一些，采用无线通信和无线定位技术来实现，如图4-2-10所示。

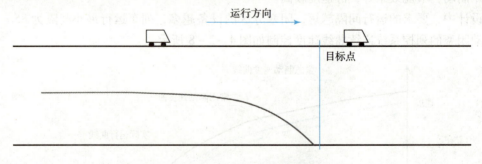

图4-2-10 移动闭塞控制模式

移动闭塞采用车-地双向通信，并将前方列车的移动信息，经由车-地通信安全地传给后续列车，控制信息随前方列车的行进而连续地或周期性地做出响应。在移动闭塞中，后行列车的追踪目标点为移动的前行列车的尾部，当后行列车速度超过允许速度控制曲线时，对后行列车实施安全制动控制。

移动闭塞通常利用无线通信技术，通过车载设备、现场的通信设备与车站或控制中心实现信息交换完成速度控制，能够实现高速度、大容量的车－地双向通信。由于没有预先设置的闭塞分区，不以固定的闭塞分区为最小单元，后行列车所知道的目标距离是距前行列车尾部的实际距离。列车间隔是动态的，并随前行列车移动而移动，因此，根据目标速度和目标距离随时调整的列车可行车距离是始终连续的，后行列车的速度控制曲线不会像准移动闭塞一样产生跳跃。列车的追踪间隔和列车控制精度只取决于线路特性、停站时分、车辆参数，使得系统较准移动闭塞系统具有较大的运用灵活性和较小的行车间隔。该系统硬件设备数量少，具有较高的可靠性和可用性，有更好的列车运行的调整能力。

移动闭塞列车间隔是按后行列车在当前速度下所需要的制动距离，加上安全余量计算和控制的，确保不追尾。制动的起点和终点是动态的，列车最小运行间隔一般可以做到约 80 s。移动闭塞的列控系统连续曲线速度控制如图 4－2－11 所示。

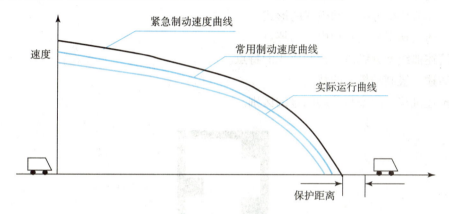

图 4－2－11　移动闭塞的列控系统连续曲线速度控制示意图

移动闭塞式列控系统，代表城轨信号技术的发展方向，在我国城市轨道交通建设中，武汉轨道交通 1 号线，广州地铁 3 号线、4 号线、5 号线、6 号线，北京地铁 10 号线、机场线均采用移动闭塞的列控系统。

移动闭塞列控系统摆脱了用轨道电路判别列车对闭塞分区占用与否，突破了固定或准移动闭塞的局限性，具有更大的优越性，特点如下：

①移动闭塞式列控系统实现了列车与轨旁设备实时双向通信，信息传输量大。

②移动闭塞式列控系统轨旁设备少，便于安装维修，有利于紧急状态下利用线路作为人员疏散通道，有利于降低运营成本。

③移动闭塞式列控系统便于缩短列车编组，可高密度运行，可缩短站台长度和站台尾轨长度，降低土建工程投资。

④移动闭塞式列控系统可实现列车双向运行而不增加地面设备，有利于线路故障或特殊需要时的反向运行控制。

⑤移动闭塞式列控系统可适应各种类型、各种车速的列车，由于移动闭塞系统基本克服了准移动闭塞和固定闭塞系统地对车信息跳变的缺点，从而提高了列车运行的平稳性，增加了乘客的舒适度。

⑥移动闭塞式列控系统可以实现节能控制、优化列车运行统计处理、缩短运行时分等多

目标控制。

⑦移动闭塞式列控系统采用高速数据传输方式，可进行系统功能扩展，提高列控系统的现代化技术水平。

⑧移动闭塞式列控系统具有实时性、响应性，提高了系统的可靠性和安全性。

思考与练习

1. 简述固定闭塞原理与特征。
2. 简述分级制动模式分类。
3. 简述阶梯型分级制动模式的形式。
4. 简述阶梯型分级制动模式的特点。
5. 简述曲线型分级速度控制模式的特点。
6. 简述一级制动模式的特点。
7. 论述准移动闭塞与移动闭塞的区别。

第四章　测试题

第五章 列车自动控制系统

城市轨道交通采用列车运行自动控制（Automatic Train Control，ATC）技术，以车载信号为主体信号，根据地面传送的速度或距离等信息，自动控制列车的运行。列车自动控制技术是保证列车运行安全，实现行车指挥和列车运行自动化，提高运输效率，减轻运营人员劳动强度的关键设备。

第一节　列车自动控制系统综述

列车自动控制（Automatic Train Control，ATC）系统能最大限度确保列车运行安全，缩短行车间隔，提高运输效率，减轻运营人员的劳动强度。ATC 系统运用了当代许多重要的科技成果，技术含量极高。

知识目标

1. 掌握列车自动控制系统的作用；
2. 掌握列车自动控制系统的组成；
3. 了解列车自动控制系统的功能及结构类型；
4. 了解列车自动控制系统的分类。

技能目标

1. 能够将列车自动控制系统设备进行归类；
2. 能够完成 ATC 系统仿真软件系统启动及关闭等相关操作。

2009 年 6 月 22 日 17 时，美国华盛顿地铁两辆列车首尾相撞，该起事故共造成 9 人死亡，70 多人受伤。经调查，事故产生的直接原因是列车自动控制系统未能发现停在站上的列车，因此没有发出信号让行进中的列车停下。

第五章　列车自动控制系统

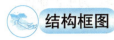
结构框图

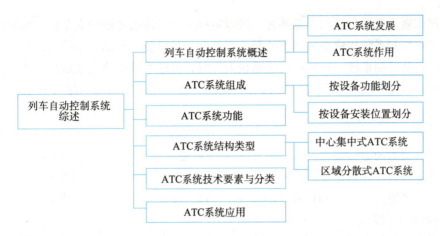

5.1.1 列车自动控制系统概述

随着工业化程度的提高，世界城市人口急剧膨胀，对城市轨道交通的载客能力提出了越来越高的要求。设想如果能将最小列车间隔从 4 min 缩短为 2 min，则使用相同数量的车辆就可使运输能力提高一倍。列车自动控制（Automatic Train Control，ATC）系统能最大限度确保列车运行安全，缩短行车间隔，提高运输效率，减轻运营人员的劳动强度。ATC 系统运用了当代许多重要的科技成果，技术含量极高，也是标志一个国家轨道交通技术装备现代化水准的重要组成部分。

1. ATC 系统的发展

列车自动控制系统（ATC）是将先进的控制技术、通信技术、计算机技术与轨道交通信号技术融为一体的具有行车指挥、控制、管理功能的自动化系统。它是保障轨道交通行车安全、提高运输效率的核心。ATC 系统能替代司机的部分甚至全部作用，大大地提高行车的效率和安全性，使得因人为疏忽、设备故障而产生的事故率降至最低。

列车运行控制技术随电子技术的发展始于 20 世纪 60 年代。苏联于 1958 年首次研制成功了较低级的行车自动化系统，1962 年在莫斯科地铁使用。美国于 1960 年在纽约地铁试运行列车自动驾驶系统（ATO）。20 世纪 70 年代以来，各国地铁都开始向着综合自动化的方向发展。美国于 1972 年 9 月在旧金山海湾采用城郊快速运输系统（BART），这个系统的控制中心安装了两台计算机（一主一备），能同时指挥和控制 105 列列车运行。1971 年 7 月 23 日，英国在维多利亚线上实现行车自动化，开通线路全长 22.4 km。1972 年，法国在巴黎地铁东西快车线上实现自动调度，利用列车自动操纵设备实现了自动驾驶，较全面地实现了列车行车指挥和列车运行自动化。我国于 1975 年在北京地铁线路开始试用自己研制的行车自动化系统，1976 年开始采用国产电子计算机，初步实现了轨道交通行车指挥自动化。

城市轨道交通行车自动化的功能包括低级阶段功能和高级阶段功能。低级阶段的基本功能是由自动闭塞、自动停车、车站联锁和调度集中控制来完成的；高级阶段的基本功能则叠加了行车指挥自动化和列车运行自动化中的 ATO 系统及若干自动检测设备。为了保证行车安全，在行车自动化系统中还配置列车无线调度电话，使行车调度员和驾驶员之间可以随时进行通话。

由于城市轨道交通运送的全是乘客，所以对列车运行控制系统的安全性、可靠性要求较高。列车运行控制系统构成中最基本的是人工控制信号设备，叠加自动控制信号设备，再叠加行车的全自动控制系统。这样在高级系统失灵时，低级系统仍能完成运转。此外，在自动化控制系统中都要相应增加安全可靠措施，比如，在应用计算机时，尽可能增加多机冗余系统。

2. ATC 系统的作用

城市轨道交通的运营线路封闭，它的主要作业是运送旅客，运营下路不长，站间距较短，并且列车通常以较低速度行驶，这都为保障列车在线路上的安全高效运营给予了保障。因此，在城市轨道交通中，ATC 系统的作用是保障行车安全和提高运营效率。

（1）保障行车安全

列车行车安全是由列车自动控制系统中的列车自动防护系统，即 ATP 系统来完成的。ATP 系统与列车的牵引制动系统一起控制列车运行速度，防止列车超速行驶。

（2）提高运营效率

列车自动控制系统能实现列车自动驾驶，列车根据运营计划自动完成运营作业，可以有效减少列车驾驶员、调度和车站人员的工作强度，确保列车正点运营，有效提高运营作业效率。

5.1.2 ATC 系统组成

1. 按设备功能划分

目前，ATC 系统已经成为城市轨道交通运行控制系统中最重要的组成部分，由列车自动防护子系统、列车自动运行系统（Automatic Train Operation，ATO）和列车自动监控系统（Automatic Train Supervision，ATS）三个子系统组成，简称"3A"子系统，如图 5-1-1 所示。但在有些情况下，ATS 子系统可以用调度集中（Centralized Traffic Control，CTC）代替。各子系统之间相互支持，实现对列车的控制，保障列车行驶的安全和运输效率的提高。

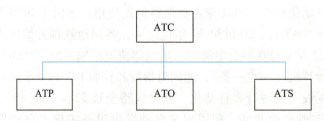

图 5-1-1 列车自动控制系统构成

①列车自动防护子系统（Automatic Train Protection，ATP），主要作用是防止列车追尾、冲突事故的发生，并控制列车的运行速度不超过允许的最高速度。

②列车自动运行系统（Automatic Train Operation，ATO），主要作用是实现列车自动驾驶，并使列车在设定的车站自动停车。

③列车自动监控系统（Automatic Train Supervision，ATS），主要作用是对线路上运行的所有列车进行监督和管理，控制列车根据列车运行图完成运营作业。

2. 按设备安装位置划分

ATC 系统组成及安装位置如图 5-1-2 所示。按设备安装位置，可分成以下三部分：

①轨旁设备：包括线路上、信号设备室内信号设备，如图 5-1-2 中的车站联锁、轨旁设备等。

②车载设备：指安装在车上的信号设备，如图 5-1-2 中的车载 ATP、车载 ATO 等。

③控制中心设备：指安装在控制中心的 ATS 设备，如图 5-1-2 中的调度员终端、服务器等。

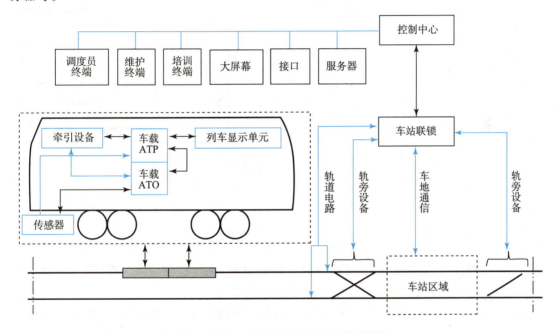

图 5-1-2　ATC 系统组成及安装位置图

ATC 系统设备框架构成如图 5-1-3 所示。

控制中心 ATS 指挥列车运行，实现控制中心与全线车站设备室之间的实时数据信息交换，调度员通过调度员工作站下达行车控制命令。现场的列车在线信息、车次号信息及道岔、信号机的状态信息等，由大屏幕显示及调度员工作站的 CRT 显示。

联锁集中站设备室接收调度员的控制指令，通过联锁装置，排列进路、开放信号，并将列车在线信息、信号设备的状态信息等传送给控制中心。通过 ATP 系统的轨旁设备，发送列车检测信息，以检查轨道区段内有无列车占用，并向列车发送限速命令或允许运行的目标距离信息、门控命令、对位停车指令等。

车载 ATP/ATO 设备，接收地面送来的调度指令和 ATP 速度命令或距离信息，完成速度自动调整和车站程序对位停车，实现列车的自动运行，并将列车的运行状态和设备状态信息传送给控制中心。

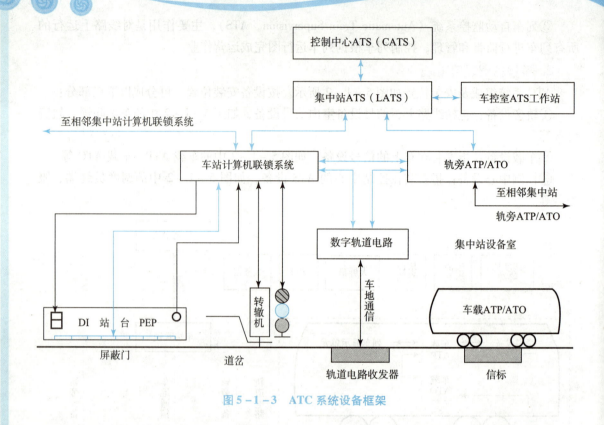

图 5-1-3 ATC 系统设备框架

5.1.3 ATC 系统功能

ATC 系统包括 5 个原理功能：ATS 功能、联锁功能、列车检测功能、列车运行控制功能和列车识别（Positive Train Identification，PTI）功能。

①ATS 功能。可自动或由人工控制进路，进行行车调度指挥，并向行车调度员和外部系统提供信息。ATS 功能主要由位于 OCC（控制中心）内的设备实现。

②联锁功能。响应来自 ATS 功能的命令，在随时满足安全准则的前提下，管理进路、道岔和信号的控制，将进路、轨道电路或计轴设备、道岔和信号的状态信息提供给 ATC。联锁功能由分布在轨旁的设备来实现。

③列车检测功能。一般由轨道电路或计轴设备完成。

④列车运行控制功能。在联锁功能的约束下，根据 ATS 的要求实现列车运行的控制。列车运行控制功能有 3 个子功能：ATP/ATO 轨旁功能、ATP/ATO 传输功能和 ATP/ATO 车载功能。

ATP/ATO 轨旁功能负责列车间隔和报文生成；

ATP/ATO 传输功能负责发送感应信号，包括报文和车载设备所需的其他数据；

ATP/ATO 车载功能负责列车的安全运营、列车自动驾驶，为信号系统和司机提供接口。

⑤列车识别功能。通过多种渠道传输和接收各种数据，在特定的位置传给 ATS，向 ATS 报告列车的识别信息、目的地码和乘务组号、列车位置数据，以优化列车运行。

5.1.4 ATC 系统结构类型

按照 ATC 现有的结构，可将其分为两种：第一种是中心集中式 ATC 系统；第二种为区域分散式 ATC 系统。

1. 中心集中式 ATC 系统

图 5-1-4 为中心集中式 ATC 系统示意图。与调度集中系统（CTC）信息集集中，车站分散式控制相似。

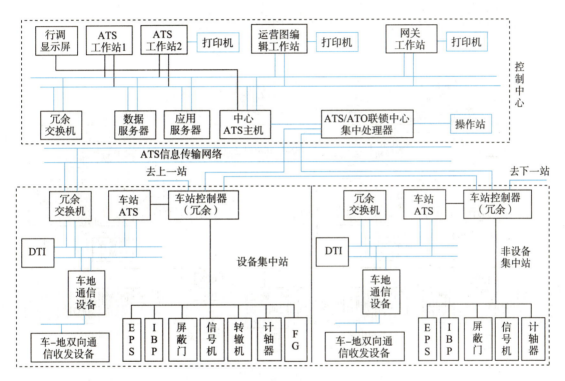

图 5-1-4　中心集中式 ATC 系统结构

（1）结构特点

中心集中式 ATC 系统主要是针对线路特点，一般在控制中心（或正线某一车站）集中设置 1 套（或多套）ATC 集中处理设备，该设备一般将轨旁 ATP/ATO 及联锁功能集成于一体，在相应的车站配置车站控制器及 ATS 远程终端，在列车上配置车载 ATP/ATO 设备。在该结构形式下，列车的安全运行主要由中心集中处理设备负责，包括列车安全间隔、速度保护，以及联锁逻辑保护等。车站控制器只具备一些简单的联锁控制命令的执行及轨旁设备状态的采集功能。

车站控制器及车载设备一般按照中心处理机的指令运行，一旦中心设备由于其他原因造成系统功能未完全开通，则将造成整个线路运营等级的降低（由 ATO 模式转入人工驾驶模式，同时失去完整的 ATP 安全防护功能）。该结构形式下的 ATC 系统构成如图 5-1-4 所示。

（2）运营情况

泰雷兹轨道信号公司提供的 SelTrac@ S40 系统为该结构的主要代表，该系统已在包括加拿大温哥华 SkyTrain 线、英国道克兰延伸线、吉隆坡轻轨 2 号线在内的世界上多条地铁开通运营。国内的武汉轻轨和广州地铁 3 号线也已开通运营。

2. 区域分散式 ATC 系统

图 5-1-5 为区域分散式 ATC 系统。与调度集中系统（CTC）信息集中区域分散式控制类似。

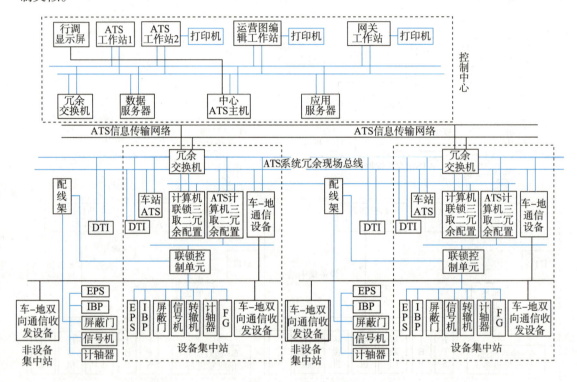

图 5-1-5　区域分散式 ATC 系统结构示意图

（1）结构特点

区域分散式 ATC 系统的主要特点是按照线路配线情况，一般在联锁关系密切（或有岔）的车站设置区域型车站 ATC 系统设备（包括轨旁 ATP/ATO 设备、联锁设备及 ATS 远程终端），在线路运营指挥中心只设置 ATS 中心级设备。其中，每套区域型车站 ATC 系统设备主要负责列车在其联锁控制区内安全、高效、可靠地运行。

区域型车站 ATC 系统设备间可靠的信息传输是保障列车在跨联锁区时能够安全、高效、可靠地运行。由此可见，列车运营控制是分摊到不同的联锁区，同时又由各联锁区间的紧密配合完成的，实现了分散控制、风险分散。即便某个联锁区的区域 ATC 设备故障，只会影响本联锁区的运营等级，而其他联锁区仍然能够保持完整的 ATC 系统功能正常运营。同时，该结构形式的 ATC 系统非常有利于分期分段实施的轨道交通线路，因为只要合理地划分联锁区（分期项目归属于不同的联锁区），就能尽量减少在延伸线建设过程中，对已运营线路的影响，保证运营服务质量。该结构形式下的 ATC 系统构成如图 5-1-5 所示。

（2）运营情况

西门子公司提供的 TRAINGUARD MT 系统为该结构的主要代表，该系统已在美国纽约地铁坎纳西线、广州地铁 1 号线、2 号线、4 号线、5 号线，南京地铁 1 号线成功开通运营；南京地铁 2 号线、广佛线工程也采用该系统。

3. 结构比较

正常情况下，由控制中心向联锁机传送运行图信息，将进路功能下放给车站联锁机设备来实现；而在非正常情况下，车站联锁机根据曾经收到的列车运行图信息继续进行进路控制。

第一种结构，进路功能由各个车站联锁设备或控制器完成，响应性较好。

第二种结构，进路功能由定点车站联锁设备或集中站设备完成，响应性较好。

5.1.5 ATC 系统技术要素与分类

1. 技术要素

世界各国的列控系统制式很多，评价和识别列控系统技术要素主要有两个：速度控制模式及车–地信息传输方式。

（1）速度控制模式

速度控制模式决定了列控系统采用的闭塞制式、列车运行追踪间隔，体现了列控系统的效能水平，有时会以采用的闭塞制式冠于列控系统的名称，称为"某某闭塞的列控系统"。

（2）车–地信息传输方式

车–地信息传输量的大小决定了可能采用的速度控制模式。车–地信息传输方式是列控系统的主要技术特征之一，有时会以采用的车–地信息传输方式冠于列控系统的名称，称为"基于某某车–地信息传输方式的列控系统"。

2. ATC 系统分类

从各种不同的角度看，ATC 系统可以有各种不同的分类。

（1）按闭塞制式分类

城市轨道交通 ATC 系统可分为固定闭塞式 ATC 系统、准移动闭塞式 ATC 系统和移动闭塞式 ATC 系统。

1）固定闭塞式 ATC 系统

固定闭塞将线路划分为固定的闭塞分区，前后车的位置都是用固定的地面设备来检测的；闭塞分区用轨道电路或计轴装置来划分。由于列车定位是以固定区段为单位的，所以固定闭塞的速度控制模式是分级的，需要向被控列车传送的信息只有速度码。

固定闭塞的闭塞长度较大，并且一个分区只能被一辆列车占用，所以不利于缩短行车时间间隔，除此之外，因为无法知道列车的具体位置，需要在两辆列车之间增加一个防护区段，这使得列车间的安全间隔较大，影响了线路的使用效率。图 5–1–6 所示为固定闭塞式 ATC 示意图。

2）准移动闭塞式 ATC 系统

准移动闭塞对前后列车的定位方式是不同的，如图 5–1–7 所示，前行列车的定位仍然沿用固定闭塞方式，而后续列车的定位则采用移动的或称为连续的方式，即后续列车定位可

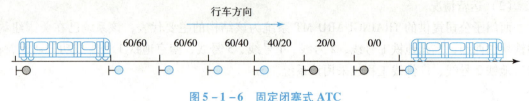

图 5-1-6 固定闭塞式 ATC

以更加精准。为了提高后续列车的定位精度,目前各系统均在地面每隔一段距离设置 1 个定位标志(即轨道电路的分界点、信标或计轴器等),列车通过时提供绝对位置信息。在相邻定位标志之间,列车的相对位置由安装在列车上的轮轴测速装置连续测得。由于准移动闭塞采用了固定和移动两种定位方式,所以,其速度控制模式既有连续的特点,又有阶梯的性质,如图 5-1-8 所示。

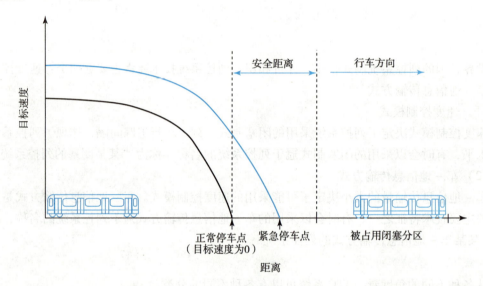

图 5-1-7 准移动闭塞式 ATC

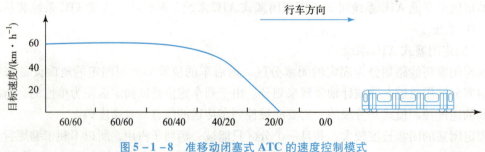

图 5-1-8 准移动闭塞式 ATC 的速度控制模式

准移动闭塞在控制列车安全间隔方面比固定闭塞更进一步,可以告知后续列车继续前行的距离,后续列车也可以通过这一距离合理地采取减速或制动,从而可以改善列车控制,缩小时间间隔,提高线路使用效率。但准移动闭塞中,后续列车的最大目标制动点仍必须在先行列车占用分区的外方,因此它没有完全突破轨道电路的限制。

3) 移动闭塞 ATC 系统

移动闭塞（图5-1-9）的特点就是前后两车均采用移动式的定位方式，即前后两辆列车均可精确定位，列车之间的安全追踪间距随着列车的运行而不断移动且变化。

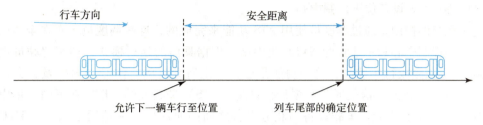

图5-1-9　准移动闭塞式ATC的速度控制模式

因为城市轨道交通具有客流量大、行车密度高的特点，而准移动闭塞式和移动闭塞式ATC系统可以实现较大的通过能力，对于客运量变化具有较强的适应性，可以提高线路利用率，具有高效运行、节能等作用，并且控制模式与列车运行特性相近，能较好地适应不同列车的技术状态，其技术水平较高，具有较大的发展前景。虽然固定闭塞式ATC系统技术水平相对较低，但由于可满足2 min行车间隔的行车要求，且价格相对低廉，因此也宜选用。

（2）按车-地信息传输的连续性分类

城市轨道交通ATC系统可分为点式ATC系统和连续式ATC系统。

（3）按车-地信息传输方式分类

城市轨道交通ATC系统可分为基于轨道电路的ATC系统和基于CBTC的ATC系统。

5.1.6　ATC系统应用

下面以国内某轻轨公司的列车自动控制系统（ATC）为例，介绍ATC系统的应用情况。该列车自动通知系统是由驾驶员辅助操作的全自动系统，ATC通过固定闭塞设计来完成列车运行自动控制功能，允许双向自动控制。通过控制系统的调整，车上设备、轨旁设备、站内设备及控制中心（OCC）等相互作用，发出控制命令来达到以下三个主要功能：

①自动列车防护（ATP）：防止列车出轨和撞车。

②自动列车运行（ATO）：控制列车运行和车站停车。

③自动列车监控（ATS）：按照列车时刻表来监督列车运行。

以上三种功能中的每一种，在一定范围内独立于其他两种。这三种功能的相互作用是由控制中心的计算机协调，形成综合实时控制系统。

1. 系统组成

ATC系统中的列车占用检查和车载信号功能是通过无绝缘音频数字轨道电路系统USSI AF-904TM来完成的。安全和非安全轨旁逻辑使用安全和非安全微处理器，安全逻辑使用USSI MicroLok@Ⅱ系统，非安全逻辑使用NVLE系统；车载ATC是使用USSI MicroCab@车载系统来完成的。

轨旁信号系统包括数据传输系统（DTS）。DTS系统在轨旁和控制中心之间传输命令和显示反馈。

ATC系统按设备安装位置，可分成以下三个分类：

①轨旁：现场设备、信号设备室、信号控制室。

②车载：车上的设备和逻辑控制单元。

③中心：ATS 设备位于控制中心。

整个系统的控制是通过调度员使用 ATS 功能来完成的，这些调度员分布在全线的不同位置，包括控制中心和本地轨旁 NVLE 集中站。根据具体的运行模式，列车驾驶员也可通过车载 ATC 来完成行车控制，这一功能是运营规定所允许的。OCC 与轨旁及轨旁信号设备室（SER）之间的通信是通过数据传输系统（DTS）来完成的。DTS 在不同的集中站之间传递命令和显示反馈。车载设备与轨旁设备之间的通信由车－地通信系统（TWC）完成。轨旁 ATC 设备与车载 ATC 设备间的安全信息传送是通过 USSI AF－904TM 轨道电路完成的。

2. 轨旁 ATC 设备

轨旁信号系统控制设备安装在轻轨线路设备集中站内的信号设备室（SER）和信号控制室（SCR）中。轨旁系统包括了下列主要子系统：

①MicroLokⅡ安全联锁控制器，其功能是集中控制联锁区间的转辙机和信号机。

②MicroLokⅡ轨道电路控制器，其功能是控制 AF－904 轨道电路。

③非安全逻辑发生器（NVLE）和车站控制主机（SCC），SERS 安装冗余 NVLE 设备，为 OCC 与联锁设备之间提供接口；SCRS 安装 SCC 设备，可被维护人员用来在 SCC 监视器上显示控制区域内的联锁和轨道的状态，也可在紧急情况时或在维护时由本地车站调度员来在本地完成列车控制。

④AF－904 轨道电路，完成列车占用检查和向运行列车上车载 MicroCab 系统传输信号数据的功能。AF－904 轨道电路用于正线、存车线、车辆段停车场出入库线和试车线上。

⑤微电子相敏轨道电路，用于联锁区间内渡线区段的列车占用检查。

⑥车地通信系统（TWC），用于车站站台区域向车上传输控制和进路信息，并通过它将 ATC/列车状态信息传回轨旁和 OCC。

3. 车载 ATC 设备

每个车载控制系统的基本子系统和部件包括：

①ATP、ATO/TWC 子系统的电子设备机柜，包括双套冗余的 ATP 子系统和一套 ATO/TWC 子系统。

②1 个带有专用电源的操作员状态显示单元（ADU）。

③2 个 ATP（车载信号编码）接收线圈和接线盒。

④2 个独立速度传感器。

⑤1 个 TWC 天线。

驾驶员操纵台上设置有显示单元及速度表等，用于显示列车车次号、列车目的地号、列车运行等级、列车长度等信息，驾驶员操作台还有车次号和目的地号的设定开关，以及启动、停车、程序停车、跳停、慢行、超速等指示灯和其他相关的按钮。

ATP/TWC 接收线圈，设于列车第一个轮对前方，其线圈的中心线对准每根钢轨的中心，两组接收线圈串接，用于接收地面 ATP 速度信息、开门信息及 TWC 信息。

速度传感器是车轴脉冲发生器，用它来获取实际的列车运行速度和运行距离信息。一般设置两个速度传感器,分别设在车辆的不同轴和不同侧。

TWC 发送天线,安装在列车底部,第一轮轴前方,其中心对准轨道线路的中心线,通过天线将列车运行状态信息送至地面,经联锁集中站 TWC 模块将信息转送至控制中心。

此外,根据 ATC 系统不同,车辆底部沿车辆纵向中心线还可安装车载对位天线和标识器检测线圈。

车载对位天线用于接收对位停车点的地面"对位线圈"信息(有源),并向地面传送列车"已经对位"的信息,通过地面"对位线圈"和"对位模块",交换对位信息和向地面发送列车长度信息,使相应长度的站台屏蔽门开启。

离车站对位停车点的固定距离处设置标识器,标识器检测线圈位于对位天线的后方,它用于检测地面标识器信息。

列车驾驶室有一套 ATC 设备,通过接收线圈接收来自轨旁的进路地图、轨道状态、临时限速、运营调整等指令信息。列车通过或停在信标上方时,专用的初始化信标信息可以对列车位置重新定位。列车进站时,车载设备通过接收由站台定位信标发来的定位信息实现车站程序对位停车控制。

4. 中央 ATC 设备

计算机系统将采用商用硬件平台。系统具有分布式的网络结构并有冗余的服务器处理器、一个冗余的以太 LAN 网、带有图形显示和处理能力的操作员计算机,以及一个全线显示屏。

一个数据传输系统(DTS)在整个系统形成 ATC 系统的内在结构。USSI 提供的 DTS 设备是通过业主提供的分布式光缆来连接的。DTS 系统采用了容错的双环网络结构,作为所有 ATC 集中站之间的通信干线。

思考与练习

1. 简述列车自动控制系统的作用并举例说明。
2. 列车自动控制系统按照设备功能不同,可由哪几部分组成?各有什么作用?
3. 列车自动控制系统按照设备安装位置不同,可由哪几部分组成?
4. 简述 ATC 系统功能。
5. ATC 系统的结构类型有哪两种?各自有什么特点?
6. 按照闭塞制式不同,ATC 系统可分为哪几类?
7. 按照车－地信息传输连续性不同,ATC 系统可分为哪几类?
8. 按照车－地信息传输方式不同,ATC 系统可分为哪几类?
9. 举例说明我国 ATC 系统的系统组成。

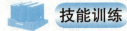

技能训练 1　列车自动控制系统认知

1. 实验目的

通过实际参观城市轨道交通控制中心、车站及轨旁等场所，了解列车自动控制系统各部分设备的组成，对列车自动控制系统有进一步的认知。

2. 实验设备

城市轨道交通车站轨旁设备及室内设备、车载 ATP 及 ATO 设备、调度中心 ATS 设备。

3. 实验内容

①车站教学：参观了解车站轨道电路及轨旁设备。

②车上教学：参观电动列车 ATP 及 ATO 设备。

③调度中心教学：参观调度中心 ATS 设备。

④将观察结果填入表 5-1-1。

⑤以小组为单位汇总观察结果，并进行汇报。

表 5-1-1　列车自动控制系统认知

序号	地点	观察结果		
		设备名称	位置/数量	作用
1	城市轨道交通车站轨旁 ATC 系统设备			
		设备名称	位置/数量	作用
2	城市轨道交通车站 ATC 系统设备			
		设备名称	位置/数量	作用
3	城市轨道交通控制中心 ATC 系统设备			

4. 注意事项

①参观过程中注意纪律，切勿妨碍线路正常运营。

②如没有允许，禁止触碰任何设备。

③安全用电。

技能训练2　ATC系统仿真软件操作

1. 实验目的

通过实验掌握ATC系统仿真软件系统的相关操作，能够完成各个仿真控制软件的启动及关闭。

2. 实验设备

城市轨道交通ATC行车调度仿真系统一套，包括多个仿真控制软件：ATS模拟系统、控制中心大屏模拟系统、车辆段模拟系统、集中站模拟系统、列车模拟系统、ZC模拟系统及数据库等。

3. 实验内容

（1）仿真系统启动及关闭

1）系统启动

①启动数据服务器，在数据服务器上启动"通信监控服务软件"。（注意：只有成功进入通信服务软件主界面后，ZC模拟系统才能登录，否则弹出登录失败信息。）

②打开和启动"ZC模拟系统"，登录成功后进入主界面。（只有ZC模拟系统登录后，其他模拟系统软件才能成功登录。）

③在调度工作站上打开和启动"ATS模拟系统"，登录成功后进入主界面。（注意：只有控制中心ATS仿真系统成功进入主界面后，"车站、主任、行调等ATS工作站软件"和控制中心"大屏模拟系统"才能成功登录。）

④在大屏工作站上打开和启动"大屏模拟系统"，登录成功后进入主界面。

⑤在驾驶模拟工作站上打开和启动"列车模拟系统"，登录成功后进入主界面。

⑥在车辆段工作站上打开和启动"车辆段模拟系统"，登录成功后进入主界面。

⑦在车站工作站上依次打开和启动相应车站的"ATS工作站软件"，登录成功后进入主界面。

2）系统关闭

在使用完毕后，退出各个模拟系统软件。

①在每个工作站上的登录界面上通过单击"关闭"按钮，则关闭该工作站上运行的软件。列车模拟系统登录后，只能通过退出ZC模拟系统来正常退出。

②当"ZC模拟系统"通过主界面中的"关闭"按钮退出到登录界面时，其他所有工作站上运行的模拟系统软件均退回到登录界面。

③当"ATS模拟系统"软件通过主界面中的"关闭"按钮退出到登录界面时，其他所有工作站上运行的"ATS工作站软件"退回到登录界面，包括车站、调度主任、行调ATS模拟系统及大屏模拟系统。

（2）通信监控服务软件启动与退出

通信监控服务软件安装于数据库服务器，桌面有快捷方式（如图5-1-10所示），运行该程序前，必须将加密狗插入数据库服务器的USB接口，否则会提示错误信息。

1）启动

双击桌面上的快捷方式图标，如果加密狗可用，则进入通信监控程序。

图 5-1-10　通信监控服务软件桌面快捷方式

2）最小化与恢复显示

在程序的界面上单击"最小化"按钮图标，程序最小化到系统托盘；左键双击系统托盘上的"通信监控服务程序"图标，程序显示界面。

3）退出

右键单击系统托盘上的通信监控服务程序图标，在弹出菜单中选择"退出"，则退出运行通信监控服务程序；在程序界面上单击"关闭"按钮图标，也退出通信监控服务程序。

(3) 模拟系统启动与退出

1）启动操作

①单击桌面的"ATCSim 快捷方式"，则弹出系统登录界面（图 5-1-11）。

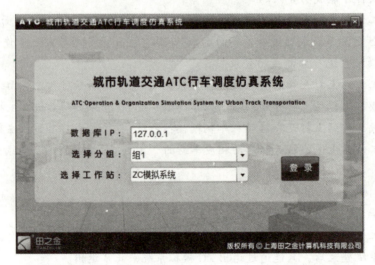

图 5-1-11　通信监控服务软件桌面快捷方式

②输入正确的数据库服务器的 IP 地址，选择其中一个组别，在选择工作站组合框中选择"ZC 模拟系统"，单击"登录"按钮。如果输入的 IP 地址正确，且所选的组别的 ZC 模拟系统尚未登录，则成功登录所选组别的 ZC 模拟系统，出现 ZC 模拟系统的主界面，图 5-1-12 所示。

2）退出操作

在"ZC 模拟系统"主界面的标题栏上单击"×"按钮图标，则退出 ZC 模拟系统，回到系统登录界面。此时该组已登录的其他软件均退回到登录界面。

(4) 列车模拟系统启动与退出

1）启动操作

第五章 列车自动控制系统

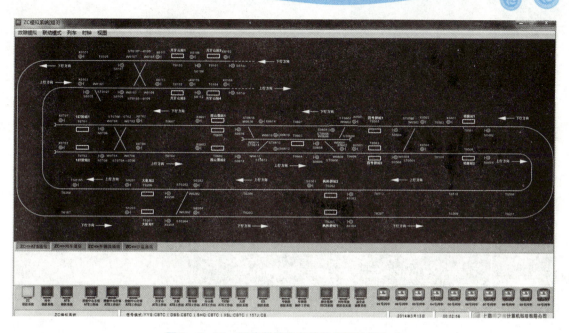

图 5-1-12 通信监控服务软件桌面快捷方式

①单击桌面的"ATCSim 快捷方式",则弹出系统登录界面(图 5-1-13)。

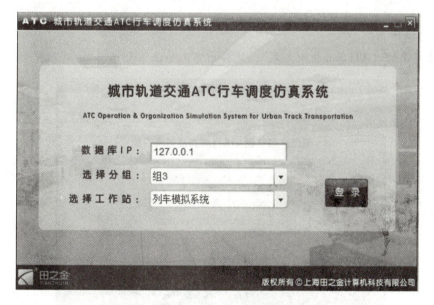

图 5-1-13 列车模拟系统登录界面

②输入正确的数据库服务器的 IP 地址,选择其中一个组别,在选择工作站组合框中选择"列车模拟系统",单击"登录"按钮。如果输入的 IP 地址正确,且所选的组别的 ZC 模拟系统已登录,则成功登录所选组别的列车模拟系统,出现列车模拟系统的主界面(图 5-1-14)。

2)退出操作

201

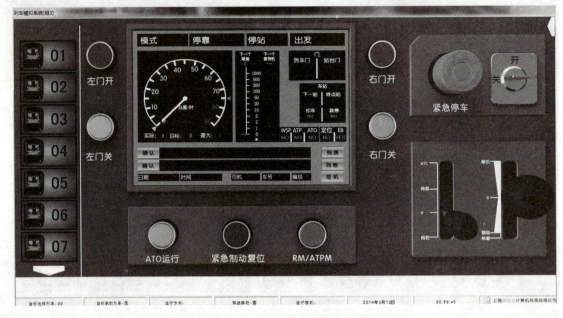

图 5-1-14　列车模拟系统主界面

登录列车模拟系统后，只能通过退出 ZC 模拟系统来正常退出。

（5）大屏模拟系统启动与退出

1）启动操作

①单击桌面的"ATCSim 快捷方式"，则弹出系统登录界面（图 5-1-15）。

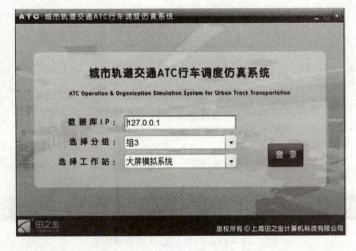

图 5-1-15　大屏模拟系统登录界面

②输入正确的数据库服务器的 IP 地址，选择其中一个组别，在选择工作站组合框中选择"大屏模拟系统"，单击"登录"按钮。如果输入的 IP 地址正确，且所选的组别的 ATS 模拟系统已登录，则成功登录所选组别的大屏模拟系统，出现相应大屏模拟系统的主界面（图 5-1-16）。

2）退出操作

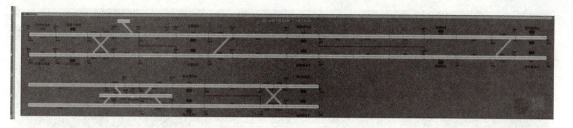

图 5-1-16　大屏模拟系统主界面

①方式 1：在"大屏模拟系统"主界面的标题栏上单击"×"按钮图标，则退出大屏模拟系统，回到系统登录界面。

②方式 2：退出 ATS 模拟系统后，大屏模拟系统随之退回到登录界面。

③方式 3：退出 ZC 模拟系统后，ATS 模拟系统随之退回到登录界面，大屏模拟系统也随之退回到登录界面。

（6）车辆段模拟系统启动与退出

1）启动操作

①单击桌面的"ATCSim 快捷方式"，则弹出系统登录界面（图 5-1-17）。

图 5-1-17　车辆段模拟系统登录界面

②输入正确的数据库服务器的 IP 地址，选择其中一个组别，在"选择工作站"组合框中选择"车辆段模拟系统"，单击"登录"按钮。如果输入的 IP 地址正确，且所选的组别的 ZC 模拟系统已登录，则成功登录所选组别的车辆段模拟系统，出现相应主界面（图 5-1-18）。

2）退出操作

退出 ZC 模拟系统后，车辆段模拟系统随之退回到登录界面。

4. 注意事项

①在系统运行过程中，请不要随意退出任何终端，以免引起系统运行出错；

②严格按照操作说明完成操作。

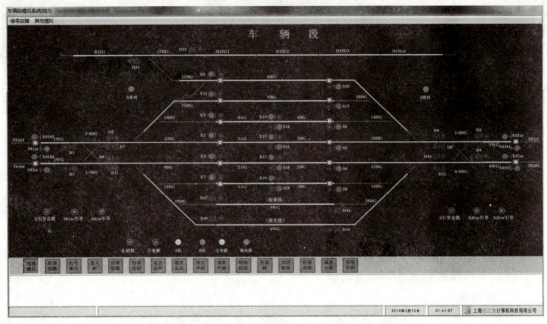

图 5-1-18　车辆段模拟系统主界面

第二节　ATP 系统

 任务导入

ATP 系统是保证行车安全、防止列车进入前方列车占用区段和防止超速运行的设备。ATP 负责全部的列车运行保护，是列车安全运行的保障。

 学习要点

知识目标

1. 掌握 ATP 系统的概念及作用；
2. 掌握 ATP 系统的设备组成；
3. 了解 ATP 系统的主要功能；
4. 掌握 ATP 系统的基本工作原理；

5. 了解 ATP 系统的应用实例。

技能目标

1. 能够认识 ATP 系统的车载设备及轨旁设备；
2. 能正确识读 ATP 系统轨旁设备结构图；
3. 能够完成 ATP 车载设备的相关操作；
4. 能完成车载 ATP 设备的拆装及端子检测。

相关案例

2010 年 3 月 23 日，D2004 次列车自琉璃河上行进站处触发紧急制动停车。经调查分析，事故发生原因为当动车组运行至琉璃河站上行进站信号机处时，由于地面应答器传输丢包，导致 ATP 车载设备移动授权终点突然缩短，由此使得列车速度控制曲线产生突变，触发了紧急制动。

结构框图

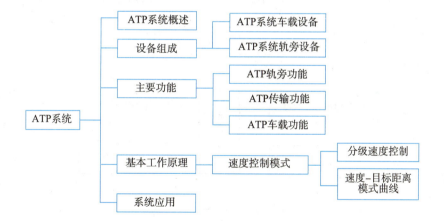

5.2.1 ATP 系统概述

ATP 即列车运行超速防护或列车运行速度监督。ATP 系统的功能是对列车运行进行超速防护，对与安全有关的设备实行监控，实现列车位置检测，保证列车间的安全间隔，保证列车在安全速度下运行，完成信号显示，故障报警，降级提示，列车参数和线路参数的输入，与 ATS、ATO 及车辆系统接口并进行信息交换。

ATP 系统不断将来自联锁设备和操作层面上的信息、线路信息、前方目标点的距离和允许速度信息等从地面通过轨道电路等传至车上，从而由车载设备计算得到当前所允许的速度，或由行车指挥中心计算出目标速度传至车上，由车载设备测得实际运行速度，依此来对列车速度实行监督，使之始终在安全速度下运行。当列车速度超过 ATP 装置所指示的速度时，ATP 车上的设备就发出制动命令，使列车自动地制动；当列车速度降至 ATP 所指示的速度以下时，可自动缓解，而运行操作仍由司机完成。这样，可缩短列车运行间隔，可靠地保证列车不超速、不冒进。

如果没有ATP系统，列车的行车安全需要由列车驾驶员人工来保障，这样会造成列车驾驶员过度疲劳，产生安全隐患，为行车作业效率带来负面影响。因此，在城市轨道交通中，尤其是在运营作业繁忙的线路上，信号系统中设置列车自动防护系统是非常必要的，它是行车作业的安全保障和体现。

ATP是ATC的基本环节，是安全系统，必须符合故障—安全原则。

5.2.2 ATP系统设备组成

ATP系统主要由三部分组成，即用以实现控制列车运行的车载设备、用以产生控制信息的轨旁设备，以及轨旁与车载两方互通信息的中间传输通道。ATS系统负责监督和控制ATP系统，联锁系统和轨道空闲检测装置为ATP提供基层的安全信息，列车是ATP的控制对象。

下面主要介绍ATP车载设备和ATP轨旁设备。

1. ATP系统车载设备

ATP系统的车载设备主要包括由车载主机、驾驶员状态显示单元、速度传感器、列车地面信号接收器、列车接口电路、电源和辅助设备等，如图5-2-1所示。其主要任务为完成命令解码、速度探测、超速下的强制执行、特征显示、车门操作等。

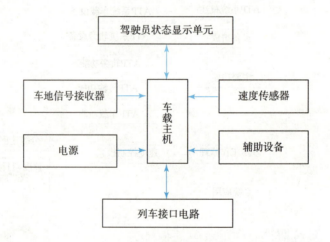

图5-2-1 ATP系统车载设备

（1）车载主机

ATP系统的车载主机由各种印制电路板、输入/输出接口板、安全继电器和电源等设备组成。这些设备分层放在机柜中，各板之间利用机柜上的总线进行通话。

（2）驾驶员状态显示单元

状态显示单元是车载系统与列车驾驶员之间的人机界面，可以显示列车当前运行速度、列车到达某点的目标速度、列车到达某点的走行距离、列车的驾驶模式和有关设备的运行状况等与行车直接相关的信息。其面板或触摸屏上的主要内容一般包括操作按钮部分、信息显示部分、指示灯和报警器，如图5-2-2所示。

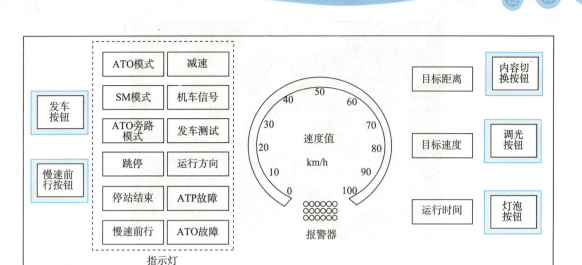

图 5-2-2 面板状态显示单元

状态显示单元的按钮部分一般包括发车按钮、慢速前行按钮、内容切换按钮、调光按钮和灯泡按钮等；信息显示部分可以实现速度、目标速度、目标距离及时间的显示；指示灯部分用来表示列车的运行状态；报警器则是在列车运行过程中出现超速行驶、设备故障或参数变化等情况时，向列车驾驶员发出报警，提醒驾驶员注意。图 5-2-3 及图 5-2-4 所示为英维思公司及西门子公司的 ATP 系统司机界面。

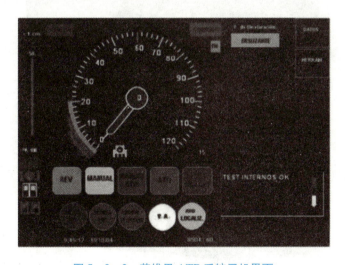

图 5-2-3 英维思 ATP 系统司机界面

（3）速度传感器

列控系统通常在列车上装有两个速度传感器，安装在列车的车轴上，用于测量列车的运行速度、列车运行距离及列车运行方向的判定。图 5-2-5 所示为阿尔斯通 Urbalis 速度传感器。列车的运行速度，也有用多普勒雷达进行测定的，但速度传感器技术成熟，测速精度高，安装使用简单方便，因此被广泛使用。图 5-2-6 所示为 Faiveley 多普勒雷达。

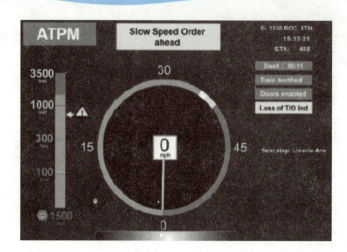

图 5-2-4　西门子 ATP 系统司机界面

图 5-2-5　阿尔斯通 Urbalis 速度传感器

图 5-2-6　Faiveley 多普勒雷达

（4）列车地面信号接收器

列车地面信号接收器安装在列车底部，用于接收从轨道上传来的信息，这些信息可以由地面轨道电路发送，或由安装在地面的信号设备如应答器发送给列车。列车地面信号接收器根据所接收的信息格式、容量和处理速度等因素，可以设计为感应天线或其他形式，以保证列车在一定的运行速度下能及时接收和处理所收到的信息。如图5-2-7所示的车载应答器天线及图5-2-8所示的车载无线通信天线等。

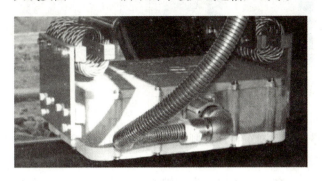

图5-2-7 车载应答器天线

图5-2-8 车载无线通信天线

列车地面信号接收器的性能要求：抗机械冲击能力强、有很好的抗电磁干扰能力、信息接收误码率低、不丢失信息等。

（5）列车接口电路

ATP系统的车载设备通过车载主机与列车进行连接，车载主机将控制信息通过接口电路传送给列车，同时，车载主机通过接口电路获得列车运行的状态信息。

（6）电源和辅助设备

列车为ATP系统车设备提供所需的电源，列车上还有列车运行模式选择开关、各种电源开关和其他一些辅助设备等。

2. ATP系统轨旁设备

一般情况下，起到保证行车安全的ATP系统核心设备安装在列车上，但是其所需要的相关信息都来自轨旁设备。根据城市轨道交通信号系统的不同制式，列车自动防护系统轨旁设备可以设置点式应答器、轨道电路或计轴器，向列车传递有关信息，由安装在列车上的设备接收和处理这些信息。

（1）点式应答器

通常会在线路上间隔一定的固定距离设置点式应答器，存储线路中有关列车运行的信息。在列车经过时，由安装在列车车底的查询器感应接收、读取信息，由车载主机对这些信息进行综合分析处理。

点式应答器中所包含的信息，包括有线路位置、列车运行距离、基本线路参数、速度限制等，这些信息固化在应答器中，应答器可分为有源应答器和无源应答器。有源应答器向线路发送实时信息，由列车接收，可以根据需要对应答器内的数据进行更新；无源应答器，只有在列车经过时，由列车从应答器中读取事先存入的固定数据。

点式应答器安装在正线线路上，其调试方法及安装工艺相对简单，性价比较高，因此应用比较广泛，如图5-2-9所示。

（2）轨道电路和计轴器

轨道电路除了具有表示列车是否占用轨道的功能外，还可以向线路上实时发送列车运营所需的信息，由列车接收和处理，如图5-2-10所示。轨道电路所发送的信息，其容量大，

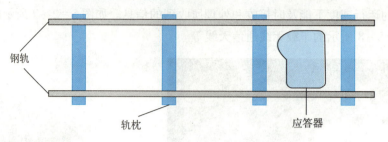

图 5-2-9　点式应答器

有利于列车的车载系统对列车进行实时控制。在列车自动控制系统中，轨道电路所发送的信息一般包括轨道电路基本信息、线路速度、目标速度、运行距离、列车运行方向、载波频率、道岔定反位、列车停站信号及备用信息位等。轨道电路发送端将这些信息进行数字编码后生成报文，并将这些报文上传至车载设备，而车载 ATP 设备将报文进行解码并实时处理，实时控制列车运行状态。

图 5-2-10　轨道电路

现在使用较广泛的是计轴器，它同样具有检查区段占用与空闲的功能，并且不受轨道线路道床状态等影响，如图 5-2-11 所示。

图 5-2-11　计轴器

5.2.3 ATP 系统主要功能

为了保证列车的行车安全，ATP 系统应具有下列主要功能：检测列车位置、停车点防护、超速防护、列车间隔控制（移动闭塞时）、临时限速、测速测距、车门控制、记录司机操作等。以数字轨道电路方式的 ATP 系统为例，根据信息传输及处理过程，ATP 系统功能可分为 ATP 轨旁功能、ATP 传输功能及 ATP 车载功能。

1. ATP 轨旁功能

ATP 系统轨旁功能一般可以分为列车安全间隔确定功能和报文生成功能。

（1）列车安全间隔确定功能

列车安全间隔功能负责保持列车之间的最小安全距离，还负责发出运行授权。只有在进路已经排列时，联锁功能中才发出列车运行授权，准许列车进入进路。当前方列车仍在进路中时，可为后续列车再次排列进路。

由 ATP 轨旁功能发出的运行授权根据相应的安全停车点的选择和激活而定。这些安全停车点的选定依赖于进路内轨道区段的状态；安全停车点的位置在信号系统的设计中确定，这方面的信息保存在 ATP 轨旁设备中。位置的选定是为了在各安全停车点以外提供一安全的距离。在列车控制中，安全距离提供了差错的限度。这样，在 ATP 监督下，列车绝对不可能发生通过危险点的情况。

（2）报文生成功能

ATP 系统依据轨旁功能接收请求，完成整理数据、准备和格式化要传送到 ATP 车载设备的报文，并决定传输方向。这样，生成经由每个轨道区段传输的报文，然后向车载设备发出报文。传输的报文总是与受 ATP 控制的接近列车运行相反的方向馈入轨道电路。

列车进入一段轨道区段后，立刻会生成一连串专门报文。除其他信息以外，报文还提供列车进入该区段的时间，且这个信息必须与距离同步。这些报文由轨道区段的状态变化而引发，并持续数秒时间。

整理完所需数据，准备完成报文之后，就会将报文转换为 ATP 车载设备要求的一种格式。报文转换采用了必要的编码保护协议，它确保 ATP 车载设备能检测到报文的错误。报文一旦完成格式化，就被传送到 ATP 传输系统。

2. ATP 传输功能

ATP 负责发出报文信号，包括报文和 ATP 车载设备所需要的其他数据。

音频轨道电路电流以二进制编码顺序调制。当音频轨道电路显示轨道区段空闲，二进制编码顺序为音频轨道电路设备内预设的顺序；当音频轨道电路显示轨道区段占用，二进制编码顺序为 ATP 报文产生功能生成相应的报文，对于每个占用的音频轨道电路产生单独的报文。

就地对车传输而言，音频轨道电路电流必须由轨道区段末端，迎着列车运行的方向注入，如图 5-2-12 所示。对双向运行的线路，送电点及传输方向必须根据列车的运行方向转换。转换传输方向所需的信号由 ATP 轨旁功能中的报文发生功能发出。

ATP 传输功能的输入是来自 ATP 轨旁功能的要传输的报文和相应选择传输方向的控制信号。

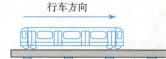

图 5-2-12　ATP 传输报文方向

ATP 传输功能的输出：感应信号沿着整个轨道区段连续地传输信息；信号利用钢轨作为传输天线，以合适的传输方向发出，且只包括报文数据。感应信号利用同步定位环线作为传输天线传输间歇的信号，这个信号提供本地再同步的精确位置信息。这些感应信号共享一个共同的传输媒体（即轨道同列车之间的空隙），因此它形成了一个在 ATP 车载设备内接收的单一信号组合。

3. ATP 车载功能

ATP 车载功能负责列车安全运行，并提供信号系统和司机间的接口。车载功能由下列子功能组成：ATP 命令解码、ATP 监督功能、ATP 服务/自诊断功能、ATP 状态功能、速度/距离功能，以及司机人机接口（MMI）功能。

（1）ATP 命令解码

轨旁音频轨道电路将格式化的数据传送到车上，车载 ATP 设备要将报文编码，以实现各种 ATP 功能。

（2）ATP 监督功能

ATP 监督负责保证列车运行的安全。各监督功能管理列车安全的一个方面，并在它自己的权限内产生紧急制动；所有的监督功能，在信号系统范围内提供了最大可能的列车防护。各种功能之间的操作是独立的，且同时进行。

ATP 监督包括：速度监督、方向监督、车门监督、紧急制动监督、后退监督、报文监督、设备监督等。

1）速度监督功能

速度监督功能是超速防护的基础，是最重要的功能。它由 7 个速度监督子功能组成，每个子功能选定一个专用的以速度为基准的安全标准。各标准即为一个速度限制，这个限制速度可以是固定的，也可以根据列车的位置连续改变或阶梯式改变。如果实际列车速度超过允许速度加上一个速度偏差值时，列车实施紧急制动。该偏差值可以根据安全标准进行修改，在系统设计时确定。各种速度偏差值选定后，在 ATP 车载单元中编程。

其 7 个速度监督子功能包括：RM 速度监督、最大列车允许速度的监督、停车点的监督、限制速度起始点的监督、进入速度监督、线路允许速度的监督等。

速度监督功能的输入包括：车载速度/距离功能中的列车现行速度和位置信息；速度监督功能的输出包括：向司机人机接口功能提供（通过列车总线）最大允许速度和列车速度警告；向列车制动系统提供紧急制动命令；向服务/自诊断功能提供列车数据状态信息、处理和记录数据（包括紧急制动的使用）及出错的信息。

2）方向监督功能

方向监督功能的作用是监督列车在"反方向"运行中的任何移动，如果此方向的移动距离超过规定值，那么就会实施紧急制动。"反方向"运行移动距离的监督是累计完成的，以便无论是单一的移动还是在几个短距离移动中交替地被"前行"的短距离移动中断。

在 SM、ATO 和 AR 模式中，必须连续具备方向监督功能；如果列车正在运行，那么 RM 模式中也可以使用方向监督功能。

方向监督功能启动时，在驾驶控制中不考虑选用的方向（"前行""反向"或"中间位置"），不论移动是由牵引动力引起的，还是在无动力时由斜坡的滑动造成的，不论移动是故意的，还是偶然的。如果列车"反方向"运行，列车的后部可能通过保护列车的危险点；那么，列车运行将占用为下一列车提供安全距离的轨道区段，驾驶方向的监督是限制这种占用的扩展。在定义一个安全距离时，会考虑最大占用距离，因此，任何反方向驾驶中剩余的移动不会对安全造成威胁。

定义安全距离时，考虑到当列车在坡度较大的上坡道启动时，允许列车稍微向后滑动一点；如果列车超过正确的停车位置，允许司机向反方向实施短距离移动。

方向监督功能的输出在列车制动系统中使用紧急制动实施命令，并实施记录数据。

3）车门监督功能

如果检测到列车在移动，而车门没有锁在关闭状态，车门监督功能就会实施紧急制动。除了被抑制，车门监督功能在所有驾驶模式中都有效。

如果列车移动超过一定的距离（例如 0.3 m），或者当列车以超过特定速度的速度（例如 "ATP 零速度"）运行，当从车门接点没有接收到"全部车门关闭"信号时，列车实施紧急制动。作为选择，当列车速度大于某特定值（例如 5 km/h）时，禁止实施车门监督，这是为了避免假紧急制动的执行，这个假紧急制动可能是由车门接点的断续操作（振动）引起的，在紧急情况下，当列车停稳，司机按压紧急车门按钮阻止了车门监督功能，这使得在车门接点故障时，也可以移动列车。当车门监督功能以这种方式被抑制时，司机必须完全负责并保证在随后运行阶段乘客的安全。当从车门接点再次接收到"全部车门关闭"信号时，车门监督功能自动恢复。

4）紧急制动监督功能

紧急制动监督功能保证接收到紧急制动报文时，在最短距离内停车。在 SM、ATO 和 AR 模式中，紧急制动监督功能连续有效，在 RM 模式中无效。在站台按下紧急停车按钮时，紧急停车命令会立即生成。

紧急制动发生在超过最大允许速度值（加上规定的误差）时，或者按压位于车站的紧急按钮时。紧急制动保存在故障存储器中，借助服务与诊断计算机可以得到记录的数据。

5）后退监督功能

后退监督功能防止列车后退时超过某特定的距离（列车后退距离的累加减去几次短暂前行的距离（3 m））。假如超过此距离，列车将通过 ATP 实施紧急制动，确保列车不后退。

6）报文监督功能

持续超过规定时间（如 3 s），或在此期间列车运行超过一规定距离（一般为 10 m），报文监督功能会触发一个紧急制动。这个功能在 SM、ATO 和 AR 模式中有效，但在 RM 模式中不起作用。

报文监督功能的输入是从车载速度/距离功能中得到的列车现在的位置、从 ATP 传输功能产生的报文。

报文监督功能的输出是发给列车制动系统的紧急制动实施命令、发给服务/诊断功能的紧急制动实施记录数据。

7) 设备监督功能

设备监督功能是用来监控 ATP 车载设备的正常工作，确保设备故障时的安全。列车不经检查是不允许运行的。一旦 ATP 车载设备被检测出故障，就会启动紧急制动，直到列车停下来。此时司机使用故障开关强制关闭 ATP 功能，然后按照控制中心的指挥人工驾驶列车。

（3）ATP 服务/自诊断功能

负责采集、存储、记录、调用列车数据、状态信息，为 ATP 监督提供服务，完成 ATP 车载设备的自诊断。

（4）ATP 状态功能

负责根据主要情况选定正确的状态和模式。

在列车有电的情况下，ATP 车载单元可能处于三种状态中的一种：激活的、待用的、备用的。在 ATP 车载单元负责监督列车时，使用激活状态；当 ATP 车载单元不负责监督列车时，使用等待状态；在列车得到电源但没有插入钥匙的情况下，即刻出现待用状态。备用状态只是暂时的状态，当钥匙插入任何一列车的驾驶室时，立即执行启动自检测，完成后更换为激活或待用状态。

（5）车门释放功能

车门释放功能保证当显示安全时允许打开车门，在所有的信号模式中可以连续使用此功能。在满足下列条件时，可得到车门释放指令：列车已停在非安全停车点的预期停车窗内；非安全停车点对应于列车长度；ATP 车载单元接收到许可打开车门的报文。

根据站台的布置，车门释放可以在列车的任意一侧或两侧。

（6）速度/距离功能

速度/距离功能基于测速单元的输入，负责测定列车的运行速度、运行距离和运行方向。对于采用数字音频轨道电路的 ATC 系统，距离是根据各轨道电路的始端来测量的，并通过使用测速单元的输入和固定数据（车轮直径）来确定。计算距离准许车轮直径、脉冲发生和车轮黏着/打滑而造成的误差。

速度/距离功能接收测速单元的输入，将当前读数的脉冲计数与先前读数和部分计算出的运行距离进行比较。这些部分距离被累加后提供一个确切的运行距离。通过对时间间隔距离部分的累加，测速功能可以确定列车的实际运行速度。在系统设计中，根据要求可提供更高的速度灵敏度，累加距离部分的时间间隔是可设置的。

通过测速单元输入端提供一个渐增或渐减的脉冲计数，这个脉冲计数是测速单元根据列车移动的方向给出的。通过对当前读数与先前读数的比较，速度/距离功能可以确定列车的运行方向。

速度距离功能输入：从测速单元获得读数，从安全数据入口功能中获得车轮直径数据。

速度/距离功能的输出通过列车总线用于其他 ATP 车载功能、ATO 功能和司机人机接口功能中。

（7）距离同步化功能

接收到 ATP 轨旁功能的同步化信息。距离同步化功能就通过计算在报文中消逝时间内列车运行的部分距离来计算列车前方的位置。计算包括列车前方位置相对于第一个轮轴的调整、检测报文中延误的偏离值。

距离同步化功能的输出通过列车总线送至其他 ATP 车载子功能和 ATO、司机人机接口功能中。

（8）本地再同步化功能

对于列车位置的高精度停车，要求 ATP 系统提供本地再同步化功能（例如停车窗和车门释放监督），这是通过使用预定的同步基准点（同步定位环线的交叉点）实现的。由列车检测的同步基准点，预计位于列车已知的距离窗内，并假定列车距离的测量误差在规定限制范围以内。一旦达到第一个同步基准点，就会精确地知道列车的位置。在某种程度上，交叉模式的选定是由于停车点已足够地接近交叉点，因而达到了所需的精度。

本地再同步功能的输入来自报文接收/同步定位环线检测功能的同步定位环线检测。

本地再同步功能的输出提供当前音频轨道电路内再同步当前位置，使得至其他 ATP 车载子功能和 ATO 功能成为可能。

（9）报文接收/同步定位环线检测功能

报文接收/同步定位环线检测功能的一个作用是从 ATP 轨旁功能接收、解码报文信号。

通过安装在前方列车驾驶室底部的接收天线接收报文。当车载单元一打开，此功能对各有效传输频率进行搜索，直到它识别出基于接收信号幅值的、当前列车所在的音频轨道电路使用的频率。一旦该频率形成且接收到报文，下一音频轨道电路的音频就会从报文数据中确定。

（10）司机人机接口（MMI）功能

MMI 提供信号系统与司机的接口。借助于 MMI，司机可以按照 ATP 系统的指示运行。MMI 向司机显示实际速度、最大允许速度，以及 ATP 设备的运行状态。另外，显示列车运行时产生的重要故障信息，在某些情况伴有音响警报（例如超过了最大允许速度）。显示信息的类型和范围取决于设备的操作规程和 ATP 设备的配置。

司机人机接口功能包括司机显示功能、音响报警功能和司机外部接口。

（11）折返/改换驾驶室功能

在列车进行折返的情况下，要求司机改换驾驶室。

ATP 车载设备必须考虑到使用不同的驾驶操作台，保存有关相对轨旁位置、列车前部和后部的信息。改换驾驶室引起列车前部和后部的互换，ATP 车载设备必须相应地调整位置信息。折返发生故障，会导致司机改换驾驶室并且打开在列车前头的驾驶操作台时，ATP 设备不能进入 SM 模式。

列车停稳后，ATP 车载设备收到要求折返报文以后自动生成 AR 模式。此类报文可通过 ATS 功能发出的命令给出，也可当列车进入在全部列车需要折返地点的相应轨道区段时自动生成。

5.2.4 ATP 系统基本工作原理

1. 列车检测

可用轨道电路、计轴器、无线 IP 等设备完成线路上列车的位置检测。比如，采用轨道电路等作为列车检测设备，当轨道电路区段空闲时，发送轨道电路检测电码，此时轨道电路的功能是检测是否空闲，检测结果送往联锁装置。

2. 列车自动限速

连续式 ATP 系统利用数字音频轨道电路，向列车连续地发送数据，允许连续监督和控制列车运行。对于 ATP 系统，在轨旁无须其他传输设备。

ATP 轨旁单元从联锁和轨道空闲检测系统获得驾驶指令，形成计划数据后传输至 ATP 车载设备。驾驶指令主要包括目标坐标（目标速度和目标距离）、最大允许线路速度和线路坡度。ATP 设备通过此数据计算现有位置的列车允许速度，驾驶列车所需的数据经由司机室显示器指示给司机。

ATP 系统列车自动限速原理如图 5-2-13 所示。实际的列车速度和驶过的距离由测速装置连续进行测量。ATP 车载设备列车实际速度与列车允许速度进行比较，当列车速度超过列车允许速度时，ATP 的车载设备就发出制动命令，发出报警后控制列车进行常用全制动或实施紧急制动，使列车自动地制动；当列车速度降至 ATP 所指示的速度以下时，便自动缓解，而运行操作仍由司机完成。

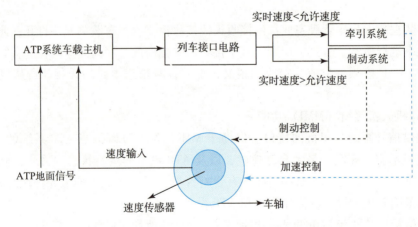

图 5-2-13 ATP 自动限速

ATP 不仅可用来保证列车之间的运行安全，还用于受线路条件、通过道岔、慢行区间等限制而需要限速的区段。因此，限速等级是根据后续列车和先行列车之间的距离、线路条件等来决定的。ATP 可对列车运行速度进行分级或连续监督。

3. 目标速度和目标距离

轨旁设备向在其控制范围内的列车分配一个"目标距离"，再由轨道电路生成代码，通知列车前方有多少个未占用的区段，接着，车载 ATP 车载设备调用存储器里的信息，决定在列车任何时刻列车的运行速度和可以运行的最远距离，确保在抵达障碍物或限制区之前安全停车。目标距离原理如图 5-2-14 所示。

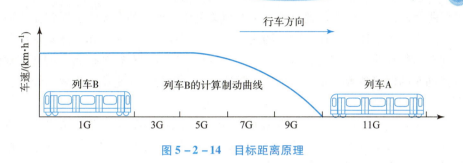

图 5-2-14　目标距离原理

图 5-2-14 中，编码仅表示列车 B 前方未被占用的轨道电路的数目。列车 B 所在的区段标记为 4+，这代表在到达阻碍或限制区之前，前方有 4 个空闲的轨道区段。列车 B 可获需其精确的位置，这一信息与保存在 ATP 和 ATO 设备存储器中的线路图数据相结合，可推算出列车的最大安全距离或目标距离。这样，列车 B 就能安全地进入列车所占用的轨道区段后方的空闲轨道区段。

列车除了必须遵循通过轨道传来的指示目标距离的编码外，在线路的某些区域，由于某种特殊情况或临时性原因，如轨道临时性作业等，还有一些速度限制要求。ATP 充分考虑到各种限速条件，选择最严格的条件来执行。

4. 制动模式

列车制动控制模式分为分级制动模式和一级制动模式。

(1) 分级制动

分级制动是以闭塞分区为单元，根据与前行列车的运行距离来调整列车速度，各闭塞分区采用不同的低频频率调制，指示不同的速度等级，在此基础上确定限速值。分级制动模型又分为阶梯型和曲线型。

(2) 一级制动

一级制动是按目标距离制动的。根据距前行列车的距离或距运行前方停车站的距离，由控制中心根据目标距离、列车参数和线路参数计算出列车制动模式曲线，或由车载计算机予以计算，按制动模式曲线控制列车运行。信息传输有数字编码轨道电路传输和无线传输两种方式。无论何种方式，传输的信息必须包括线路允许速度、目标速度、目标距离。一级制动方式能合理地控制列车运行速度，是列车自动控制技术的发展方向。移动闭塞制式的 ATC 通常采用一级制动模式。

5. 测速与测距

确定车辆速度和位置是车载设备关键、重要的功能。

(1) 测速

列车运行速度的测量非常重要，列车实际运行速度是速度控制的依据，该速度值的准确和精度直接影响调速效果。

测速有车载设备自测和系统测量两种方法。车载设备自测有测速发电动机、路程脉冲发生器、光电式传感器和霍尔式脉冲转速传感器等，它们安装在无动力车辆的轮轴上。系统测量有卫星测速和雷达测速等方法。

(2) 测距

在目标距离模式中，列车位置对于安全性至关重要。如果列车无法掌握它在线路中的准确位置，那么它就无法保证在抵达障碍物或限制区之前停下或减速。如何测量距停车点的精确距离是列车运行超速防护系统的重要任务。通过连续确定列车行驶距离，ATP车载设备可以随时查找列车的精确位置。距离信息以音频轨道电路的分界来定位，当列车经过轨道电路的分界时，距离测量被同步。

测距是通过测速与轮径完成的，距离测量系统记录车轮旋转的次数，考虑运行方向和车轮直径，计算出列车走行的距离。距离测量系统利用两个速度传感器测得的数据，通过两个通道进行比较。如果结果不一致，为可靠起见，取其中的最大值。

6. 速度限制

（1）速度限制

城市轨道交通中，列车在轨道线路上行驶时，受轨道线路弯道、坡道、列车自身构造及运营需求等因素的影响，列车只能在规定的速度范围内运行。如果列车运行速度比规定的最大速度值高，则会危及列车的行车安全，导致列车相撞、出轨或颠覆等事故的发生。为确保列车行车安全，列车必须在所规定的速度范围内运行，以防止安全事故的发生。

速度限制分为固定限速、临时限速、在道岔或道岔前方的限速、具有短时安全轨道停车点的限速。

（2）速度控制模式

城市轨道交通中，对列车运行的控制不仅需要掌握列车运行的即时速度信息，还需要结合从地面设备、前行列车获得的信息和控制中心的命令，科学合理地控制列车的速度，确保在安全的前提下实现最小列车运行间隔。

从列车速度控制的方式，可以将速度控制模式分为两种：分级速度控制和速度－目标距离模式曲线控制。

1）分级速度控制

分级速度控制是以一个闭塞分区为单位，每个闭塞分区设计一个目标速度，无论列车在该闭塞分区中什么位置，都需要根据限定的速度判定列车是否超速。分级速度控制系统的列车追踪间隔主要与闭塞分区的划分、列车的性能和速度有关，而闭塞分区的长度是以最坏性能的列车为依据并结合线路参数来确定的。分级速度控制又可分为阶梯式和分段曲线式两种。

①阶梯式分级速度控制。

阶梯式分级速度控制方式不需要距离信息，只要在停车信号与最高速度间增加若干中间速度信号，即可实现，因此需要传输信息量较少，设备相对比较简单，又可分为超前式和滞后式。一个闭塞分区的进入速度称为入口速度，驶离速度称为出口速度。

超前速度控制方式，又称为出口速度控制方式，事先给出各闭塞分区列车的出口速度值，控制列车行驶至在该闭塞分区出口前不得超过该出口速度值。该速度控制方式采用设备控制优先的方法，即列车驶出每个闭塞分区前，必须将超前速度降至出口限制速度控制线以下，否则设备就会自动启动制动，所以超前对出口速度进行了控制，不会冒出闭塞分区。如图5－2－15所示。

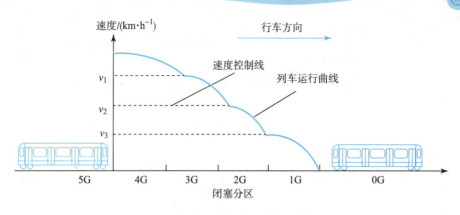

图 5-2-15　超前速度控制方式

滞后速度控制方式，又称为入口速度控制方式，事先给出列车进入某闭塞分区的速度值，监控列车在本闭塞分区运行的速度不得超过给定的入口速度值，采取人控优先的方法，在每个闭塞分区列车速度只要不超过给定的入口速度值，就不会触碰滞后式速度控制线。但是考虑到一旦列车失控，在本闭塞分区的出口，即下一闭塞分区入口处的速度超过了给定的入口速度值，碰撞了滞后式速度控制线，即所谓的撞墙，此时触发设备自动引发制动，列车必然会越过第一红灯进入下一闭塞分区，因此有必要增加一个闭塞分区作为安全防护区段，俗称双红灯防护。如图 5-2-16 所示。

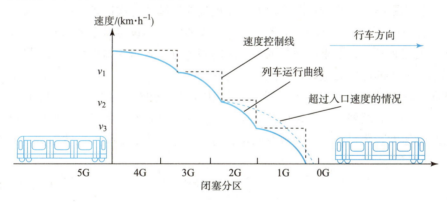

图 5-2-16　滞后速度控制方式示意图

②曲线式分级速度控制。

曲线式分级速度控制要求每个闭塞分区入口速度和出口速度用曲线连接起来，形成一段连续的控制曲线。曲线控制方式和阶梯控制方式一样，每一个闭塞分区只给定一个目标速度。控制曲线把闭塞分区允许速度的变化连续起来，如图 5-2-17 所示。从最高速至零速的列车控制减速线为分段曲线组成的一条不连贯的曲线组合，列车实际减速运行线只要在控制线以下就可以了，万一超速碰撞了速度控制线，设备自动引发制动。因为速度控制是连续的，所以不会超速太多，紧急制动的停车点不会冒出闭塞分区，可以不增加一个闭塞分区作为安全防护区段，设计时当然要考虑留有适当的安全距离。

列车控制设备给出的分段的制动速度控制曲线是根据每一个闭塞分区的线路参数和列车自身的性能计算而定的。闭塞分区的线路参数可以通过地对车信息实施传输，也可以事先在

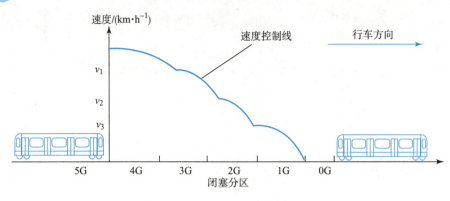

图 5-2-17 曲线式分级速度控制

车载信号设备中存储,通过核对取得。地面设备传送给车载设备的信息是下一个闭塞分区的速度、距离和线路条件数据,没有提供至目标点的全部数据,所以系统生成的数据是分级连续制动模式曲线。因为制动速度控制曲线是分段给出的,每次只需一个闭塞分区线路参数。

分段曲线式分级速度控制的一般制动速度控制曲线是不连贯和不光滑的,实际上是各闭塞分区入口速度控制值的连接线,该制动速度控制曲线是不随列车性能和线路参数的变化而变化的,具有唯一性。

2)速度-目标距离模式曲线控制

速度-目标距离模式曲线控制采取的制动模式为连续式一次制动速度控制方式,根据目标距离、目标速度及列车本身的性能确定列车制动曲线,不设定每个闭塞分区速度等级。连续式一次速度控制模式,如果以前行列车占用的闭塞分区入口为追踪目标点,则为准移动闭塞;若以前方列车的尾部为追踪目标点,则为移动闭塞。

如图 5-2-18 所示,0G 为前行列车所占用的闭塞分区,为保证后续列车在 1G 和 0G 的分界点前停车,后续列车应在速度控制曲线容许速度下行驶、停车。该速度控制曲线是根据列车的目标速度、距目标点的距离及列车自身质量、长度、制动性能等参数计算出来的。

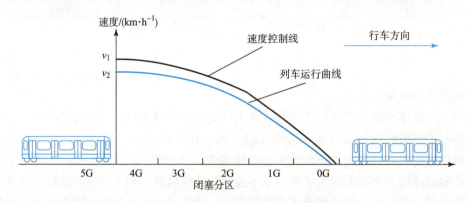

图 5-2-18 速度-目标距离模式曲线控制方式

当列车实际速度超过速度控制曲线容许速度时,自动实施制动,列车减速。列车速度低于容许速度后,制动缓解。与分级速度控制相比,闭塞分区滞后式控制方式需增加保护区段;而闭塞分区超前式速度控制方式在每一闭塞分区必须考虑制动空走距离,分区长度要增加。

因此，采用速度－目标距离模式曲线控制方式，可以提高区间通过能力，但需要从地面向列车传递更多的信息。除了目标点速度信息外，还要有分区长度、坡度等信息。线路参数可以通过地对车信息实时传输，也可以事先在车载信号设备中存储，通过核对取得。因为给出的制动速度控制曲线是一次连续的，需要一个制动距离内所有的线路参数，地对车信息传输的信息量相当大，可以通过无线通信、数字轨道电路、轨道电缆、应答器等地对车信息传输设备传输。

速度－目标距离模式曲线控制的到车制动的起始点是随线路参数和列车本身性能不同而变化的，空间间隔的长度是不固定的，比较适用于不同性能和速度列车的混合运行，其追踪运行间隔要比分级速度控制小，减速比较平稳，旅客的舒适度也要好些。

7. 常用制动和紧急制动

ATP 车载设备具有常用制动和紧急制动两级防护控制的能力。在常用制动失败后，可施行紧急制动。

常用制动是直接控制列车主管压力使机车制动与缓解，不影响原有列车制动系统的功能。它缩短了制动空走时间，大大减小了制动时的纵向冲击加速度，使列车运行更安全、舒适。

紧急制动是将压缩空气全部排入大气，使副风缸内压缩空气很快推动活塞，施行制动，使列车很快停下来。紧急制动时，列车冲击大，中途不能缓解，充风时间长，不能使列车安全平稳地运行。ATP 车载设备收到紧急停车命令后，将发送给影响区域内列车的数据信息中的"线路速度""目标速度"设置为零。并且一旦发出紧急制动指令时，中途不得缓解，直到停车。

8. 停站

（1）车站程序停车

线路上的车站都有预先确定的停站时间间隔。控制中心 ATS 监督列车时刻表，计算需要的停站时间，以保证列车正点到达下一个车站。由集中站 ATS 通过环线传送给车载设备，控制中心能通过集中站 ATS 缩短或延长车站停站时间。在控制中心要求下，列车可跳过某车站。

这一命令由控制中心通过集中站 ATS 传给列车。

（2）车站定位停车

设置站台屏蔽门时，车门的开度和屏蔽门的开度要配合良好。要求安装有屏蔽门的地下车站允许停站误差为 ±0.25 m，其他车站允许停站误差为 ±0.5 m。

9. 车门控制

在通常的情况下，在车辆没有停稳靠在站台或是车辆段转换轨上时，ATP 不允许车门开启。当列车在车站的预定停车区域内停稳且停车点的误差在允许范围以内时，地面定位天线会收到车载定位天线发送的停稳信号，列车从 ATP 轨旁设备收到车门开启命令，ATP 才会允许车门操作，车载对位天线和地面对位天线才能很好地感应耦合并进行车门开关操作。这需要地面和车载 ATC 设备及车辆门控电路共同配合。有了车门开启命令后，使 ATP 轨旁设备改发打开屏蔽门信号，当站台定位接收器收到此信号时，便打开与列车车门相对的屏蔽门。

列车停站时间结束（或人工终止），地面停站控制单元启动 ATP 轨旁设备，停发开门信号，由司机关闭车门，同时关闭屏蔽门。

ATP 不断监视安全车门关闭情况，以确保车门没有被异常打开。地面 ATP 设备还将列车停准、停稳信息送至控制中心作为列车到站的依据。车门关闭后，车载 ATP 才具备安全发车条件。车站在检查了屏蔽门已关闭好以后，才允许 ATP 子系统向列车发送运行速度命令信息，列车收到速度命令，同时检查了车门已关闭后，可按车载 ATP 收到的速度命令出发。

5.2.5 ATP 系统应用

下面以国内某轻轨公司的 ATP 系统设备为例，介绍 ATP 系统的应用情况。

1. 车载设备

车载 MicroCab ATC 系统执行 ATP、ATO 和 TWC 功能。在列车前后端各有一套车载 ATC 系统（每列车 2 套车载 ATC 系统）。每一车载 ATC 系统包括：1 个 ATC 机柜、1 个 ADU、2 个独立速度传感器、2 个 ATP 接收线圈及接线盒、1 个 TWC 天线。

每套 ATC 只由本地控制和输入（来自同一驾驶室内的操作控制盘）操作。ATP 子系统是冗余的。

每套 ATC 系统，在相应的驾驶端有效工作时才能控制列车运行。系统确保在车辆逻辑中有端对端的联锁，该逻辑可防止在有一个以上驾驶室接通情况下的列车运动（不论 ATC 工作或旁路）。

2. 轨旁设备

某轻轨公司的 ATP 轨旁设备主要指的是 AF-904 数字移频键控（FSK）轨道电路，在正线完成列车检测和向列车传输车载信号数据的功能。AF-904 轨道电路组匣如图 5-2-19 所示，主要组成包括：

图 5-2-19　AF-904 轨道电路组匣

①SER 内安装的控制机柜。

②SER 内安装的轨道 MicroLok Ⅱ 单元，用于控制 AF-904 轨道电路。

③500MCM 连接棒，为 AF-904 系统的轨道电路提供连接，并为移动列车的机车信号系统提供接收到的钢轨上的机车信号数据。

④耦合单元，为 AF-904 轨道电路机柜和 500MCM 接线间提供电子接口。

AF-904 轨道电路在 SER 内装有机柜，用于控制相邻轨道电路。每个机柜装有 4 个非冗余轨道电路，每个轨道电路包括一块控制 PCB 板、一块辅助 PCB 板和一块电源 PCB 板。AF-904 无须依靠应用逻辑来工作。

在联锁区间内的列车识别由微电子相敏轨道电路来完成。相应的 SER 设备包括电源变压器和 WXJ50 型微电子相敏轨道电路接收器及安全型继电器。

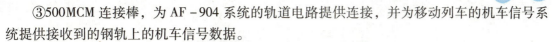

1. 什么是 ATP 子系统？它有怎样的作用？
2. 简述 ATP 子系统的设备组成。
3. ATP 子系统的车载设备有哪些？
4. 简述 ATP 系统的主要功能。
5. ATP 系统的速度监督功能可以实现哪些监督？
6. 简述 ATP 系统自动限速工作原理。
7. ATP 系统的速度控制模式有哪些？各有什么特点？
8. 简述 ATP 系统制动模式。

技能训练 1　车载 ATP 系统认知

1. 实验目的

①熟悉车载 ATP 系统不同组成部分的安装位置。

②掌握车载 ATP 系统各个设备的功能。

③掌握驾驶员显示单元的使用方法。

2. 实验设备

一列完整的车辆编组、速度传感器、地面信号接收设备、驾驶员显示单元、列车牵引/制动操纵手柄、紧急停车按钮等。

3. 实验内容

①闭合列车自动防护系统电源，启动系统。

②在列车自动防护系统控制模式下，启动慢速前行模式，观察驾驶员显示单元上各指示信息的变化。

③控制列车，分别用常用制动和紧急制动使列车停车。

④试验开关车门作业。

⑤将观察及操作结果填入表 5-2-1。

表 5-2-1　车载 ATP 系统设备认知

设备	设备状态		作用
ATP 车载电源			
操作	设备状态		驾驶员显示单元指示信息
ATP 模式驾驶	慢速前行		
	正常行驶		
操作	设备状态		设备响应
ATP 模式制动	常用制动		
	紧急制动		
操作	设备状态		驾驶员显示单元指示信息
车门操作	车门开启		
	车门关闭		

⑥以小组为单位汇总观察结果，并做汇报。

4. 注意事项

①注意设备及人身安全，做好安全防护。

②实训设备状态良好。

技能训练 2　ATP 系统轨旁设备认知

1. 实验目的

①加强 ATP 系统轨旁设备结构图识读能力；

②掌握列车自动防护系统地面设备所发送信息的主要内容；

③掌握列车自动防护系统地面设备的安装和设置方式。

2. 实验设备

ATP 系统轨旁设备结构图、轨道电路、应答器、便携式计算机、串行接口、示波器、电源。

3. 实验内容

（1）ATP 系统轨旁设备结构图识读与认知

图 5-2-20 所示为 ATP 系统轨旁设备结构图，从中识读出相关设备，判断各轨旁设备相关联系。

（2）ATP 系统轨旁设备实操

①安装连接 ATP 系统地面设备。

②在列车上用串行接口将便携式计算机与车载系统相连。

③起动列车和启动便携式计算机。

④列车运行到轨道电路处，在便携式计算机上观察所接收到的信息码。

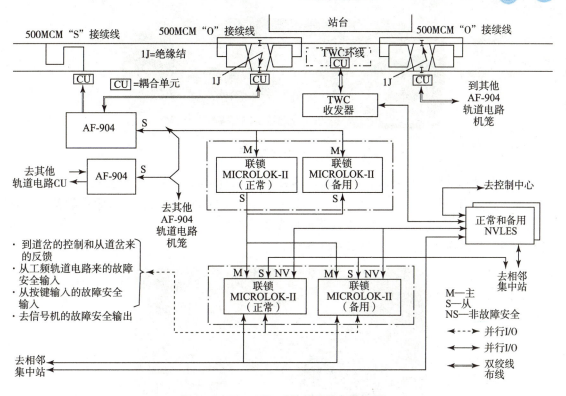

图 5-2-20　ATP 系统轨旁设备结构图

4. 注意事项

①注意设备及人身安全。

②实验完成后设备良好。

技能训练 3　车载 ATP 设备维护

1. 实验目的

通过实验加强对 ATP 重要设备的组成及结构的认识，完成 ATP 重要设备的实际设备结构说明书的识读，完成车载 ATP 设备的相关操作及维护工作。

2. 实验设备

ATP 系统车载设备说明书、速度传感器、手锤、活口扳手、尖嘴钳、螺丝刀等通用工具，万用表等。

3. 实验内容

（1）车载 ATP 设备认知

以西门子 Train guard MT 系统为例，车载 ATP 由车载控制单元（OBCU）、人-机界面、应答器天线、测速电动机、测速雷达单元等设备组成。

车载控制单元（OBCU）实现列车超速防护、自动驾驶功能，并能够连接至无线通信系统车载单元、连接测速和定位传感器（雷达和测速电动机）、应答器天线及所有车辆安全和非安全接口，如图 5-2-21 所示。

图 5-2-21　车载控制单元（OBCU）

测速电动机（OPG）安装在车轴上，根据检测到的车轮旋转速度计算列车定位信息、速度和行驶方向，如图 5-2-22 所示。应答天线安装在车体下方，接收轨旁应答器发送的数据信息，如图 5-2-23 所示。雷达单元根据多普勒雷达原理工作，其信息用于计算列车定位信息、速度和方向，如图 5-2-23 所示。

图 5-2-22　测速电动机

图 5-2-23　测速雷达及车载应答器天线

（2）拆装车载 OPG

拆装原则 1：拆装应根据实际装配图纸，根据 OPG 基本工作原理进行；

拆装原则 2：正确选用工具，在拆装过程中文明施工，不得野蛮拆卸；

拆装原则 3：不得带电拆装，拆装过程中时刻注意人身安全。

（3）重要端子检测

在实际检测、检修中，使用万用表及其他检测工具对相关端子进行电压测量以确定设备状态。在测量相关端子前，首先应学会看懂实际设备端口配置表。在掌握了实际设备端口配置表的基础上，合理选择测量工具检测相关端口。

4. 注意事项

①注意设备及人身安全。
②注意万用表等测试仪表的使用规范。
③实验完成后设备良好。

第三节 ATO 系统

任务导入

ATO 系统是控制列车自动运行和车站自动停车的设备。ATO 系统主要实现"地对车控制"，即用地面信息实现对列车驱动、制动的控制，使列车按最佳工况正点、安全、平稳地运行。

学习要点

知识目标

1. 掌握 ATO 系统的概念及作用；
2. 掌握 ATO 系统的设备组成；
3. 了解 ATO 系统的主要功能；
4. 掌握 ATO 系统的基本工作原理；
5. 掌握 ATO 系统与 ATP 系统的关系；
6. 了解 ATO 系统的应用实例。

技能目标

1. 能够进行驾驶员显示单元的操作；
2. 能够操作 ATO 系统实现车站定位停车操作；
3. 能够完成 ATO 系统列车出库运行操作；
4. 能够完成 ATO 系统列车正线运行操作；

5. 能够完成 ATO 系统列车入库运行操作。

相关案例

2006 年 3 月 2 日 14:06，南京市地铁三山街站上行区间一辆地铁列车完成开关门作业后，正常启动 ATO 模式驾驶。运行不久后发生紧急制动，手动驾驶后只能以 5 km/h 速度缓慢运行。14:26，该趟列车到达新街口站后进行清客作业，该车退出运营。该事故造成南京地铁正线晚点运营近 1 h。

结构框图

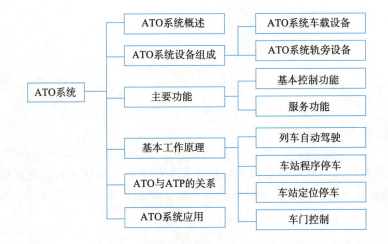

5.3.1 ATO 系统概述

人工驾驶列车运行时，列车司机操纵列车驾驶手柄，控制列车运行，实现列车加速、减速和列车停车。列车自动驾驶系统，即 ATO 系统，主要实现"地对车控制"，实现正常情况下高质量的自动驾驶，提高列车运行效率，提高列车运行舒适度，节省能源。与 ATP 系统为列车运行提供安全保障相比，ATO 系统是提高城市轨道交通列车运行水平的技术措施。

列车自动驾驶系统车载设备根据列车运行计划，以及列车的运行速度、当前线路限速和目标速度等信息，实时计算列车达到目标速度值所需要的牵引力或制动力的大小，通过列车接口电路，由列车的牵引系统或制动系统完成对列车进行加速或减速作业。

ATO 系统可模拟"最佳的司机驾驶"工况，但是它不能单独作用，必须和其他两个系统相互配合，如图 5-3-1 所示。ATO 系统实现列车自动驾驶，它需要 ATP 系统向其提供列车的运行速度、线路运行速度、限速和目标速度及列车所处位置等基本信息，还需要 ATS 系统向其提供当日的列车运行计划。

ATO 为非故障—安全系统，其控制列车自动运行的主要目的是模拟最佳司机的驾驶，实现正常情况下高质量的自动驾驶。ATP 系统是城市轨道交通列车运行时必不可少的安全保

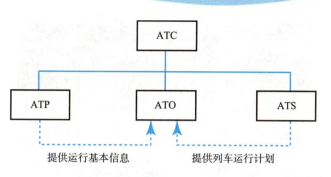

图 5-3-1 "3A"子系统自动驾驶

障,ATO 系统则是提高城市轨道交通列车运行水平(准点、平稳、节能)的技术措施。

5.3.2 ATO 系统设备组成

ATO 系统是非故障安全系统,由车载设备和轨旁设备组成。

1. ATO 系统车载设备

(1)车载 ATO 模块

车载 ATO 模块是列车自动驾驶系统的核心组成部分,它包含硬件和软件两部分。车载 ATO 模块从车载 ATP 子系统获得必要的信息,车载 ATO 模块软件对这些数据进行实时处理,计算出列车当前所需的牵引力或制动力,向列车发出请求,列车牵引或制动系统收到请求指令后,对列车施加牵引或制动,对列车进行实时控制。车载单元采用非故障—安全的一取一配制方法。

(2)ATO 车载天线

列车自动驾驶系统的车载模块与地面设备之间的信息交换是通过 ATO 车载天线来完成的,以实现列车自动驾驶系统与列车自动监控系统(ATS)之间的信息交换。ATO 车载天线一般安装在列车第一列编组的车体下,它接收 ATS 系统的信息,同时想向列车 ATS 系统发送有关的列车状态信息。

列车自动驾驶系统车载模块通过 ATO 车载天线向地面列车自动监控系统发送的信息有:列车识别号信息,该列车识别号信息包括了列车的车组号、车次号、目的地编码等内容;此外,还有列车运行方向、列车车门状态、车轮磨损指示、列车车轮打滑和空转、车载 ATO 模块状态和报警信息等。

从地面向列车 ATO 车载设备发送的信息有列车开关门命令、列车车次号确认、列车测试指令、门循环测试、主时钟参考信号、跳车指令和列车运行等级等。

(3)人机界面

ATO 系统中,列车驾驶员通过人机界面可以将列车运行的模式选择为"ATO",起动列车在 ATO 模式下运行,如图 5-3-2 所示。

2. ATO 系统轨旁设备

ATO 轨旁设备通常兼用 ATP 轨旁设备,接收与列车自动运行有关的信息。ATO 系统轨旁设备由地面信息接收发送设备和轨道环线组成。这些地面设备接收来自列车 ATO 车载天线所发送的信息,并把 ATS 有关信息通过轨道环线发送到线路上,由列车 ATO 车载设备进

图 5-3-2 人机界面显示"ATO 模式"

行接收和处理。

地面信息接收发送设备的谐调控制部分安装在信号设备室内,轨道环线安装在线路上。

5.3.3 ATO 系统主要功能

ATO 系统的功能分为基本控制功能和服务功能。基本控制功能主要包括自动驾驶、自动折返、车门打开,这三个控制功能相互之间独立地运行。服务功能包括:列车位置、允许速度、巡航/惰行、PTI 支持功能等。

1. ATO 系统的基本控制功能

(1) 自动驾驶

1) 自动调整列车运行速度

ATO 车载控制器通过比较实际列车运行速度及 ATP 给出的最大允许速度及目标速度,并根据线路的情况,自动控制列车的牵引及制动,使列车在区间内的每个区段始终控制速度(ATP 计算出来的限制速度减去 5 km/h) 运行,并尽可能减少牵引、惰行和制动之间的转换。

2) 停车点的目标制动

车站停车点作为目标点,车站停车点由 ATP 轨旁单元和 ATS 系统控制。当停车特征被启动后,ATO 系统基于列车速度、预先决定的制动率和距停止点的距离计算出一个制动曲线,采用最合适的减速度(制动率)使列车准确、平稳地停在规定的停车点。与列车定位系统相配合,可使停车位置的误差达到 0.5 m 以下。

假如列车超过了停车点,ATP 准许后退一定距离。如果超过后退速度限制值,向列车司机发出声音和视觉报警。

3) 车站自动发车

当发车安全条件符合时(在 ATO 模式下,关闭了车门,这由 ATP 系统监视),ATO 系统给出启动显示,司机按下启动按钮,ATO 系统使列车从制动停车状态转为驱动状态。停车制动将被缓解,然后列车加速。ATO 通过预设的数据提供牵引控制,该牵引控制可使列车平稳加速。

停站时间由 ATS 控制，并传送给 ATP。另外，基于车站和方向的停车时间也储存在 ATP 轨旁单元中，用作 ATS 故障下的后备程序。

4）区间内临时停车

由 ATP 系统给出目标点位置（例如前方有车）及制动曲线，并将数据传送给 ATO 系统车载单元，ATO 系统得到目标速度为"0"的速度信息后，自动启动列车制动器，使列车停稳在目标点前方 10 m 左右。此时车门还是由 ATP 系统锁住的。一旦前方停车目标点取消，速度信息改为进行码后，ATO 系统使列车自动启动 SM 模式。假如车 ATO 急开门打开或是司机手柄被移至非零位置，那么列车必须由司机重新启动 SM 模式或 ATO 模式（如果允许）。在危险情况下，例如按下紧急停车按钮，或是因常用制动不充分而使列车超过紧急制动曲线，由 ATP 启动紧急制动，ATO 向司机发出视觉和音响警报，5 s 以后音响警报自动停止。

5）限速区间

临时性限速区间的数据由轨道电路报文传输给 ATP 车载设备，再由 ATP 车载设备将减速命令经 ATO 系统传达给动车驱动、制动控制设备。此时 ATO 车载设备如同 ATP 系统与驱动、制动控制设备之间的一个接口。对于长期的限速区间，数据可事前输入 ATO 系统，在执行自动驾驶时，ATO 系统会自动考虑到该限速区间。

（2）无人自动折返

无人自动折返是一种特殊情况下的驾驶模式，在这种驾驶模式下无须司机控制，并且列车上的全部控制台将被锁闭。

从接收到无人驾驶折返运行许可时，就自动进入 AR 模式。授权经驾驶室 MMI 显示给司机，司机必须确认这个显示，并得到授权，锁闭控制台。

只有按下站台的 AR 按钮以后，才实施无人驾驶列车折返运行。ATC 轨旁设备提供所需的数据以驾驶列车进入折返轨。列车将自动回到出发站台。列车一到出发站台，ATC 车载设备就会退出 AR 模式。

（3）自动控制车门开闭

由 ATP 系统监督开门条件，当 ATP 系统给出开门命令时，可以按事前的设定由 ATO 系统自动地打开车门，也可由司机手动打开正确一侧的车门。车门的关闭只能由司机完成。

当列车空车运行时，从 ATS 接收到的指定的目的地号阻止车门的打开。

2. ATO 系统服务功能

（1）列车位置

列车位置功能是从 ATP 功能中接收到当前列车的位置和速度等详细信息，根据上一次计算后所运行的距离来调整列车的实际位置。此调整也考虑到在 ATP 功能计算列车位置时传送和接收的延迟时间，以及打滑和滑行。

另外，ATO 功能同测速单元的接口为控制提供更高的测量精确性。列车位置功能也接收到地面同步的详细信息，由此确定列车的实际位置和计算列车位置的误差。对列车位置调整，可从由 ATO 功能规定的直至接近实际停车点 10～15 m 的任意位置开始。由于这种调整，停车精度由 ATO 控制在希望的范围内。

(2) 允许速度

允许速度功能为 ATO 速度控制器提供列车在轨道任意点的对应速度值。这个速度没有被优化，只是低于当前速度限制和制动曲线给的限制。

(3) 巡航/惰行功能

巡航/惰行功能的任务是按照时刻表自动实现列车区间运行的惰行控制，同时节省能源，保证最大能量效率。ATO 巡航/惰行功能协同 ATS 中的 ATR 功能，并通过确定列车运行时间和能源优化轨迹功能实现。

(4) PTI 支持功能

PTI（列车车次号识别）支持功能是通过多种渠道传输和接收各种数据，在特定的位置（通常设在列车进入正线的入口处）传给 ATS，向 ATS 报告列车的识别信息、目的号码和乘务组号，以及列车位置数据（例如当前轨道电路的识别和速度表的读数），以优化列车运行。

PTI 功能是由车载设备和轨旁设备实现的。由 ATC 车载设备提供的数据，通过 ATO 功能传输到 PTI 的轨旁设备，进而传给 ATS，是一个非安全功能。

5.3.4 ATO 系统基本工作原理

1. 列车自动驾驶

与 ATP 系统一样，ATO 系统存储了轨道布局和坡度信息，能够优化列车控制命令，保证列车在 ATP 监督下按照最大允许速度运行。ATO 通过地面 ATP 设备传来的编码确定前方空闲轨道电路区段数目或前行列车的实际位置，根据当前列车所处的实际位置，由车载主机在综合考虑安全因素的前提下，分析计算出相应的列车运行控制曲线，保证列车在不超速的情况下尽量全速地行驶至本次列车停车点。

ATO 系统的自动驾驶功能是通过 ATO 车载设备控制列车牵引和制动系统实现的。因此，ATO 需要 ATP 的数据包括从 ATP 轨旁单元接收到的全部 ATP 运行命令、测速单元提供的当前列车位置和实际速度信息、位置识别和定位系统的信息、列车长度、ATS 通过向 ATP 轨旁单元发送的出站命令和到下一站的计划时间。

如果 ATO 自检测完成，且 ATP 设备处于允许自动驾驶状态，信号显示"ATO 启动"，可以实施 ATO 驾驶。

由 ATO 系统执行的自动驾驶过程是一个闭环反馈控制过程，其基本关系框图如图 5 - 3 - 3 所示。测速单元通过 ATP 向 ATO 发送列车的实际位置信息。反馈环路的基准输入是从 ATP 数据和运营控制数据中得出的。ATO 向牵引和制动控制设备提供数据输出。

2. 车站程序停车

城市轨道交通中，根据当日的列车运行计划，正线上每一个车站都有预先确定的停站时间间隔。控制中心 ATS 监督列车时刻表；计算需要的停站时间，以保证列车正点到达下一个车站。由集中站 ATS 通过 ATO 环线传送给 ATO 车载设备。

控制中心能通过集中站 ATS 缩短或延长车站停站时间。如果控制中心离线，集中站 ATS 预置一个缺省的停站时间，该时间是可编程的。在控制中心要求下，列车可跳过某车

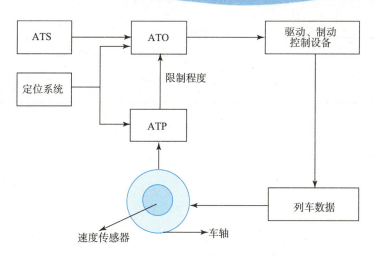

图 5-3-3　ATO 系统自动驾驶闭环控制框图

站。这一跳停命令由控制中心通过集中站 ATS 传给列车。

3. 车站定位停车

车站精确停车通过在车站区域的轨道电路标识、分界过渡和 ATO 环线变换进行。轨道电路标识被用来确定停车特征的合适起始点。轨道电路分界过渡和轨旁 ATO 环线变换提供了距离分界。该距离分界用于达到所要求的位置精度。

当停车特征启动后，ATO 基于列车速度、预先确定的制动率和距停止点的距离计算制动特征。ATO 将通过根据要求改变牵引和制动需求来遵循此特征。制动率调整值通过 ATO 环线轨旁 ATO 取得。此调整是动态的，是根据异常线路情况做出的，并且可以从 OCC 或 SCR（车站控制室）中进行选择。一旦列车停车，ATO 会保持制动，以避免列车运动。

车站定点停车是靠一组地面标志线圈（或者环线）提供至停车点的距离信息，标志线圈设置的多少可视定位停车精度而异，一般为 3~4 个。地面标志器设于沿线离站台的确定距离内，当列车标志天线置于地面标志器作用范围内时，使列车接收滤波—放大电路开始振荡，振荡频率通过调谐标志线圈来确定，每个标志线圈根据距站台的距离调在不同的频率上。

离定位停车点 350 m 处设置外方标志对（一组、无源），离 150 m 处设中间标志对（一组、无源），离 25 m 处设内方标志器（无源），离 8 m 处设站台标志器对位天线（一组、有源）。350 m 和 150 m 标志线圈成对布置，具有方向性，如图 5-3-4 所示。无源标志线圈具有固定的谐振频率，列车经过时与车载标志线圈产生谐振。有源标志线圈能发送特定的频率信号。

当列车正向运行经过 350 m 标志线圈时，列车接收停车标志频率信息，启动定点停车程序，产生第一制动模式曲线，按此制动曲线停车，列车离定位停车点较远；当列车驶抵中间标志器时，产生第二制动模式曲线，并对第一阶段制动进行缓解控制，以使列车离停车点更近；当列车收到内方标志器传来的停车信息时，产生第三制动模式曲线，列车再次进行缓解控制，使列车离定位停车点的距离更近；列车收到站台标志器送来的校正信息，即转入停车模式，产生第四制动模式曲线，列车再次缓解制动控制。经多次制动、缓解控制，确保列车

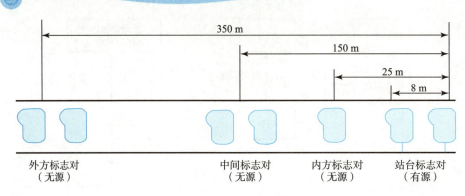

图 5-3-4 地面标志

定位停车的精度控制在规定的范围之内,当车载定位天线与地面定位天线对齐时,又收到一个频率信号,立即实施全常用制动,将车停住。

4. 车门控制

ATO 只有在自动模式下才执行车门开启。在手动模式,由司机进行车门操作(ATP 仍会提供一种安全的车门功能)。

当列车驶抵定位停车点时,列车的定位天线(它接至车辆定值发送器和接收器)位于站台定位环线上方,环线置于线路中央,它连向站台定位发送器和接收器;只有当列车停于定位停车的允许精度范围内,车辆定位接收器收到站台定位发送器送来的列车停站信号,ATO 系统确认列车已到达确定的定位区域,这时 ATO 系统发出"列车停站"信号给 ATP 系统,以保证列车制动;ATP 系统检测到零速度,通过列车定位发送器发送 ATP 列车停车信号给地面站台定位接收器,站台接收器检测到此信号,将其译码,使地面"列车停站"继电器工作;此时车站轨道电路 ATP 发送器发送允许打开左车门(或右门)的调制频率信号;车辆收到允许打开车门信号,使相应的门控继电器工作,并提供相应的广播和允许开门的信号显示时,司机按压与此信号显示相一致的门控按钮,才可以打开规定的车门。

有了车门打开信号以后,使车辆定位发送器改发打开屏蔽门信号,当站台定位接收器收到此信号时,使打开屏蔽门继电器吸起,以使与列车车门相对的屏蔽门打开(包括屏蔽门的数量及位置)。

列车停站时间结束(或人工终止),地面停站控制单元启动车站 ATP 模块,轨道电路停发开门信号,车辆收不到开门信号,使门控继电器落下。司机按压关门按钮,关闭车门;与此同时,车辆停发打开屏蔽门信号,车站打开屏蔽门,继电器落下;车站在检查了屏蔽门已关闭及锁闭好以后,才允许 ATP 系统向轨道电路发送运行速度命令信息,车辆收到速度命令的同时,检查了车门已关闭和锁闭,ATO 发车表示灯点亮,列车可按车载 ATP 收到的速度命令进行出发控制。

如果车门控制系统遇到在发出车门关闭请求后车门关闭被阻止的问题时,车门将会循环关闭。如果车辆在"x"秒还探测不到车门的关闭,告知车辆报告系统(VAS),同时产生一条关于关闭车门被阻止的报告。然后,车门在"y"秒的延迟后被请求关闭。在"z"秒后,如果车门还是被检出没关,车门将会打开,中间关门受阻的报警就送到轨旁设备。"x""y""z"的时间从 1 s 到 15 s 可改变。

5.3.5　ATO 与 ATP 的关系

在"距离码 ATP 系统"的基础上安装了 ATO 系统，列车就可采用手动方式或自动方式进行驾驶，如图 5-3-5 所示。在选择自动驾驶方式时，ATO 系统代替司机操纵，诸如列车启动加速、匀速惰行、制动等基本驾驶功能均能自动进行。然而，不论是由司机手动驾驶还是由 ATO 系统自动驾驶，ATP 系统始终执行其速度监督和超速防护功能。

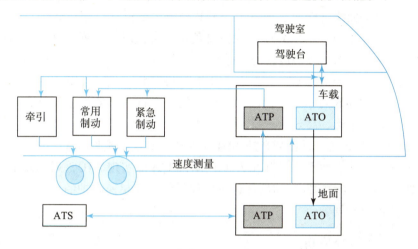

图 5-3-5　车载 ATO 系统与 ATP 系统

可以这样认为：

手动驾驶 = 司机人工驾驶 + ATP 系统

自动驾驶 = ATO 系统自动驾驶 + ATP 系统

图 5-3-6 给出了一种制动曲线表示。

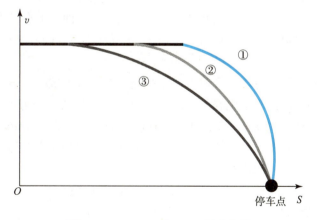

图 5-3-6　ATP 和 ATO 制动曲线

曲线①表示列车的紧急制动曲线，由 ATP 系统计算及监督。列车速度一旦触及该制动曲线，立即启动紧急制动，直到停车，以保证列车停在停车点。曲线①对应于列车的最大减速度，一旦启用紧急制动，列车务必停稳后经过若干时间才能重新启动。因此，这是一种非正常运行状态，应该尽量避免发生。

曲线②表示由 ATP 系统计算的制动曲线，在驾驶室内显示出最大允许速度，它略低于紧急制动曲线（速度差值通常为 3～5 km/h）。当列车速度达到该曲线值时，应给出告警，但不启用紧急制动。显然，曲线②对应的列车减速度小于曲线①的减速度，一般取与最大常用制动对应的减速度。

曲线③则是由 ATO 系统动态计算的制动曲线，也即正常运行情况下的停车制动曲线。通常将与此曲线对应的减速度设计为可以使列车达到平稳地减速和停车的目的。

这三条停车制动曲线可以明显地看出：ATP 系统主要负责"超速防护"，是安全设备，起到保证列车运行安全的作用；ATO 系统主要负责正常情况下使列车高质量地运行，最大限度地提高行车效率，增加车辆运行的舒适性。

由图 5-3-6 可以看出，ATP 主要是运用启动常用制动和紧急制动的手段，当列车超过其允许的最大速度时降低列车速度，以保证列车的安全行驶。ATO 主要是合理运用牵引和制动，保持列车运行准确、高效、平稳。

因此，ATO 与 ATP 的关系：ATP 是 ATO 的基础，ATO 不能脱离 ATP 单独工作，必须从 ATP 系统获得基础信息。而且，只有在 ATP 的基础上才能实现 ATO，列车安全运行才能得到保证。ATO 是 ATP 技术的发展和延伸，不再仅仅停留在超速防护的水准上，而是在 ATP 基础上得以实现的自动驾驶。

5.3.6 ATO 系统应用

以车站程序对位停车控制为例介绍 ATO 的工作。

城市轨道交通列车运行时，保证列车在车站的对位停车是很重要的作业之一，在设置有站台屏蔽门的车站尤为重要。对位停车控制方式，一般采用"距离控制"方式，即根据制动动作点到对位停车点的距离，以及列车实际速度、列车重量、天气情况、空走时间、线路条件等算出其制动曲线，并在对位停车点的附近进行阶段缓解，以不断修正与对位停车点之间的误差。阶段缓解点为制动中的列车速度与新的制动模式曲线的交叉点。

在采用数字编码轨道电路的城市轨道交通中，一般采用曲线制动模式实现程序停车对位控制。

为了实现车－地间的信息交换和对位停车控制，在站台区域的两根钢轨间，设置了车－地信息通信环线。站台区段轨道电路的两端"S Bond"的中心，正好对准站台的两个边缘。例如，轨道电路的长度为 186 m，那么环线的长度为 186 m+(2×2)m=190 m。为了实现双向运行和车站对位停车的需要，环线以站台中心为基准，两侧完全对称地敷设，并且按长度 1 m、6 m、7 m、11 m 等，两边对称和有规则地交叉敷设。

通过轨道电路，当已检测到列车由区间进入站台区域前方的接近区段，地面"车－地通信控制器"通过站台区域的环线送出控制中心 ATS 的调度控制信息；列车本身也能检测到已经进入站台前方的轨道区段，列车的车载"车－地通信控制器"开始向地面发送列车状态信息。此时由于列车还在站台轨道区段的接近区段，车－地之间没有进入信息交换的阶段，双方都处于信息交换的"准备"阶段。

当列车进入站台前方轨道电路，地面环线停止向列车传送信息，但是列车仍向地面发送车载信息，直至列车尾部离开站台区域轨道电路。

列车进入站台轨道区段后，车载 ATP 子系统收到列车已经进入站台区段的 ATP 控制信息，车载"车–地通信控制器"开始连续地接收地面环线送来的调度信息，车载 ATO 子系统启动程序停车控制。列车通过接收到地面环线各个交叉点的信息精确地测算出到达停车点的距离，连续地修正制动曲线，车载计算机计算出到对位停车的距离，并通过环线交叉点校正。地面的车–地通信控制器，通过 TWC 环线连续向列车传送，包括车站停车制动率、"跳停"当前站、环线边界等各种数据信息。

当列车尾部出清站台接近区段，说明列车已到达对位停车点，列车与地面开始进行双向交换信息。车载通信控制器向地面送出列车停站（零速）信息，地面收到"列车停站"信息后，开始停站计时，并通过站台区段轨道电路送出"停站（开门）"信息，允许驾驶员打开车门，并由车载计算机根据列车运行方向和车站站台布置判别打开左、右侧车门。列车 ATP 接收线圈收到上述信息，驾驶员可以打开车门，车载通信控制器通过 TWC 环线将"开门"信息送至地面。

列车在车站的停站计时结束，轨道电路停发"停站（开门）"信息，地面通信控制器通过 TWC 环线向列车送出"关闭车门"信息。列车收到上述信息后，驾驶员可关闭车门。车载通信控制器通过 TWC 环线向地面送出关门信息，地面收到此信息证实车门已关闭。站台区段轨道电路，向列车送出"目标速度"信息，列车 ATP 子系统收到"目标速度"等数据信息后，驾驶室显示单元的"机车信号"表示灯亮绿灯，"停车结束"表示灯亮绿灯，"运行方向"表示灯亮黄灯，驾驶员按压"列车出发"按钮，"自动 ATO"表示灯亮绿灯，表示 ATC 系统以自动（ATO）模式工作，实施列车自动运行，同时 ATP 实施自动超速防护。

当列车进入站台前方轨道电路，地面环线停止向列车传送信息，列车这时仍向地面发送车载信息，直至列车尾部离开站台区域轨道电路停止发送 TWC 信息。

曲线式制动模式是基于数字编码轨道电路发展的，其对位停车的启动点离对位停车点更近，利用地面环线交叉点作为车载系统里程计算的定位校正，使得距离定位信息能够不断地校准，制动曲线的修正主要取决于车载计算机的运算，不再依赖地面发送的点式信号，从而使制动性能更好，也使对位停车精度更高。

思考与练习

1. 什么是 ATO 系统？它有怎样的作用？
2. ATO 系统由哪些设备组成？请简述每个设备的功能。
3. ATO 系统基本控制功能有哪些？
4. ATO 系统服务控制功能有哪些？
5. 简述 ATO 系统自动驾驶工作原理。
6. ATO 系统地面对为标志线圈如何布置？
7. 简述 ATO 系统定位停车工作过程。
8. 简述 ATO 与 ATC 的关系。

技能训练

技能训练1　ATO系统车载设备认知

1. 实验目的

①熟悉列车自动驾驶系统车载设备的安装位置。

②掌握列车自动驾驶系统车载各个设备的功能。

③掌握驾驶员显示单元的使用方法。

2. 实验设备

一列完整的车辆编组。

3. 实验内容

①转动列车模式开关，置于ATO挡位。点亮司机控制台上的"ATO发车"按钮，"ATO发车"按钮点亮。

②输入正确的目的地号和驾驶员号。

③启动车载信号系统，观察"ATO指示灯"点亮，如图5-3-7所示。

④按压"发车按钮"，观察列车运行过程中速度的变化。

4. 注意事项

①注意设备及人身安全，做好安全防护。

②不允许带电插拔的模块在插拔前必须将其供电电源关闭。

③实训完成后，必须试验良好。

图5-3-7　ATO指示灯

技能训练2　ATO系统车站定位停车操作

1. 实验目的

①了解列车自动驾驶系统对列车速度的控制。

②了解列车自动驾驶系统的精确停车功能。

2. 实验设备

一列完整的车辆编组、轨道环线、便携式计算机、示波器、电源等。

3. 实验内容

①安装连接地面设备。

②在列车上将便携式计算机与车载自动驾驶系统相连。

③启动列车车载信号系统和便携式计算机。

④列车运行到某站台停车。

⑤观察便携式计算机上所显示的列车停车过程中的速度-距离曲线。

4. 注意事项

①注意设备及人身安全，做好安全防护。

②注意万用表等测试仪表的使用规范。

③实验完成后必须试验良好。

第五章 列车自动控制系统

技能训练 3　ATO 系统列车出库运行试验

1. 实验目的

①了解和掌握车辆段排列出库进路操作。
②了解和掌握列车从车辆段进入转换轨后的停车。
③了解和掌握当天计划的建立、使用及删除。
④了解和掌握分配班次和运行线。
⑤了解和掌握列车从车辆段出库到转换轨的运行过程。
⑥了解和掌握列车从转换轨进入正线车站站台的运行过程。

2. 实验设备

城市轨道交通 ATC 行车调度仿真培训系统软件。

3. 实验内容

①观察和记录列车从车辆段出库的整个运行过程。
②观察和记录从车辆段到转换轨的进路是如何建立的。
③观察和记录列车根据分配的运行线和分配的班次由转换轨运行到正线站台有什么区别。

4. 实验步骤

①启动城市轨道交通 ATC 行车调度仿真培训系统软件，依次登录 ZC 模拟系统、列车模拟系统、ATS 模拟系统和车辆段模拟系统。

②车辆段创建列车：ZC 模拟系统，在车辆段站场图中的 3AG 停车股道上创建 01 号列车。

③列车初始化：列车模拟系统，设置运行方向为下行，上电，设置驾驶模式为 RMF，缓解紧急制动。

④车辆段排列出库进路：车辆段模拟系统，建立由 3AG 出发的出库进路 X1X0104，开放出库信号 X1。

⑤列车从停车股道出库运行：列车模拟系统中，人工"牵引"列车，列车从停车股道出发。

⑥列车进入转换轨：当列车到达 2WG 区段的特定位置，正线月牙山站自动触发进入转换轨的进路，信号 X0104 开放。列车继续以 RMF 模式运行进入转换轨。

⑦列车转换轨停车：当列车完全进入转换轨后，在列车模拟系统中，由人工"制动"停车（列车模拟系统上的 TOD 上显示 ATP 和 ATO 模式可用后，即可进行制动停车）。

⑧列车复位：列车在转换轨 T0104（月牙山站 4）停车后，在 ATS 模拟系统中，对列车进行复位操作。

⑨设置 ATO 驾驶模式：在列车模拟系统中，将"牵引制动手柄"拉至"0"位，驾驶模式选择手柄拉至"ATC"位，建立 ATO 驾驶模式。

⑩分配从转换轨进入正线站台的运行线：分配 1 条从月牙山站 4 至月牙山站 2 的运行线。

⑪列车进入正线站台：在列车模拟系统中，按压"ATO 发车"按钮持续 2 s 以上，列车从转换轨出发，沿着分配的运行线运行到月牙山站 2（月牙山站上行站台）停车。

⑫车辆段创建 02 号列车：ZC 模拟系统，在车辆段站场图中的 1AG 停车股道上创建 02 号列车。

⑬列车初始化：列车模拟系统，设置运行方向为下行，上电，设置驾驶模式为 RMF，缓解紧急制动。

⑭车辆段排列出库进路：车辆段模拟系统，建立由 1AG 出发的出库进路 X7X0102，开放出库信号 X7。

⑮列车从停车股道出库运行：列车模拟系统中，人工"牵引"列车，列车从停车股道 1AG 出发。

⑯列车进入转换轨：当列车到达 1WG 区段的特定位置，ATS 模拟系统自动触发进入转换轨进路，X0102 开放。列车继续以 RMF 模式运行进入转换轨（月牙山站 3）。

⑰列车转换轨停车：当列车完全进入转换轨后，在列车模拟系统中，将 02 号车的牵引制动手柄拉至"制动"位，人工"制动"停车（在列车模拟系统上的 TOD 上显示 ATP 和 ATO 模式可用后，即可进行制动停车）。

⑱列车复位：列车在转换轨 T0101（月牙山站 3）停车后，在 ATS 模拟系统中进行复位操作。

⑲设置 ATO 驾驶模式：在列车模拟系统中，将 02 号车的"牵引制动手柄"拉至"0"位，驾驶模式选择手柄拉至"ATC"位，建立 ATO 驾驶模式。

⑳建立当天计划。

㉑分配班次。

㉒列车进入正线站台：在 ATO 模拟系统中，按压"ATO 发车"按钮持续 2 s 以上，列车从转换轨（月牙山站 4）出发，沿着分配的班次运行到月牙山站 1 停车。

㉓删除列车：在 ZC 模拟系统上，等列车在月牙山站 1 停车后，删除列车。

㉔删除当天计划：在 ATS 模拟系统上，列车在月牙山站 1 停车后，回到时刻表界面的"可用时刻表"视图，双击已激活的"TimeTable_02"，则弹出"删除当天计划？"询问框，单击"是"按钮，则删除当天计划。

㉕退出系统。

在"ZC 模拟系统"主界面，单击标题栏的"X（关闭）"按钮，则"ZC 模拟系统"回到登录界面；"列车模拟系统""ATS 模拟系统"和"车辆段模拟系统"随之自动退回到登录界面。关闭各个登录界面。

㉖学生机关机，复原现场。

㉗退出通信监控服务程序，数据库服务器关机。

5. 注意事项

①注意设备及人身安全，做好安全防护。

②实验完成后，必须试验良好。

技能训练 4 ATO 系统列车正线运行实验

1. 实验目的

①正确理解正线分配运行线、班次，熟练掌握分配运行线、班次操作。

②正确理解正线信号控制模式及熟练掌握正线信号控制模式转换操作。

③正确理解不同驾驶模式的使用情形、有效条件，熟练掌握不同驾驶模式的切换操作。

④了解和掌握不同信号控制模式下的正线列车运行过程。

2. 实验设备

城市轨道交通 ATC 行车调度仿真培训系统软件。

3. 实验内容

①整条线路 CBTC 模式下，正线创建列车，分配运行线，每到一个车站停车后，在可用的驾驶模式中轮流切换一种驾驶模式运行，在 ATS 模拟系统上观察和记录不同的现象。

②整条线路后备模式下，正线创建列车，分配运行线，每到一个车站停车后，在可用的驾驶模式中轮流切换一种驾驶模式运行，在 ATS 模拟系统上观察和记录不同的现象。

③在正线相邻区域设为 CBTC 信号控制模式和后备控制模式，创建列车，分配运行线，观察和记录列车运行情况。

4. 注意事项

①注意设备及人身安全，做好安全防护。

②实验完成后必须试验良好。

技能训练 5　ATO 系统列车入库运行实验

1. 实验目的

①了解和掌握车辆段排列入库进路操作。

②了解和掌握列车从正线进入转换轨后的停车。

③了解和掌握当天计划的建立、使用及删除。

④了解和掌握分配班次和运行线。

⑤了解和掌握列车在转换轨的驾驶模式转换。

⑥了解和掌握列车从正线站台到转换轨的运行过程。

⑦了解和掌握列车从转换轨进入车辆段的运行过程。

2. 实验设备

城市轨道交通 ATC 行车调度仿真培训系统软件。

3. 实验内容

①观察和记录不同驾驶模式列车由正线站台运行到转换轨停车的过程。

②观察和记录列车从转换轨到车辆段停车股道的运行过程。

4. 实验步骤

①启动城市轨道交通 ATC 行车调度仿真培训系统软件，依次登录 ZC 模拟系统、列车模拟系统、ATS 模拟系统和车辆段模拟系统。

②正线月牙山站 2 创建列车：在 ZC 模拟系统上，在月牙山站 2 创建 01 号列车。

③列车初始化：列车模拟系统，设置运行方向为上行，转动钥匙图标上电，缓解紧急制动，设置驾驶模式为 ATO。

④分配运行线：分配一条从月牙山站 2 至月牙山站 4 的运行线。

⑤列车从正线月牙山站 2 站台向转换轨（月牙山站 4）运行：在列车模拟系统中，按压"ATO 发车"按钮持续 2 s 以上，列车从月牙山站 2 站台出发，沿着分配的运行线向月牙山站 4（转换轨）运行。

⑥列车在转换轨（月牙山站 4）停车：列车运行到转换轨，并完全进入转换轨后，自动

停车。在列车模拟系统中，将"驾驶模式选择手柄"拉至"向前"位，按压"RM/ATPM"切换按钮，将驾驶模式切换到RMF模式。

⑦列车从转换轨（月牙山站4）运行至车辆段：车辆段模拟系统，排列1条入库进路S01zrS14；S01zr信号开放后，在列车模拟系统中，将"牵引制动手柄"拉至"牵引"位，列车按照入库进路，运行到车辆段的4AG停车股道停车。

⑧正线月牙山站1创建列车：在ZC模拟系统上，在月牙山站2创建02号列车。

⑨列车初始化：列车模拟系统中，设置运行方向为上行，转动钥匙图标上电，缓解紧急制动，设置驾驶模式为ATO。

⑩创建当天计划。

⑪分配班次。

⑫在列车模拟系统中，按压"ATO发车"按钮持续2 s以上，列车从月牙山站1站台出发，沿着分配的运行线向月牙山站3（转换轨）运行。

⑬列车在转换轨（月牙山站3）停车：列车运行到转换轨，并完全进入转换轨后，自动停车。在列车模拟系统中，将"驾驶模式选择手柄"拉至"向前"位，按压"RM/ATPM"切换按钮，将驾驶模式切换到RMF模式。

⑭列车从转换轨（月牙山站3）运行至车辆段：车辆段模拟系统，排列1条入库进路S01zcS20；S01zc信号开放后，在列车模拟系统中，将"牵引制动手柄"拉至"牵引"位，列车按照入库进路，运行到车辆段的1AG停车股道停车。

⑮删除当天计划：列车完全进入车辆段之后，在ATS模拟系统上，回到时刻表界面的"可用时刻表"视图，双击已激活的"TimeTable_ 02"，则弹出"删除当天计划？"询问框，单击"是"按钮，则删除当天计划。

⑯退出系统。

⑰学生机关机，复原现场。

⑱退出通信监控服务程序，数据库服务器关机。

5. 注意事项

①注意设备及人身安全，做好安全防护。

②实验完成后必须试验良好。

第四节　ATS 系统

任务导入

ATS系统是整个城市轨道交通运营的重要部分，它需要ATP和ATO系统的支持，根据

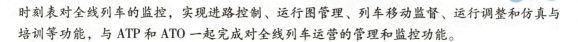

时刻表对全线列车的监控，实现进路控制、运行图管理、列车移动监督、运行调整和仿真与培训等功能，与 ATP 和 ATO 一起完成对全线列车运营的管理和监控功能。

知识目标

1. 掌握 ATS 系统的概念及作用；
2. 掌握 ATS 系统的设备组成；
3. 了解 ATS 系统的主要功能；
4. 掌握 ATS 系统的基本工作原理；
5. 了解 ATS 系统的应用实例。

技能目标

1. 能够认识 ATS 系统控制中心设备及轨旁设备；
2. 能够操纵 ATS 系统控制中心设备及轨旁设备；
3. 能够完成城市轨道交通 ATC 行车调度仿真培训系统操作；
4. 能够操作 ATS 系统实现列车早点及晚点调整。

相关案例

2006 年 6 月 13 日，日本东京地铁荒川线上，一辆从三轮桥始发开往早稻田的有轨电车追尾撞上了一辆试运行列车，造成 26 人受伤，其中 3 人受重伤。经事故调查分析，事故原因是该列车在年检完毕后尚未安装 ATS 定位系统，无法接收线路行车信息，由人工驾驶紧急制动造成的追尾事故。

结构框图

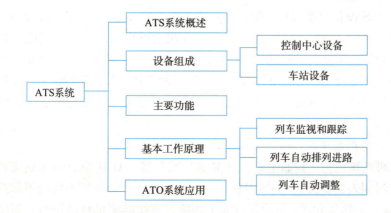

5.4.1 ATS 系统概述

列车自动监控系统是城市轨道交通信号系统的一个重要组成部分,英文名称为 The Automatic Train Supervision System,简称 ATS 系统。列车自动监控系统利用可靠的网络结构,与列车自动防护系统一起完成对全线列车运营的管理和监控功能。ATS 系统的功能包括监督和控制两部分。

ATS 系统的监督功能是将列车运营的状态和信息,通过控制中心或各车站的调度终端,实时显示出来,控制中心或各车站的调度员可以通过这些调度终端屏幕,实时了解和掌握列车的实际运行情况,以便及时对行车作业进行分析和调整,保证全线运营安全、高效、有序进行。ATS 系统可以显示全线列车的动态运行情况,在线路上出现故障或紧急情况时,可以通过 ATS 系统对事故进行全面指挥和处理,调配资源,及时排除故障,恢复正常运营作业,提高工作效率。

ATS 系统的控制功能是由列车自动监控系统向列车自动防护系统和列车自动驾驶系统发出指令办理列车进路,指挥控制列车按照列车运行图来运行。列车自动监控系统可以绘制列车实际运行图,并动态地对偏离运行图的列车进行调整。

ATS 系统能与 ATP 系统、计算机联锁设备或继电联锁设备配套使用,并有与时钟系统、旅客向导系统和综合监控系统的接口。ATS 系统负责监控列车的运行,是非安全系统。

5.4.2 ATS 系统设备组成

ATS 系统为多层体系结构,如图 5-4-1 所示,位于控制中心的 ATS 监控设备处于结构的最高层,位于车站的 ATS 监控设备处于结构的低层。ATS 系统通过专门的数据传输系统,实现控制中心 ATS 设备与各车站 ATS 设备之间的通信和数据交换。

ATS 系统由控制中心设备、车站设备、车辆段设备、列车识别系统及列车发车计时器等组成。但是可以根据实际情况的需要,对 ATS 的硬件、软件配置进行相应的调整。

1. 控制中心设备

控制中心设备属于 ATS 系统,是 ATS 的核心,如图 5-4-2 所示,用于状态表示、运行控制、运行调整、车次追踪、时刻表编制及运行图绘制、运行报告、调度员培训与其他系统的接口。其设备组成如图 5-4-3 所示。

控制中心 ATS 设备主要包括:中心计算机系统、综合显示屏、调度员及调度长工作站、运行图工作站、培训/模拟工作站、绘图仪和打印机、维修工作站、局域网、UPS 及蓄电池。其中,综合显示屏、调度员及调度长工作站设于主控制室,控制主机、通信处理器、数据库服务器、维修工作站设于中心计算机设备室,运行图工作站设于运行图室,绘图仪和打印机设于打印室,培训/模拟工作站设于培训室,UPS 设于电源室,蓄电池设于蓄电池室,如图 5-4-4 所示。

(1) 中心计算机系统

中心计算机系统包括:控制主机、COM 通信服务器、ADM 服务器(系统管理服务器)、TTE 服务器(时刻表编辑器)、局域网和各自的外部设备。为保证系统的可靠性,主要硬件设备均为主/备双套热备方式,可自动或人工切换。系统能满足自动控制、调度员人工控制

第五章 列车自动控制系统

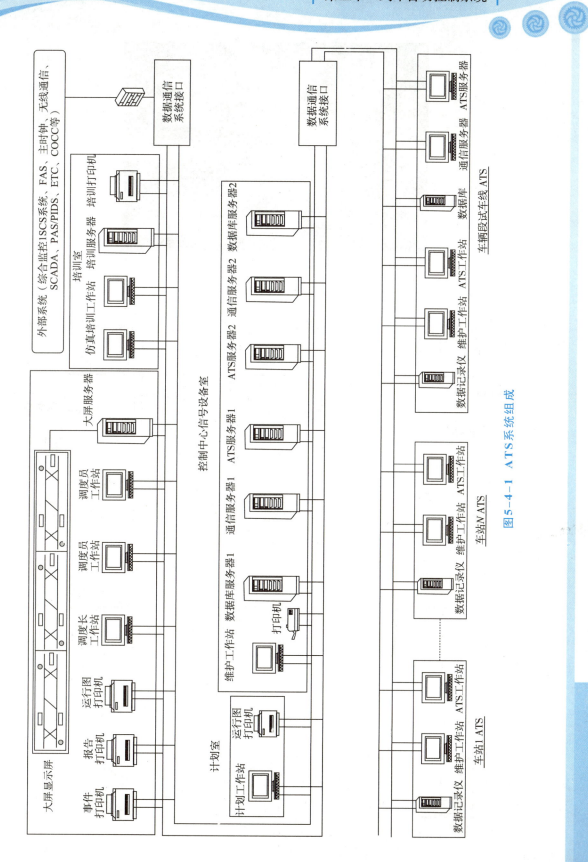

图5-4-1 ATS系统组成

图 5－4－2　地铁控制中心

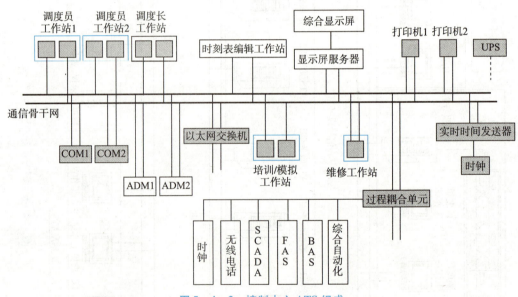

图 5－4－3　控制中心 ATS 组成

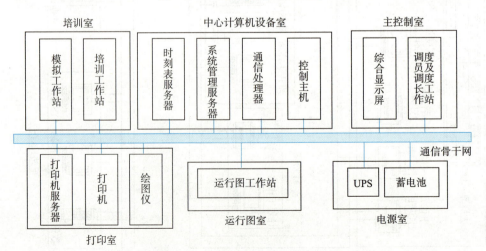

图 5－4－4　ATS 系统控制中心设备

及车站控制的要求。

COM 通信服务器上存储着实际的进程映像。所有从联锁和外围设备发送来的数据都由 COM 服务器最先得到和处理。一些应用功能也由 COM 服务器激活,并在此服务器上得以运行。因此,COM 服务器是自动调整功能的核心部分。

ADM 服务器(系统管理服务器)用于系统数据存储,处理所有不受运行时间影响的数据,如系统配置、计划时刻表、计划运行图等。通常在系统启动时或收到一个询问指令时或对某一设备的参数进行设置时才需要。列车自动调整功能通常所需要的计划时刻表数据,就是在系统启动时从 ADM 服务器中读得的。

TTE 服务器(时刻表编辑器)建立离线时刻表的操作者平台。时刻表的编制也是 TTE 服务器的任务。ADM 服务器存储的计划时刻表由 TTE 服务器提供。

ATS 中心计算机系统能满足自动控制、调度员人工控制及车站控制的要求。系统设有 ATS 系统服务器,主要作用有:列车运行控制、处理全线的表示信息、采集、存储运行记录、生成各种运行报告。

(2)综合显示屏

综合显示屏由显示设备和相应的驱动设备组成,用来监视正线列车运行情况及系统设备状态,如图 5-4-5 所示。

图 5-4-5 控制中心综合显示屏

(3)调度员及调度长工作站

调度员及调度长工作站,用于行车调度指挥,与 ATC 计算机系统接口,是实际的操作平台,使调度员能在控制中心监视和控制联锁设备及列车的运行,如有需要,可显示计划运行图和实际运行图。调度员可将系统投入列车自动调整,必要时可人工干预。如图 5-4-6 所示。

(4)运行图工作站

列车运行图工作站用于完成某天或某一时段内所有运行计划的编制和修改,通过人机对话可以实现对运行时刻表的编辑、修改及管理。运行图工作站的硬件结构与调度员工作站的相同。

图 5-4-6 调度员工作站

（5）培训/模拟工作站

培训/模拟工作站配有各种系统的编辑、装配、连接和系统构成工具，以及列车运行仿真的软件。它可以与调度员工作站显示相同的内容，有相同的控制功能，能仿真列车在线运行及各种异常情况，而不参与实际的列车控制。实习调度员可通过它模拟实际操作，培养系统控制和各种情况下的处理能力。

（6）打印机服务器、绘图仪和打印机

打印机服务器缓冲和协调所有操作员和实时事件激活的打印任务。绘图仪和激光打印机，用于输出运行图及各种报表。

（7）维修工作站

主要用于 ATS 系统的维护、ATC 系统故障报警处理和车站信号设备的监测。图 5-4-7 所示为长春轻轨调度中心维修工作站。

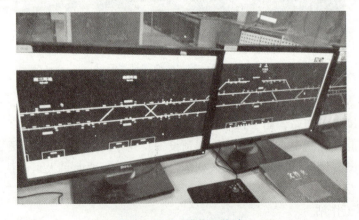

图 5-4-7 维修工作站

（8）局域网

局域网把本地和远程工作站、服务器的 PLC 连接在一起。以太网允许各成员间进行高速数据交换（10 Mb/s）。

（9）UPS 及蓄电池

控制中心配备在线式 UPS 及可提供 30 min 后备电源的蓄电池。

控制中心 ATS 系统与现地的通信是通过两个以在线/备用形式连接的以太网 LAN 来实现的。LAN 到每个现地的辐射是通过远端光缆及安装在控制中心、车辆段和现地的容错网络光端机来实现的。LAN 与信号室的在线/备用计算机连接，LAN 也与每一现地控制点的车站控制计算机（SCC）连接。

中央 ATS 与车站 ATS 的前置机进行通信，获取所有信号设备的状态数据并把调度命令发送给车站信号设备。另外，中央 ATS 执行主要功能时，均要通过车站 ATS 发送命令到相应的信号系统。

2. 车站设备

车站 ATS 工作站，用于车站值班员完成对本站所管辖范围的列车运行状态监督、进路排列、道岔控制、信号开放等作业，是车站的重要设备。

车站 ATS 设备包括由工作站、打印机、网络接口和 UPS 不间断电源等设备，其中工作站一般由主机、显示器、键盘、鼠标设备组成，如图 5-4-8 所示。车站值班员通过车站 ATS 工作站终端屏幕，实时了解和掌握本站所辖范围内列车的实际运行情况，在本站取得对车站控制权的情况下，车站值班员可以在工作站上发出指令，直接指挥列车在本站管辖范围内安全运行。

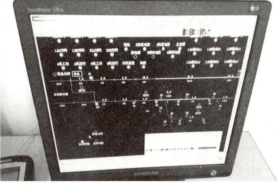

图 5-4-8　车站 ATS 设备

3. 车辆段设备

（1）ATS 分机

车辆段设一台 ATS 分机，用于采集车辆段内存车线的列车占用与进/出车辆段的列车信号机的状态，在控制中心显示屏上给出以上信息的显示，以便控制中心及车辆段值班员和车辆段管理人员了解段内停车库线列车的车次及车组运用情况，正确控制列车出段。车辆段不纳入正线，统一按照计划作业自动进路办理流程，这里 ATS 分机只与联锁接口，提供车辆段人工操作指令处理，并将车辆段站场表示信息传递到中心 ATS。

（2）车辆段终端

车辆段派班室和信号楼控制室各设一台终端，与车辆段 ATS 分机相连，根据来自控制中心的实际时刻表建立车辆段作业计划。

车辆段终端通过与中心 ATS 交互，获取列车运行计划，生成司机出乘计划，并将机车运行计划上传到中心 ATS 系统。

车辆段联锁设备，通过 ATS 分机控制中心交换信息，实现段内运行列车的追踪监视，车辆段与控制中心间提供有效的传输通道，当传输距离较长时，可采用 MODEM。

4. 列车识别系统（PTI）

PTI 设备是 ATS 车次识别及车辆管理的辅助设备，其由地面查询环路和车载查询器组成。地面查询器环路设于各站。PTI 设备用于校对列车车次号。当列车经过地面应答器时，地面应答器可采集到车载查询器中设定的列车车次号，并经过车站 ATS 设备送至控制中心，校对是否与中心计算机列车计划中的车次号一致，若不相同，则报警并进行修正。

5. 列车发车计时器（TDT）

TDT 设备设于各站，为列车运行提供车站发车时机、列车到站晚点情况的时间指示，提示列车按计划时刻表运行。正常情况下，在列车整列进入站台后，按系统给定站停时间倒计时显示距计划时刻表的发车时间，为零时指示列车发车；若列车晚点发车，则 TDT 增加停站时间的计时。在特殊情况下，若实施了站台扣车控制，TDT 给出规定显示，如下达提前发车命令，TDT 立即显示零；列车通过车站时 TDT 给出相应显示。

5.4.3 ATS 系统主要功能

ATS 系统监控全线列车运行，它具有以下主要功能：集中监视和跟踪全线列车运行情况；自动记录列车运行过程；自动生成、显示、修改和优化列车运行图；自动排列进路；自动调整列车运行追踪间隔；信号系统设备状态报警；记录调度员操作；运营计划管理和统计处理；列车运行情况模拟及培训；与其他系统接口等。

1. 列车监视和跟踪功能

ATS 系统对在线所有运行列车进行实时监视和跟踪，其监视和跟踪功能主要包括：系统自动识别、读取列车车次号；列车运行计划时刻表自动产生车次号；人工输入车次号；列车运行的识别；列车运行的跟踪；在调度员台、维护台及大屏幕上显示列车位置；记录车次号；删除车次号；变更车次号；报告列车信息等。

（1）车次号输入和修改

当列车由车辆段或其他地点进入正线开始运行时，列车自动监控系统将根据列车运营计划时刻表由列车自动监控系统赋予运营列车一个列车车次号。

（2）列车运行识别

列车在轨道上运行，信号系统通常将轨道划分为分段的轨道电路，可以用机械绝缘或电气绝缘来分割不同的轨道电路。系统监测到轨道电路的状态由"空闲"变为"占用"时，可以监测到列车在运行。列车自动监控系统根据列车车次号的目的地信息，为列车排列进路。

（3）车次号的集中显示

控制中心的调度终端显示屏或专门设置的大屏幕上，可以直观地显示全线和沿线各站的信号设备的布置和工作情况，以及全线列车运行状况，如列车所处位置及车次号、信号机显示状态、道岔位置、轨道电路状态、进路办理和开通状态、车站控制级别（本站控制或中央控制）、行车闭塞方式、车站扣车作业、信号设备状态报警等信息，以及根据调度员的需要显示车辆段内列车运用状况及各种报告等。

2. 列车自动排列进路功能

ATS 系统的列车自动排列进路功能，能够对轨道电路、信号机、道岔实现集中控制，根据列车的运行情况，在适当时机向车站联锁设备发送排列进路命令，转换道岔，开放信号，保证列车的安全运行。列车自动排列进路功能，通过捕获列车的车次号信息，来获取列车的运行任务，由车站设备最终完成进路自动排列作业。

ATS 系统自动排列进路功能，取代人工办理进路作业，进路的办理自动完成，可以有效地降低调度员和值班员的工作强度，消除人工办理进路过程中出现的失误和错误，提高系统的运营效率，保证运营作业安全高效地进行。此外，控制中心调度员或车站值班员，在必要时遵照管理程序和规章制度，可以进行人工干预。ATS 会检查其合理性并给出相应信息，提醒调度员和值班员注意。

3. 时刻表处理功能

ATS 系统的时刻表处理功能包括安装、修改、存储时刻表，描绘、显示和打印实际运行图。

系统提供时刻表编制用的数据库，通过调度员的人工设置如站停时间、列车间隔、轨道电路布置等数据产生计划时刻表。每天运营前将当日使用的计划时刻表从控制中心传至车站 ATS 分机。系统储存适合于不同运行情况的多套时刻表；根据时刻表自动完成列车车次号的跟踪与更新，自动生成时刻表。控制中心 ATS 根据列车运行的实际情况自动绘制列车实际运行图。

4. 列车运行调整功能

ATS 系统不断地对计划时刻表与实际时刻表进行比较，通过调整停站时间随自动调整列车按计划时刻表运行，在此基础上自动产生列车的出发时间。在装备有 ATO 的线路上能通过对列车运行等级的设置实现对列车运行的自动调整。

调度员也可通过人工命令调整列车停站时间来调整列车运行。

5. 旅客信息显示系统

ATS 系统将列车实际位置告知 PIS 系统，用来通知等待的乘客下一列车的目的地和到达时间，如图 5-4-9 所示。

图 5-4-9 旅客信息显示系统

6. 仿真及演示

系统仿真是通过仿真手段，离线模拟列车的在线运行，主要用于系统的调试、演示及人员培训，是一种必不可少的运行模式。它与在线控制模式几乎完全相同，唯一的差别是列车定位信息不是实际获取，而是随车次号的设置而出现。仿真模拟运行能够模拟在线控制中的所有功能，但它与现场之间没有任何表示信息和控制命令的信息交换。

培训/演示系统具有模拟时刻表，模拟列车运行的调度等，可记录、演示，据此对学员进行实际操作的培训。

7. 运行报告

ATS 能记录大量与运行有关的数据，如列车运行里程数、实际列车运行图、列车运行与计划时间的偏差、重大运行事件、操作命令及其执行结果、设备的状态信息、设备的故障信息等。ATS 系统所记录的事件都应该有备份。通过选择，可回放已被记录的事件；提供数据备份和恢复功能，并可回放和查询；提供运行分析报告。

ATS 中心可提供多种报告，辅助调度员了解列车运行情况，以及系统工作情况。调度员还可调用列车运用计划并进行修改，并可登记、记录、统计数据、离线打印。ATS 系统可按用户的要求提供各种统计功能，用以完成各种统计报表（如日报表、周报表、月报表等）。

8. 监测与报警

ATS 系统能及时记录被监测对象的状态，有预警、诊断和故障定位能力；监测列车是否处于 ATP 保护状态；监测信号设备和其他设备结合部的有关状态；具有在线监视与报警能力；监测过程应不影响被监测设备的正常工作。

5.4.4 ATS 系统基本工作原理

1. 列车监视和跟踪（TMT）

列车监视和跟踪是控制中心 ATS 系统的功能，其任务是确定每列车在系统中的位置，这是由跟踪列车运行实现的。不论是自动还是人工方式，每列车与一个列车车次号相关联。当列车由车辆段进入正线运行时，ATS 系统根据计划时刻表自动给该列车加入车次识别号。根据联锁设备的信息推断，随着列车的前进，列车车次号在列车追踪系统中从一个轨道区段单元向下一个轨道区段单元移动。列车移动时，在调度员工作站上的车次号窗内以列车识别号显示出来。车次号按先到先用的原则显示。

（1）列车识别号报告

每列列车准备进入正线运行时，都需要根据预先存储的列车时刻表来命令进入系统的列车，自动给它分配一个列车识别号。该识别号可以在显示器上显示，并随列车跟踪运行，该识别号也会在显示器上移动。

列车识别号包括目的地号、序列号和服务号。目的地号规定列车行程终到地点。序列号按每次行程自动累增。乘务组号和车组号将显示在特定的对话框中。

（2）列车识别号跟踪

自动列车跟踪要完成对列车号定位、列车号删除、车次号处理。

1）列车号定位

列车号向轨道区段的分配可由下列任一情况启动：在列车离开车辆段的地点，一个向正线方向的列车移动被识别,列车号从时刻表数据库取出;来自 PTI(列车识别系统)的有效列车数据输入;来自控制中心 MMI 的一个列车号插入或修改的输入,或在没有列车号能被步进到的位置识别到一个列车移动时,依照时刻表产生一个列车号。

2) 列车号删除

当步进超出自动列车追踪功能的监控范围,从控制中心 MMI 输入一个人工删除命令时,列车号被删除。

3) 车次号处理

车次号处理包括:从控制中心 MMI 输入一个新的列车号、输入列车识别号、更改列车识别号、删除列车识别号、人工步进列车识别号、查询列车识别号。

2. 自动排列进路(ARS)

通过列车进路系统,实现了进路的自动排列。这可以节约调度员大量的操作工作量。其功能就是向联锁发出进路排列命令。

调度员可在任何时候都绕过列车进路系统,用手动方式办理进路,列车进路系统则需要检测这一动作是否具有可行性。需要强调的是,行车进路系统可由调度员关闭,因为当调度员人工办理进路时,要避免列车进路系统发出命令的危险。

具有正常方向才考虑自动选路,反方向运行要受到控制中心 MMI 的干预。

(1) 运行触发点(OP)

列车进路系统只是在列车到达某一特定地点时才被启动,该特定地点称为"运行触发点"。运行触发点的位置必须进行配置。运行触发点的选择应能使列车以最高线路允许速度运行。但运行触发点又不能发生得太早,否则其他列车可能会遇到不必要的妨碍。为此,可以确定一个延时时间来决定输出列车进路指令的时间,该时间称为"接通时间",由最长指令输出时间、联锁最长设定时间、列车到达接近信号机之前司机看到和做出反应的时间、预留的时间等来决定。

在驶近列车进路始端时,可以确定多个运行触发点。这样就可以保证列车进路系统的可靠工作,即使在出现问题而未发送出列车位置的情况下,也能保证其可靠性。对于每一条进路,应在其他始端的前方,配置一个附加的,称为"重复操作"的运行触发点(NOP)。

如图 5-4-10 所示,区段 T1 配置了两个 OP。OP1 触发 S1 到 S2 的进路,OP2 触发了 S2 到 S3 的进路。S1 到 S2 进路的 NOP 配置在区段 T2,紧靠 S1 前面。区段 T3 的 OP1 用来触发 S3 开始的进路。假如 T2 区段长度较短,S1 到 S2 的 OP 设在 T2,一个接近列车在 S1 到

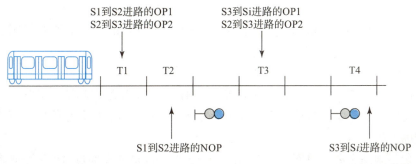

图 5-4-10 运行触发点

S2 进路排列好之前可能需要减速。所以，考虑把 S1 到 S2 进路的第一个 OP 设在 T1，确保始端信号机 S1 之前有足够的距离。

对每个运行触发点，要对启动列车进路系统的目的地编码予以配置。列车进路由列车初始位置和列车的终到（目的）编码来确定。终到编码必须还在列车识别号中。列车位置、列车号是通过列车追踪系统报告给列车进路系统的，它决定了所要求的目的地。

（2）确定进路

当到达触发点的列车请求进路时，已配置的数据就确定了进路。为此，为每个带有效目的地码的触发点配置一条进路。

对于每一条进路，还可以配置出替代进路。替代进路是必要的，如果该进路已被其他列车占用，那么就可以把替代进路按优先顺序存储到运行触发点处。进路可由两种方法予以确定。第一种，进路由时刻表来确定。前提条件是必须有一个时刻表系统，能提供当天适应每一列列车的时刻表。列车进路系统利用这些信息确定列车的进路命令，相关的替代进路也被确定。第二种，从地点相关的控制数据来确定进路。为此，有必要在车次号中包含目的地码，然后相应的进路就可以通过目的地码的方式指派到每一个运行触发点。

（3）进路的可行性检查

在进路设定指定输出到联锁设备之前，需进行若干可行性检查，该检查将决定执行或拒绝命令。首先要进行"进路始端检查"，以检查没有排列敌对进路。然后进行"触发区段检查"，检查没有其他列车处于该列车和进路入口之间，确认该列车是否到达进路的始端。

接着要进行"进路可用性检查"，目的是防止将不能执行的命令发送到联锁设备。这种检查要经过三步来实施：第一步，检查是否自始端开始的进路已排好；第二步，检查进路的自动办理是否可能；第三步，检查是否有短期障碍（如轨道被占用等）。如果所有检查都成功完成，则给联锁设备输出一个进路命令。

在规定的时间间隔之后进行"办理进路检查"，以查明联锁设备是否允许执行选择进路的命令，已办理好进路，并与输出命令相符。

列车自动进路排列功能不能取消进路。

3. 时刻表系统

时刻表系统要完成的具体工作有：时刻表数据管理；向外部系统提供时刻表数据；为停站时间时刻表的在线装载设置界面；向其他 ATS 功能模块提供时刻表数据；为使用中的时刻表增加或删除一个列车行程设置界面；按自动列车追踪请求安排列车识别号；为时刻表的离线修改设置界面。

ATS 设备包括时刻表数据库，该数据库里存储有 ATS 功能要求的所有时刻表信息。时刻表数据库中的信息是由时刻表计算机提供的。

（1）时刻表编辑

时刻表的编制和修改在离线模式下用给定的数据在时刻表编辑器中完成。基本数据包括：站间旅行时间、车站与折返线之间的旅行时间、在折返线上的停留时间，用来表示一列车在某段线路上的运行信息。

时刻表包括到站和离站时间。为了编制时刻表，调度员必须通过时刻表编辑界面输入以下数据：运行始发时间、运行始发地点、运行终到站、每一运行间隔阶段的开始和终止时间、运营日中每个时段（在当日对所有列车有效）的运行间隔。

调度员通过时刻表编辑界面输入必要的信息后，时刻表编辑器/模拟器从该信息中综合出所需时刻表。如果新的时刻表存在冲突，就会被显示，调度员可以调整时刻表的结果。如果调度员存储时刻表，时刻表就被确定。这样为不同类型的运行阶段生成相对应的时刻表。

系统时刻表中列车运行图或列车运行档案通过列车运行图表示器显示出来。

（2）时刻表系统处理程序

手动选择当天运行的时刻表，这样的时刻表当天运行有效。

时刻表查询功能，向时刻表系统查询得到列车的计划到达时间和发车时间及下站到达的时间。列车自动调整从时刻表系统得到用于列车调整的时刻表数据。

如果列车识别号在列车自动追踪时丢失，则向时刻表系统询问列车识别号，时刻表系统能给一个建议列车识别号。

（3）时刻表比较

时刻表比较器比较时刻表上预定的到达或出发时间和实际列车的到达和出发时间，如图5-4-11所示，为列车运行图表示器和自动列车跟踪提供列车与当前时刻表的偏差，启动列车自动调整。若时刻表偏差超过一规定值，时刻表偏差通过 MMI 显示，时刻表比较器进而给出列车自动调整指令，其目标是弥补列车实际运行造成的偏差。同时，将乘客信息显示屏的列车到达时间予以更新。

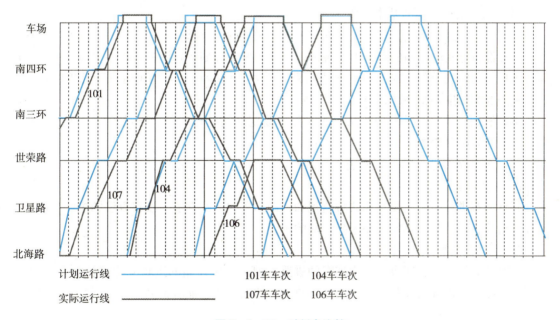

图 5-4-11　时刻表比较

4. 列车自动调整（ATR）

实际运行中，由于许多随机因素的干扰，列车运行难免与计划运行图有偏差，尤其是在列车运行密度较高的城市。一列车晚点往往会影响许多其他列车。如果出现车辆故障或其他情况，则会加剧列车运行紊乱程度。所以需要从整体上大范围地对列车运行秩序进行调整。

相比人工调整的低效率、随意性和局限性，采用自动调整方法，可以充分发挥计算机的优势，能比较及时并全面地选出优化的调整方案，使列车运行调整更智能化。而且，列车自动调整的同时，调度员依然可以积极发挥主观能动性，在必要的时候干预列车运行调整过程。

（1）列车运行调整所需数据

调整列车运行，首先必须清楚了解列车运行情况及轨道、道岔、信号灯设备的状况。所以需要掌握基本数据和实时数据。

基本数据包括：车站的顺序和种类、站间旅行时间、各站的停站时间、在折返线上的停留时间、车站与折返线之间的旅行时间和计划时刻表数据等。

实时数据包括调度员下达的控制指令、在线运行列车的限制速度和安全距离、在线运行列车的实时位置和速度。

（2）列车运行调整的目标

通过对列车运行进行调整，可以尽可能减少列车实际运行与列车计划运行的时间偏差，从而减少列车在线运行时间，减少列车在途中延误时间，减少乘客平均等待时间，使城市轨道交通系统保持正常的运营秩序，提高服务水平。

（3）列车运行调整的系统模式

人工调整和自动调整分别可以不同程度地完成列车运行过程的调整任务，是列车运行调整的两种系统模式。

（4）列车运行调整的基本手段

对列车运行进行调整，实质上是对列车运行图的重新规划，是在 ATS 对列车运行和道岔、信号设备能实时控制的基础上实现的。当列车偏离计划运行图的程度不大时，可以利用运行图自身的时间余量，对个别列车进行调整即可按图运行；当列车运行紊乱程度较严重时，则需要大幅度调整列车运行。

主要的调整手段包括改变车站停车时间、改变站间运行时间、越站行驶、改变进路设置、修改计划时刻表等。

（5）列车运行调整的计算方法

1）线路算法

一旦列车进入运营，线路算法将监视和控制列车的运行性能。线路算法的主要功能是快速和自动地管理由于较小的线路干扰造成的延误。

2）进路控制算法

进路控制算法监督所有运营中列车的进路。列车上所存储的进路应能被控制中心改变。控制中心能自动地或由控制台发出命令，改变目的地，并且能验证列车是否已收到新目的地的命令。

5. 控制和显示

当调度员通过键盘等输入命令时，列车控制和显示功能将驱动显示和报警监视器，提供运行状态和历史信息，还检查从现场返回的所有状态数据并按要求动态地更新显示和报警消息；允许调度员在授权的情况下，人工向系统输入命令，调用各种显示；处理所有调度员的输入及协调这些输入的执行。

6. 记录功能

按顺序和类别存档从其他 ATS 功能得到的信息，例如操作信息和错误信息。能够通过 MMI 功能检查记录，记录序列存放在 MMI 工作站上。

收到的操作命令或错误信息都需进行分类。每个信息的文本和类别按时间顺序储存在操作记录上。

7. 列车运行图显示

列车运行图在线路－时间坐标上显示。横坐标是线路轴，纵坐标是时间轴。线路上的车站按次序描绘在线路轴上。在计划运行图中，显示预定的到站时间和离站时间。

在实际运行图中显示当天计划运行图，以及当天的相应计划运行图及与时刻表的偏差。实际运行图与相应计划运行图用不同的颜色对比显示。各种运行图的每一运行线上，都标识了线路标志和列车行程号。时刻表偏差显示在该列车相应的运行线边，该偏差表示相应列车通过该车站的发车时间偏差。

8. 培训/演示

培训/演示系统能完整测试 ATC 系统全线的列车运行调整和列车跟踪功能的有效性。此外，模拟应能验证特定时刻表的有效性。模拟功能是交互式的，允许调度员输入。培训/演示系统具有两种供学员选择的模式：一是列车运行模式，二是指令模式。

5.4.5　ATS 系统应用

下面以国内某地铁公司的 ATS 系统设备为例，介绍 ATS 系统的应用情况。

1. 中心 ATS（CATS）

（1）用户等级

根据需要，CATS 系统可设置系统管理员、系统维护员、调度长、调度员、时刻表管理员和车辆段管理员等用户等级。

系统管理员：负责整个系统的正常运行，它能选择任何一种用户等级，并能执行所有的功能，在用户等级中级别最高。

系统维护员：负责整个系统软、硬件设备的维护，所以其用户等级及执行的功能都类同于系统管理员。

调度长、调度员、时刻表管理员及车辆段管理员，这四类用户都是系统的使用者，以控制列车的运行。根据其担负职责的不同，其功能配置也有所不同。

（2）CATS 系统运行模式

CATS 系统主要有三种运行模式：在线控制、模拟运行和运行复示。

①在线控制模式。在线控制模式是 CATS 系统的主要运行模式，它监督与控制实际的列车运行，该模式下系统的主、备控制服务器及通信前置服务器等，都处于工作状态。

②模拟运行模式。该模式运行于模拟在线运行状态，主要用于系统调试、演示和培训，它模拟在线控制运行的所有功能，但与现场设备没有联系，既不能向现场发送控制命令，也不接收现场的设备状态信息。模式运行时，至少需占用一台工作站和一台系统控制服务器，因此，该模式的运行会影响在线控制模式中备机的运行。

③运行复示模式。运行复示模式下，系统可以重新回访 72 h 之内的全部运行记录，再

现系统的运行情况，也可选择其中任一小时和当前时刻的前一小时的运行记录，其速度可以调整，也可按事件回访，或按秒回访。对在线运行和模拟运行的运行记录，均可以回访。运行复示模式只占用一台工作站，所以不会影响在线运行的控制。

2. 联锁集中站 ATS（LATS）

在全线各联锁集中站的信号设备室都设有 ATS 设备，一般称其为 LATS。它不仅在控制中心授权下，完成进路控制等功能，也是控制中心与列车之间信息交换的中介，控制中心通过数据通信系统与 LATS 系统进行数据交换。

控制中心与全线联锁集中站信号设备室之间通过光纤网络交换数据。信号设备室内，设有两台非安全逻辑服务器（NVLE）；在相应的车站控制室内，设有车站控制工作站，作为车站值班员的操作终端。两台 NVLE 服务器为一主一备，每台服务器都设有控制终端和键盘，NVLE 服务器连接包括：

①与控制中心连接，以接收控制中心的遥控指令和传送现场信号设备的状态信息。

②与联锁逻辑处理服务器（联锁 MICROLOK）连接，以控制相关的信号设备（道岔、信号机等）。

③与相邻集中站的 NVLE 连接，以提高 ATS 系统的可靠性和控制的灵活性。

④与车－地信息交换系统（TWC）相连，以完成车－地的信息交换，将控制中心的 ATS 指令传给列车，并将列车的运行状态信息经 NVLE 服务器传给控制中心。

车站控制工作站，实际为 NVLE 提供用户界面，通常在遥控情况下，车站值班员通过 CRT 监视被控车站的线路及运行状态。在 CATS 授权下，车站值班员可以控制被控车站的信号设备，指挥列车运行。在特殊情况下也可以"紧急站控"。当需要"站控"时，NVLE 向控制中心发出请求，在调度员同意的情况下，CATS 系统可设置"站控"模式。车站值班员得到"站控"指令后，可执行车站控制功能，其中包括进路的排列和信号的开放、临时限速命令控制、站台紧急停车控制、道岔的单独操纵、扣车和催发、引导进路的锁闭、引导信号的开放控制、终端折返站的折返模式控制及改变运行方向控制等。这里要指出的是道岔的单独操纵和引导信号的控制，只允许在站控的情况下完成。

3. 列车与地面通信（TWC）系统

列车与地面的信息交换系统（简称 TWC 系统），是列车与地面之间的半双工 ATS 信息交换系统。TWC 系统与 DTS 系统相结合，完成控制中心、联锁集中站与列车这三者的信息交换，使三者有机地结合，构成一个完整的系统。TWC 系统交换的信息，是"非安全"调度信息和列车状态信息，是 ATS 系统的重要组成部分。

不同的 ATC 制式，采用不同的 TWC 系统，其传输方式和内容也不相同。这里重点介绍"站内轨道电路"和"站内轨道区段敷设环线"这两种典型的 TWC 系统。

①以"站内轨道电路"为载体的 TWC 系统由车站 TWC 模块、阻抗连接器、TWC 车载设备三部分组成。

联锁集中站的信号设备室内，对应所管辖车站的每个站台，分别设置与其相对应的 TWC 模块，以对车－地交换的数据信息进行处理。

在每个站台的两端、车辆段的出库线及折返站的折返线、存车线，设置能发送 TWC 信息的阻抗连接器。阻抗连接器与室内 TWC 模块通过电缆相连，其输出连接至钢轨，钢轨中的 TWC 电流信息通过感应，由运行于站台区域的列车 TWC 接收线圈接收，从而将控制中心的调度信息传送给列车。

地面发送的信息内容为：信息字头、列车目的地号、车号、ATS 运行等级、"跳停"、保护信息、信息字尾。

在列车（A 型车）导轮的前正对钢轨的上方，设置 TWC 两个接收线圈（它与 ATP 接收线圈共用），用于接收由地面发送的 TWC 电流信息；另外，在列车（A 型车）头部的底部，还设有车载 TWC 信息发送天线，用于列车向地面发送 TWC 信息；在车载 ATC 系统机柜内，设有相应的 TWC 接收、发送模块，用于处理（调制、解调）TWC 数据信息；车载 TWC 信息，即列车状态信息，经 TWC 发送天线，传至地面的阻抗连接器（设于站台区域），然后传至信号设备室内相应的 TWC 模块，经处理后传送至控制中心。

列车发送"短信息"的内容为：信息字头、列车目的地号、保护信息、信息字尾。

列车发送"长信息"的内容为：信息字头、列车目的地号、车号、车长、列车对位、列车准备就绪、列车车门打开（关闭）、列车移动检测、驾驶模式（人工/自动）、ATS 运行等级、ATP 切除、保护信息、信息字尾。

②以环线为载体的 TWC 系统利用敷设于钢轨之间的环线作为 TWC 信息传输通道，该环线不仅是车－地信息交换媒介，也作为车站程序对位停车的定位校正设备。

每个车站的站台区域、折返线及出库线等处，需要与列车交换信息的区域，其钢轨之间都铺设用于信息交换的交叉环线，如图 5－4－12 所示。环线离两边钢轨 0.429 5 m，环线宽度为 0.6 m，这样使车载 TWC 接收线圈的接收信号强度最强。环线的长度覆盖整个站台区域，站台两端轨道电路"S Band"中心之间的距离，即站台的长度，为 186 m，再加 4 m，总长约为 190 m。整个环线设奇数次交叉，以站台中心为基准，以 11 m、7 m、6 m、1 m 等有规则地两边对称设置，以利于双向运行的对位停车控制。在环线的接入口，设有耦合单元使传输线与环线之间的阻抗得以匹配。传输线的另一端连至联锁集中站信号设备室的"车－地通信控制器"，每个"车－地通信控制器"都有唯一的地址，对应于某个站台。

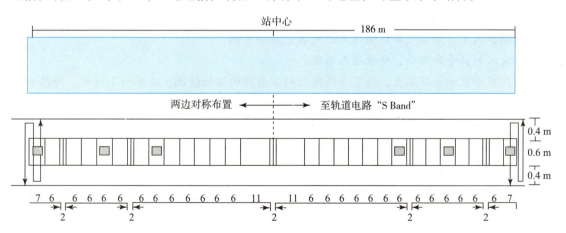

图 5－4－12　车－地通信环线示意图

为了与地面进行无线数据通信，列车（A 型车）的 ATC 机柜内都配置有车载"车－地通信控制器"，在其车底还设有 TWC 接/发天线。

思考与练习

1. 什么是 ATS 系统？它有什么作用？
2. 简述 ATS 系统的设备组成。
3. ATS 系统控制中心设备有哪些？
4. ATS 系统的主要功能有哪些？
5. 简述 ATS 系统列车监视和跟踪的工作原理。
6. ATS 系统是如何实现时刻表处理的？
7. 简述 ATS 系统列车自动调整的工作原理。
8. ATS 系统如何实现列车运行图显示的？

技能训练

技能训练 1　ATS 系统设备认知

1. 实验目的

①掌握 ATS 系统的控制中心设备和车站设备组成。

②掌握列车自动监控系统的基本操作。

③能够分析对道岔实施操作不成功的原因。

2. 实验设备

控制中心 ATS 设备、车站 ATS 设备、网络接口、调度电话、电源等。

3. 实验内容

（1）控制中心 ATS 系统设备认知

①闭合列车自动监控系统调度主机电源，启动系统。

②输入用户号和密码，登录进入系统。

③在显示器和大屏幕上，监督全线所用列车实际的运行情况，观察列车追踪、停站和运行过程中，设备的工作状态变化情况。

④在调度终端上操作，实施取得对某车站的控制权。

⑤在控制中心办理该车站的进路作业，观察设备的动作和响应情况。

⑥退出系统。

（2）车站 ATS 系统设备认知

①闭合车站计算机主机电源，启动系统。

②输入用户号和密码，登录进入系统。

③在终端显示器上，监督本站范围内列车实际的运行情况。

④在终端人机界面上操作，向控制中心申请取得本车站的控制权。

⑤对本站的道岔进行单独操纵，锁闭和解锁作业。

⑥退出系统。

4. 注意事项

①注意设备及人身安全，做好安全防护。

②实验完成后必须试验良好。

技能训练2　城市轨道交通ATC行车调度仿真培训系统认知实验

1. 实验目的

①了解和熟悉城市轨道交通行车调度指挥系统架构及行车岗位。

②了解城市轨道交通ATC行车调度仿真培训系统的组成及系统部署。

③掌握城市轨道交通ATC行车调度仿真培训系统的启动与退出。

④掌握城市轨道交通ATC行车调度仿真培训系统中的基本操作。

2. 实验设备

城市轨道交通ATC行车调度仿真培训系统操作手册、城市轨道交通ATC行车调度方仿真培训系统软件。

3. 实验内容

①整理城市轨道交通行车调度指挥系统架构图。

②整理城市轨道交通ATC行车调度仿真培训系统组成图。

③整理城市轨道交通ATC行车调度仿真培训系统结构图。

④在城市轨道交通ATC行车调度仿真培训系统中，如何正确启动正线ATC行车调度实训环境、车辆段行车实训环境。

⑤在城市轨道交通ATC行车调度仿真培训系统中，正线和车辆段创建/删除列车操作。

⑥在城市轨道交通ATC行车调度仿真培训系统中，初始化列车和缓解EB操作。

⑦在城市轨道交通ATC行车调度仿真培训系统中，正线分配运行线操作和列车ATO模拟运行操作。

⑧在城市轨道交通ATC行车调度仿真培训系统中，车辆段上电解锁、调车操作。

4. 注意事项

①小组各人员分工进行实训操作，实训中协调合作。

②注意设备及人身安全，做好安全防护。

③实验完成后必须试验良好。

技能训练3　列车早点调整

1. 实验目的

①了解和熟悉列车早点调整的策略。

②了解和掌握列车早点调整的方式和操作。

2. 实验设备

城市轨道交通ATC行车调度仿真培训系统软件。

3. 实验内容

①开机：数据库服务器、学生机开机。

②系统启动：依次登录 ZC 模拟系统、列车模拟系统、ATS 模拟系统。系统登录后，各个区域集中站默认为 CBTC 信号控制模式。

③创建列车：ATS 模拟系统中，在月牙山站 3 创建 01 号列车。

④列车初始化：列车模拟系统中，对 01 号列车初始化：设置运行方向为下行，上电，缓解紧急制动，设置驾驶模式为 ATO 模式，设置 01 号列车的运行模式为"自动"。

⑤激活时刻表：ATS 模拟系统中，激活时刻表"TimeTable_ 02"。

⑥设置仿真时间：在 ZC 模拟系统中，将仿真时钟暂停，仿真时间设置为"06：59：50"（月牙山站 3 的计划发车时间）。

⑦分配班次：在 ATS 模拟系统中，为"01"号列车分配班次"101"。

⑧设置早点：在 ZC 模拟系统中，将仿真时间设为 06：54：50（早点 5 分钟）。

⑨启动仿真时钟：在 ZC 模拟系统中，启动仿真时钟，列车自动运行。

⑩运行调整：在 ATS 模拟系统中，可以通过扣车、增加停站时间（调整停站时间操作）和区间运行时分（调整列车的运行等级操作）等方式来使列车的实际图与计划图慢慢吻合。

⑪查看运行图：在调整过程中，可以在当前表视图或者运行图视图中，看到列车运行过程中，在每个车站的实际到发时间。

⑫打印时刻表：在 101 次列车在计划和实际之间的偏差小于 5 s 时，即可停止调整，通过打印功能，打印出电子版的表格形式和图形格式的混合运行图。

⑬标注：在混合运行图上标注出设置早点的点，以及统计调整完成后的总共用时。

⑭删除当天计划：在 ATS 模拟系统中，切换到运行图视图窗口，在可用时刻表中，通过双击激活的时刻表，删除当天计划。

⑮退出系统。

⑯学生机关机，复原现场。

⑰退出通信监控服务程序，数据库服务器关机。

4. 注意事项

①小组各人员分工进行实训操作，实训中协调合作。

②注意设备及人身安全，做好安全防护。

③实验完成后必须试验良好。

技能训练 4　列车晚点调整

1. 实验目的

①了解和熟悉列车晚点调整的策略。

②了解和掌握列车晚点调整的方式和操作。

2. 实验设备

城市轨道交通 ATC 行车调度仿真培训系统软件。

3. 实验内容

列车晚点对整个运营的影响及行车处置方式方法。

①开机：数据库服务器、学生机开机。

②系统启动：依次登录 ZC 模拟系统、列车模拟系统、ATS 模拟系统。系统登录后，各

个区域集中站默认为 CBTC 信号控制模式。

③创建列车：ATS 模拟系统中，在月牙山站 3 创建 01 号列车。

④列车初始化：列车模拟系统中，对 01 号列车初始化：设置运行方向为下行，上电，缓解紧急制动，设置驾驶模式为 ATO 模式，设置 01 号列车的运行模式为"自动"。

⑤激活时刻表：ATS 模拟系统中，激活时刻表"TimeTable_02"。

⑥设置仿真时间：在 ZC 模拟系统中，将仿真时钟暂停，仿真时间设置为"06:59:50"（月牙山站 3 的计划发车时间）。

⑦分配班次：在 ATS 模拟系统中，为"01"号列车分配班次"101"。

⑧设置早点：在 ZC 模拟系统中，将仿真时间设为 06:54:50（晚点 5 分钟）。

⑨设置运行模式。

⑩启动仿真时钟：在 ZC 模拟系统中，启动仿真时钟，列车自动运行。

⑪运行调整：在 ATS 模拟系统中，可以通过催发车（列车的发车操作）、减少停站时间（调整停站时间操作）和减少区间运行时分（调整列车的运行等级操作）、跳停（列车跳停）或者封站（站台关闭操作）等方式来使列车的实际图与计划图慢慢吻合。

⑫查看运行图：在调整过程中，可以在当前表视图或者运行图视图中，看到列车运行过程中在每个车站的实际到发时间。

⑬打印时刻表：在 101 次列车在计划和实际之间的偏差小于 5 s 时，即可停止调整，通过打印功能，打印出电子版的表格形式和图形格式的混合运行图。

⑭标注：在混合运行图上标注出设置晚点的点，以及统计调整完成后的总共用时。

⑮删除当天计划：在 ATS 模拟系统中，切换到运行图视图窗口，在可用时刻表中，通过双击激活的时刻表，删除当天计划。

⑯退出系统。

⑰学生机关机，复原现场。

⑱退出通信监控服务程序，数据库服务器关机。

4. 注意事项

①小组各人员分工进行实训操作，实训中协调合作。

②注意设备及人身安全，做好安全防护。

③实验完成后必须试验良好。

第五节　基于轨道电路的 ATC 系统

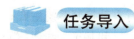
任务导入

根据城市轨道交通通信信号技术的发展，目前我国应用的列车运行自动控制系统主要有基于轨道电路的列车控制系统（Track Circuit Based Train Control，TBTC）和基于无线通信的列车控制系统（Communication Based Train Control，CBTC）。TBTC 系统技术成熟，安全可靠，在我国城市轨道的交通早期信号自动控制系统中应用广泛。

学习要点

知识目标

1. 掌握基于轨道电路的 ATC 系统概念及特点；
2. 了解基于模拟轨道电路的 ATC 系统；
3. 了解基于数字轨道电路的 ATC 系统；
4. 了解基于轨道电路的 ATC 系统的应用情况。

技能目标

1. 能完成 ATC 系统集中控制功能操作；
2. 能完成联锁集中站控制功能操作及简单故障处理；
3. 能利用列控仿真系统对轨道电路的"红光带"故障进行处理；
4. 能利用列控仿真系统对道岔故障进行处理。

相关案例

2011 年 7 月 2 日下午，北京地铁 10 号线 ATC 系统突发故障，无法实现正线正常运行，导致运营间隔加大，全线多辆列车出现延误，约 1 h 后才恢复正常运行。

结构框图

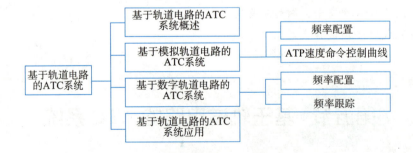

5.5.1 基于轨道电路的 ATC 系统概述

根据城市轨道交通通信信号技术的发展，目前我国应用的列车运行自动控制系统主要有基于轨道电路的列车控制系统（Track Circuit Based Train Control，TBTC）和基于无线通信的列车控制系统（Communication Based Train Control，CBTC）。

第五章　列车自动控制系统

根据车－地之间所传输信息的内容分类，连续式 ATC 系统可分为速度码系统与距离码系统。前者由控制中心将列车最大允许速度直接传至车上，这种制式在信息传递与车上信息处理方面比较简单，速度分级是阶梯式的，如上海轨道交通 1 号线的 ATC 系统；后者从地面传至车上的信息是前方目标点的距离等一系列数据，由车载计算机进行实时计算得出列车的最大允许速度。显然，距离码系统的信息传输比较复杂，速度控制是实时、无级的，如上海轨道交通 2 号、3 号线，长春轻轨 3 号线、4 号线等采用此种制式。

不论是速度码系统还是距离码系统，其轨道电路都被用作双重通道：轨道电路区段上无车时，轨道电路发送检测码；当列车驶入轨道电路区段，立即发送速度命令或数据电码。从"数字信号处理"学科角度来区分，速度码系统通常使用频分制方法，即用不同的频率来代表不同的允许速度。而在距离码系统中，由于信息电码的多样性和复杂性，所以必须使用时分制数字电码方式，按协议来组成各种信息。

基于轨道电路的 ATC 系统以钢轨作为信息传输的通道，当前主要有模拟轨道电路制式和数字编码轨道电路制式两类，其中绝大多数是数字编码轨道电路制式的 ATC 系统。

基于轨道电路的 ATC 系统特点如下：

（1）轨道电路限制了列车位置检测的精度

列车位置检测的最小分辨率为轨道电路区段，任意一部分轨道电路被占用，整条轨道电路都将认为被占用。过长的区段设置会产生较大的行车间隔，直接导致运行效率下降，过短的区段设置需要更多轨道电路设备，从而增大了投资。

（2）传输信息量有限

ATC 系统中列车提速及行车间隔减小，需要更多考虑前方线路坡度、弯道情况、前车位置、速度等情况来确保行车安全，这使得列车信息需求量增大。若要实现 ATP、ATO 等功能，对信息量的要求将更大。轨道电路受工作原理和工作环境的限制，无法满足列车控制信息量增长的需要。

（3）轨道电路易受到天气、地理环境及电磁环境等的影响

轨道电路的道碴电阻变化、雨水、环境温度和列车分路不良等，都会对轨道电路性能产生影响。

（4）轨道电路无法实现车对地的通信，列车相关信息无法有效传送给地面设备

5.5.2　基于模拟轨道电路的 ATC 系统

国内早期采用以模拟式无绝缘轨道电路为基础的 ATC 系统，是模拟信号时代的一种制式。上海轨道交通 1 号线的 ATC 系统是从原美国 GRS 公司引进的，采用音频无绝缘轨道电路，是一种典型的频分制速度码系统。

速度码制式的 ATC 系统只向列车发送速度命令，给出列车离开闭塞分区的出口速度。它根据闭塞设计，将线路划分成不同长度的闭塞分区，闭塞分区之间设置阻抗连接器加以区分。平时通过阻抗连接器在轨道电路中发送模拟检测信号，以检测列车是否占用该闭塞分区；当检测到列车占用该闭塞分区时，通过阻抗连接器在轨道电路中向列车发送速度命令。所以，阻抗连接器不仅是闭塞分区的分割设备，也是轨道电路的发送、接收设备，同时又是向列车发送速度命令的必要设备。

1. 轨道电路的频率配置

轨道电路的频率配置如图 5-5-1 所示。在每个轨道电路的分界点设有阻抗连接器，由它将本闭塞分区的发送器和相邻闭塞分区的接收器耦合至轨道，以检测列车是否占用本闭塞分区。当检测到列车已占用本闭塞分区时，该闭塞分区发送端的阻抗连接器将速度命令耦合至轨道，迎着列车运行方向，向列车发送目标速度命令信息，所以每个阻抗连接器实际上起着发送、接收检测信息和发送速度命令的作用（在特定的车-地信息交换处，阻抗连接器还承担车-地信息交换的任务）。

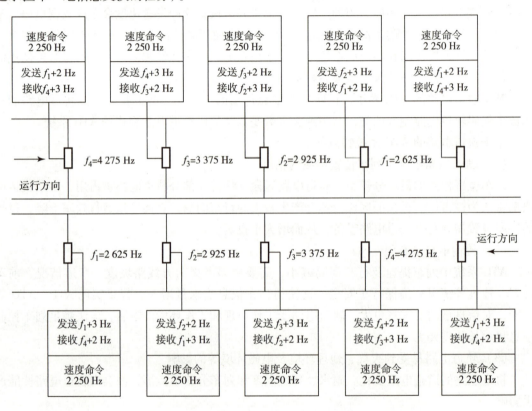

图 5-5-1 轨道电路的频率配置

由图 5-5-1 可见，相邻轨道电路使用不同的列车检测载频频率和调制频率，其载频频率分别为 2 625 Hz、2 925 Hz、3 375 Hz 和 4 275 Hz，调制频率为 2 Hz 和 3 Hz，这样可以组成 8 种不同的组合，以防止相邻轨道电路的干扰，也防止邻线的信号干扰。在钢轨发送的列车检测信息，是经调制的幅度键控 ASK 信号，如图 5-5-2 所示。

当列车占用轨道电路时，如图 5-5-3 所示的闭塞分区 4，由于列车检测信息被列车轮对分路，导致该轨道电路接收端收不到列车检测信息，在证实列车已经到达的前提下，该轨道电路发送模块通过阻抗连接器，开始增发速度命令信息，其载频频率为 2 250 Hz（注意：原来闭塞分区 4 的发送端发送的列车检测信息 3 375 Hz + 3 Hz 仍然在发送）。也就是说，只有在检测列车已经占用的前提下，才向列车传送 ATP 速度命令，假如列车进入闭塞分区，并且由于分路不良等原因导致轨道电路接收端的轨道继电器仍在工作，那么轨道电路发送端就不会发送速度命令，列车收不到速度命令，就会紧急停车，所以轨道电路的分路状态必须

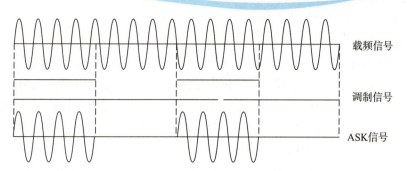

图 5-5-2 音频无绝缘轨道电路列车检测 ASK 信号

调整完好。为了保证列车不间断、可靠地接收 ATP 速度命令，可以采取"预分路"方法，也就是在列车到达本轨道电路区段前，提前发送速度命令，确保列车连续、不间断地接收到速度信息。在发送速度命令时，原来的检测信号仍在发送，但因列车分路，接收端收不到而已。当列车驶离闭塞分区 4，该轨道区段的轨道电路又恢复为调整状态，使轨道继电器励磁吸起，从而结束速度命令的发送。

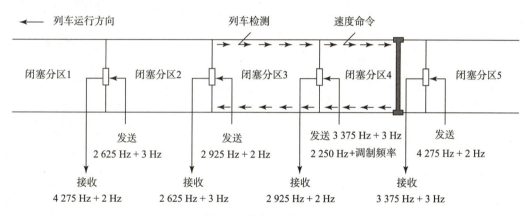

图 5-5-3 音频无绝缘轨道电路列车检测频率配置

速度命令信息是指列车运行至该轨道电路区段出口端的目标速度，每个轨道区段的速度命令，根据与先行列车相隔几个闭塞分区（列车间的间隔距离）和线路条件等设定。全线速度命令信息的载频为 2 250 Hz，调制频率根据该线路运行速度挡的等级而定，一般分为 6 挡，它们分别对应不同的调制频率。速度命令调制频率与速度的对应关系见表 5-5-1。另外，调制频率 4.5 Hz 和 5.54 Hz 是用于列车在车站停稳以后，轨旁 ATP 子系统通过站台区段轨道电路向列车发送打开左门或右门的开门信息，其载频频率也是 2 250 Hz。

表 5-5-1 速度命令调制频率与限制速度的对应关系（载频频率 2 250 Hz）

调制频率	限制速度/(km·h^{-1})	调制频率	限制速度/(km·h^{-1})
6.83	限速 20	15.30	限速 65
8.31	限速 30	18.14	限速 80
10.10	限速 45	4.5	左车门控制
12.43	限速 55	5.54	右车门控制

2. 阻抗连接器

联锁集中站信号设备室的 ATP 轨道电路发送模块和接收模块，通过电缆和耦合单元与设于每段轨道电路的阻抗连接器相连，阻抗连接器的输出直接连至钢轨。另外，站台区域的轨道电路，为了实现车－地信息交换，地面 TWC 信息也是通过阻抗连接器送出，所以阻抗连接器可以用于向轨道电路发送列车检测信息、目标速度信息、ATS 调度信息、接收轨道电路的列车检测信息。因此，阻抗连接器最多由一个带有 4 个调谐：次线圈的变压器构成，它们装在一块金属板上，置于两根钢轨之间，作为输出的轨道线圈，通过电缆直接连至钢轨，构成电气回路。阻抗连接器的电气结构示意图如图 5－5－4 所示。

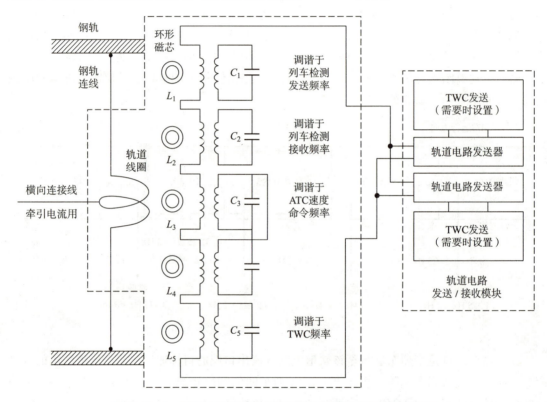

图 5－5－4　音频无绝缘轨道电路阻抗连接器的电气结构示意图

阻抗连接器对于牵引电流呈现低阻抗的通路，而对于信号电流呈现高阻抗。其阻抗是通过调谐电容的次线圈而得到提高的，每个一次线圈被调谐在一个特殊的频率，对其他频率有相对低的阻抗，4 个调谐电路串接而成。L_1、C_1 调谐在列车检测的发送载频频率；L_2、C_2 调谐在列车检测的接收载频频率；对同一个阻抗连接器而言，列车检测的发送频率和接收频率是不一样的，它们分别作用于两个相邻轨道电路区段；L_3、L_4、C_3 调谐在 2 250 Hz（速度信号的载频频率）；L_5、C_5 调谐在 TWC 的中心频率 9 650 Hz。

这里需要再次强调的是，同一个阻抗连接器所对应的列车检测信息的发送频率和接收频率是不相同的。以闭塞分区 3 为例，发送端的阻抗连接器对应的列车检测发送频率为 2 925 Hz＋2 Hz，该阻抗连接器对应的列车检测接收频率是 2 625 Hz＋3 Hz；而该轨道电路区段接收端的阻抗连接器，其对应的列车检测发送频率为 3 375 Hz + 3 Hz，对应的列车检测接收频率为 2 925 Hz + 2 Hz。所以，在维护、更换阻抗连接器时，必须注意其频率配置，因为各个轨道区段的阻抗连接器不是通用的。

3. ATP 速度命令控制线

后续列车根据与先行列车的间隔距离和进路条件，其对应闭塞分区的限速是不同的。ATP 速度命令控制线如图 5-5-5 所示。

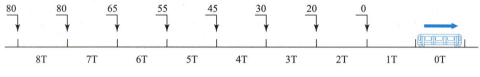

图 5-5-5　ATP 速度命令控制线

在图 5-5-6 中，先行列车在 0T 区段，1T 必须空闲，后续列车若在 2T，则后续列车收到的限速为 0，即后续列车在闭塞分区 2T 的出口端，必须停车，并有 1T 闭塞分区作为保护距离；若 1T、2T 空闲，后续列车在 3T，那么后续列车接收到的是 20 km/h 的速度命令，同理，当 1T、2T、3T、4T、5T、6T、7T 都空闲，运行于 8T 的后续列车，其接收到的速度命令为 80 km/h 的信息，可见要使列车运行于最高速度 80 km/h，则其前方必须至少空闲 7 个闭塞分区。当然，根据线路情况、车辆性能、轨道电路特性等，应进行闭塞设计，划分合理的闭塞分区，从而产生 ATP 速度命令控制线，作为 ATP 速度命令选择的逻辑依据。

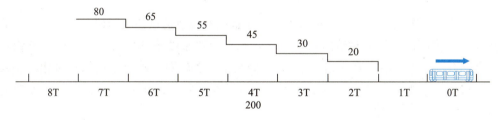

图 5-5-6　阶梯式限速曲线

从以上分析可知，速度码系统的限制速度是阶梯分级的，即限速值是跳跃式的，如图 5-5-6 所示，这对平稳驾驶、节能运行及提高行车效率都非常不利，因此，近年来速度码系统已逐渐被距离码系统所取代。

5.5.3　基于数字轨道电路的 ATC 系统

以数字编码轨道电路为基础的 ATC 系统，具有较高的可靠性、合理的性价比，它是近阶段城市轨道交通 ATC 系统的主要制式，数字轨道电路取代模拟轨道电路是一种必然趋势。上海轨道交通 2 号、3 号线及广州轨道交通 1 号、2 号线等采用这种制式。

距离码系统以数字编码轨道电路为基础，根据地面传至车上的信息（包括区间最大限速、目标点的距离、区间线路坡度等）及列车自身的数据（如列车长度、制动率等），由车载计算机实时计算得出允许速度曲线。由于数据传输、实时计算及列车速度监控都是连续的，所以该系统实现的速度监控是无级的，可以有效地实现平稳驾驶与节能运行。

1. 系统结构

采用 FTGS 型轨道电路的 ATC 系统如图 5-5-7 所示。当列车进入轨道电路区段时，一方面，通过轨道电路继电器落下向联锁装置给出有车占用的表示；另一方面，由转换继电器接通 ATC 的发码装置，通过轨道电路的发送电路将有关列车控制的地面信息送上轨面，这些信息将由列车车载设备接收。当列车驶离该轨道区段时，转换继电器和轨道电路继电器均吸起，轨道电路发送检测码。

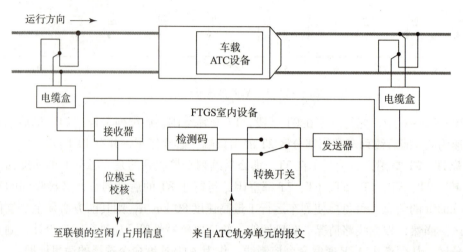

图 5-5-7 采用 FTGS 型轨道电路的 ATC 系统

必须指出，这类系统依赖列车进入轨道电路区段实现轨道电路表示码与信息码之间的转换，在"有车占用指示"延时给出情况下（当轮对分路条件不理想时，列车第一条轮对驶入轨道电路并不马上给出"有车占用指示"，而在第二条轮对，甚至更后的轮对相继驶入轨道电路区段后，才能给出"有车占用指示"），如不采取特殊的保护措施，将会对安全造成极大威胁。

在图 5-5-8 中，自轨道电路始端至危险点（停车点）的距离为 L，即信息码向列车传输的目标距离为 L，在延时一段时间后，实现轨道电路表示码与信息码之间的转换，这时列车已经驶过距离 L_S，从而使信息码所传输的目标距离 L 与实际目标距离 L' 出现了差值，此差值即为列车已经驶过距离 L_S。

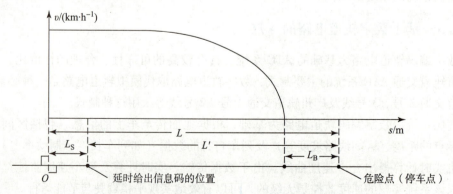

图 5-5-8 延时给出"有车占用指示"的说明

如果延时时间过长,导致在延时时间内驶过距离 L_S 超过危险点后方的保护段长度 L_B(保护段长度由用户决定,但通常为了缩短行车间隔,都不希望太长),这种情况下有可能使列车闯入危险区导致事故发生。为此,有的系统规定了轨道电路表示码与信息码之间的最大转换时间,当列车驶入轨道电路区段,在最大转换时间内车载设备未收到信息码,则直接启动紧急制动,保证列车不闯入危险区。

2. 频率配置

FTGS 917 型轨道电路采用频移键控(FSK)方式,载频频率为 9.5～16.5 kHz,间隔为 1 kHz,共有 8 种频率,由 15 个不同的位模式进行频率调制,频偏为 64 Hz。

位模式是以 15 ms 为一位,+64 Hz 为"1",−64 Hz 为"0",构成最少 4 位,最多 8 位的数码组合。15 种位模式为 2.2、2.3、2.4、2.5、2.6、3.2、3.3、3.4、3.5、4.2、4.3、4.4、5.2、5.3、6.2。例如,2.2 位模式波形如图 5−5−9 所示。

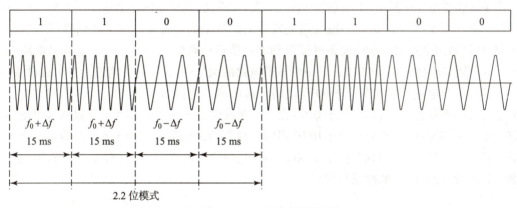

图 5−5−9 2.2 位模式波形

f_0 为载频;Δf 为频偏

相邻轨道电路区段采用不同的载频频率和位模式,轨道电路区段只有收到与本区段相同的频率与位模式的信息才会响应。

3. 从地面向车上所传输的信息

当列车进入轨道电路区段时,轨道电路以 FSK 方式向车载设备传送信息。该信息以按协议约定的报文电码形式传送。数据报文电码按串行传输,按目前的技术水平,可在 1 s 内传送一组报文电码,对于以 80 km/h 速度运行的列车而言,每秒驶过的距离约为 22 m,即使在最短的轨道区段,车载设备也能收到一组完整的报文电码,每一组报文电码的有用信息电码最多为 128 位。

报文电码包括起始码、信息码、安全校核码和终止码,信息码内容与报文结构按照协议(与用户商定)构成,一般包括以下内容:

①车站停车点(用以构成列车停站后开启车门的一个条件)。

②列车运行方向。

③开启哪一侧的车门(即车站站台的位置,左侧或右侧)。

④下一段轨道电路的允许速度。

⑤区间最大速度(取决于线路状态)。

⑥下一段轨道电路区段的坡度。

⑦至限速区间起始点的距离（指列车所在轨道电路区段的起始点至限速区间起始点的距离）。

⑧限速区间的允许速度。

⑨目标距离（指列车所在轨道电路区段的起始点至目标点的距离）。

⑩目标速度（目标点的允许速度，如目标点为停车点，则目标速度为零）。

⑪列车所在轨道电路的编号。

⑫列车所在轨道电路的长度。

⑬下一段轨道电路的编号。

⑭下一段轨道电路的载频频率（用于车载设备预调谐）。

4. 车载设备的自动调谐（频率跟踪）

由于各轨道电路区段采用不同的频率，那么列车接收装置如何自动适应所在轨道电路的传输频率呢？图 5-5-10 表示一段线路上轨道电路频率的配置及其有关的信息码。当列车位于 0010 段轨道电路时，车载设备可接收到本段轨道电路的载频 f_1、下一段轨道电路的载频 f_3、本段轨道电路的编号 0010、下一段轨道电路的编号 0100 等有关信息。在车载设备中，有多套接收调谐电路，当列车位于 0010 段时，接收调谐电路 A 调谐于 f_1，接收调谐电路 B 调谐于 f_3（频率预置）；当列车位于 0100 段时，接收调谐电路 B 调谐于 f_3，接收调谐电路 C 调谐于 f_5（频率预置）；当列车位于 0110 段时，接收调谐电路 C 调谐于 f_5，接收调谐电路 D 调谐于 f_7（频率预置）；当列车位于 1000 段时，接收调谐电路 D 调谐于 f_7，接收调谐电路 A 调谐于 f_1（频率预置），如此反复进行。

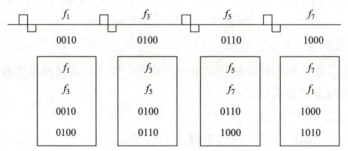

图 5-5-10 频率跟踪的说明

图 5-5-11 表示自动频率跟踪的原理框图。接收调谐电路由两级滤波器组成：第一级

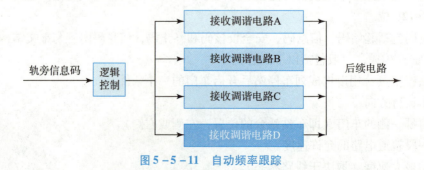

图 5-5-11 自动频率跟踪

为模拟带通滤波器，其通频带为 9.5～16.5 kHz，用以抑制牵引电流的干扰；第二级为数字窄带通滤波器，其通频带受一个逻辑单元控制，而逻辑单元根据来自地面的信息码调整数字滤波器的有关系数，使接收调谐电路的通频带随地面信息码变化而变化，从而实现自动频率跟踪。

5.5.4 基于轨道电路的 ATC 系统应用

US&S 公司的 ATC 系统基于无绝缘的音频数字轨道电路系统（AF-904），以实现列车检测和机车信号。安全轨旁逻辑使用 MicroLok Ⅱ 系统，由安全微处理器来实现。非安全逻辑使用非安全逻辑模拟器（NVLE）来实现，车载列车自动控制用 MicroCab 车辆软件包来实现。

轨旁信号系统包括一个广域网系统，用来在轨旁设备室和控制中心之间传输命令和表示。图 5-5-12 所示为 ATC 系统的框图。设备安装在现场线路上和机械室、站台、列车上及控制中心（OCC）内。

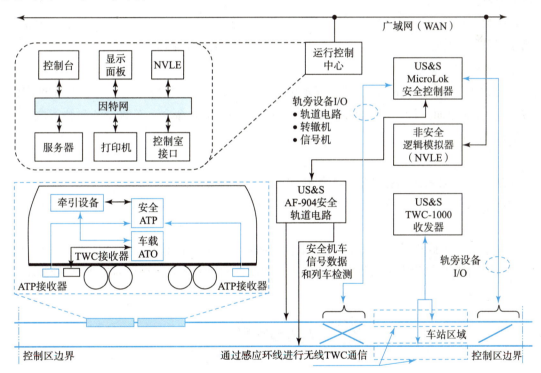

图 5-5-12 US&S ATC 系统框图

①TP 设备包括：轨旁设备、车载设备和同步环线（SYN）。
②ATO 设备包括：轨旁设备、车载设备和车-地通信环线（PTI）。
③ATS 设备包括：系统管理器（ADM）、通信服务器（COM）、人机接口（MMI）、打印服务器、打印机、维护操作台（SO）、过程耦合单元（PCU）、模拟表示盘、演示系统（DS）、时刻表编辑器（TTE）、局域网（LAN）、不间断电源（UPS）、局部控制盘（LCP）、乘客向导信息系统（PIIS）、列车到达时刻显示器（ATI）、列车发车时刻显示器（DTI）等。

美国联合信号公司的 ATC 系统，按地域分布可划分为 3 类：

1. 轨旁 ATC 设备

轨旁信号系统控制设备被安装在轨旁和指定区域的正线集中站信号设备室（SER）中。轨旁系统包括：AF-904 轨道电路和 PF 轨道电路、MicroLok Ⅱ 安全联锁控制器和轨道通信控制器、非安全逻辑模拟器、列车到轨旁通信系统。

工频（PF）轨道电路在道岔区段使用，主要是进行列车检测。在渡线和会车线，采用 PF 轨道电路来检测列车，采用 AF-904 轨道环线来向车载 ATC 系统传送 ATP 速度数据。轨旁通信系统（TWC）在车站和车场区域对列车提供控制和排路信息。

联锁集中站包括站台、轨道渡线和指示列车转线所必需的轨旁信号机。车站控制计算机（SCC）安装在车站控制室（SCR）中，车站值班员能够通过 SCC 接管控制中心对联锁的控制，由本地完成联锁操作。SCR 里的 SCC 通过局域网连接到 NVLE。SCC 允许维护人员在 SCC 监视器上观察控制区域的联锁和轨道状态，允许紧急状态时或进行维护时，车站值班员在本地能够进行控制。

正线和车辆段的每一个道岔都有转辙机，用来控制联锁区列车运行的方向。联锁道岔由进路联锁电路来控制，此电路包含由本地计算机终端送来的车站值班员控制。

2. 车载 ATC 系统

车载 ATC 系统由 MicroCab、特征显示单元（ADU）、ADU 电源、ATP 接收线圈和 TWC 天线组成。MicroCab 通过接收线圈接收轨道电路送来的 ATP 命令。车载设备和轨旁之间的通信通过 TWC 来实现。

3. 中心 ATC 系统

控制中心 ATC 系统由服务器、工作站和局域网等组成。

控制中心和轨旁位于车站的轨旁信号设备室（SER）之间的通信是通过广域网来实现的。

非安全逻辑模拟器（NVLE）作为本地控制面板和非安全控制器，进行与 ATS 系统之间的中央 ATS 命令与轨旁表示的收发，列车上车载设备和轨旁之间的通信通过 TWC 来实现。

思考与练习

1. 简述基于轨道电路 ATC 系统应用的局限性。
2. 模拟轨道电路的频率如何配置？
3. 说明速度码系统的 ATP 速度命令控制线。
4. 简述基于数字轨道电路的 ATC 系统的结构。
5. 简述基于数字轨道电路的 ATC 系统的频率配置方法。
6. 在基于数字轨道电路的 ATC 系统中，如何进行车载设备频率跟踪？
7. 简述 US&S 公司的 ATC 系统配置。

技能训练1　列车运行自动控制仿真实验

1. 实验目的

①了解城市轨道交通 ATC 系统在城市轨道交通系统中的作用。
②了解 ATC 系统的主要子系统的构成和主要功能。
③掌握列车运行自动控制仿真实验操作方法。

2. 实验设备

列车运行自动控制仿真系统。

3. 实验内容

①ATS 子系统中控制中心集中控制和联锁集中站控制的主要功能。
②列车运行自动控制仿真系统相关操作方法、工作内容。
③联锁集中站控制功能操作及简单故障处理。
掌握 ATC 系统联锁集中站的控制模式转换、进路控制、信号机控制、道岔控制、引导信号建立等操作。
④ATC 系统集中控制功能操作。
信号控制功能：设置控制模式、设置终端模式、进路控制、信号机控制、定义列车、修改列车、移动车号、区间限速、建立时刻表控制、设置运行等级、设置停站时间、扣车、跳停等。
⑤记录各个功能实现的操作步骤。
⑥以小组为单位总结操作过程，并做以汇报。

4. 注意事项

①在系统运行过程中，请不要随意退出任何终端，以免引起系统运行出错。
②严格按照操作说明完成操作。

技能训练2　ATC 系统故障处理

1. 实验目的

①了解城市轨道交通 ATC 系统在城市轨道交通系统中的作用。
②了解 ATC 系统的主要子系统的构成和主要功能。
③掌握 ATC 系统道岔、轨道电路故障处理方法。

2. 实验设备

列车运行自动控制仿真系统。

3. 实验内容

明确车站出现"红光带"、道岔没有表示等故障的处理方法等。
（1）"红光带"故障
设置故障：使用"故障仿真"中"佔号故障"中的"故障组光带"设置故障。
故障现象：列车遇到红光带停车。

故障处理：

①使用"故障仿真"中"中心调度"中的"设置驾驶模式"，将列车的驾驶模式切换到 CLOSE IN 模式。

②使用"故障仿真"中"中心调度"的"通知列车通过灯光带"，使列车通过红光带继续运行。

故障恢复：使用"故障仿真"中"信号故障"中的"故障组光带"取消故障。

（2）道岔失去表示

故障设置：使用"故障仿真"中"信号故障"中的"道岔失去表示"设置故障。

故障现象：被设置为故障的道岔显示闪烁；此时不能排列包含该道岔的进路。

故障恢复：使用"故障仿真"中"信号故障"中的"道岔失去表示"，将道岔恢复到定位或反位。

4. 注意事项

①在系统运行过程中，请不要随意退出任何终端，以免引起系统运行出错。

②严格按照操作说明完成操作。

第六节 CBTC 系统

 任务导入

20 世纪 70 年代，随着通信技术的发展，尤其是无线通信技术的广泛应用，以信号控制为核心的传统轨道交通信号系统开始演变成基于通信技术的轨道交通运行控制系统（Communication Based Train Control，CBTC），其可靠性、可用性大大提高，已成为列车控制系统技术发展的重要趋势。

 **学习要点**

知识目标

1. 掌握 CBTC 系统的定义，了解 CBTC 系统的优势及特点；

2. 了解 CBTC 系统的分类；

3. 掌握 CBTC 系统的基本原理；

4. 掌握 CBTC 系统的结构及功能；

5. 了解 CBTC 系统的功能；

6. 了解 CBTC 系统应用概况。

技能目标

1. 能够完成 ZC 移动授权单元 MAU 与 ATS 通信故障行车处置；
2. 能够完成 ZC 移动授权单元故障行车处置；
3. 掌握利用软件编程绘制 CBTC 系统列车限速曲线方法。

相关案例

2011 年 7 月 28 日晚间，本应开往航中路方向的上海地铁 10 号线列车，却反常地沿着虹桥火车站方向开出，28 日晚间上海地铁发生"开错方向"事件。经过事故调查，地铁运营方上海申通公司对此做出解释，是实施 CBTC 信号升级的调试中发生信息阻塞故障所致。

结构框图

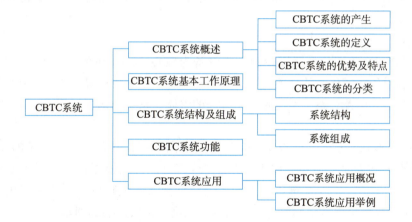

5.6.1 CBTC 系统概述

1. CBTC 系统的产生

城市轨道交通要保证安全、畅通运营，离不开先进的列车运行控制系统。传统的列车运行控制系统主要是基于轨道电路的列车运行控制（TBTC）系统。该系统技术安全可靠，但由于 TBTC 系统基于轨道电路来检测列车位置并向列车发送控制信息，而轨道电路存在性能和功能上的缺陷和限制，使得 TBTC 系统成为限制轨道交通运输效率提高的"瓶颈"。

为改善轨道电路存在的弊端，技术人员提出了大量新型的控制理念和方法，如在列车与地面之间增加信道来实现列车到地面方向的通信。20 世纪 60 年代，我国著名专家汪希时教授提出了"移动自动闭塞系统"，指出使用无线方式可以实现车地间双向通信。到 20 世纪 80 年代，依靠数字通信技术、无线通信技术、编码技术的迅速发展，许多发达国家都根据自己的实际情况开展了这方面的研究，并取得了一些初步的成果，如美国的先进列车控制系统（Advanced Train Control System，ATCS）、欧洲列车控制系统（European Train Control System，ETCS)、法国实时追踪自动系统（ASTREE）等。这种基于车－地双向通信的列车运行控制系统被称为基于通信的列车控制（Communication Based Train Control，CBTC）系统，是目前全球轨道交通界公认的最先进的列车控制技术，它代表当今世界范围内信号技术的发展趋势。多年的实践已经证明，CBTC系统是一种成熟的、安全的、可靠的和优选的技术。

2. CBTC系统的定义

CBTC技术发源于欧洲连续式列车控制系统，经过多年的发展，对CBTC系统的定义逐步趋于统一。1999年9月，电气和电子工程师协会（IEEE）制定了第一个CBTC标准——IEFE Std 1474.1.1999，该标准详细定义了CBTC系统的功能，将CBTC定义为："利用高精度的列车定位（不依赖于轨道电路），双向连续、大容量的车－地数据通信，车载、地面的安全功能处理器实现的一种连续自动列车控制系统。"定义中指出，CBTC中的通信必须是连续的，这样才能实现连续自动列车控制，利用轨间电缆、漏泄电缆和空间无线都可以实现车－地双向信息的连续传输。

3. CBTC系统的优势及特点

（1）CBTC系统优势

与传统的基于轨道电路的列车控制系统比较，CBTC系统的优势主要表现在以下几个方面。

1）简洁

从硬件结构看，CBTC系统以控制中心设备为核心，车载和车站设备为执行机构，车、地、列车控制设备一体化；从功能上看，联锁、闭塞、超速防护等功能通过软件统一由设备实现，不再分隔。因此，整个系统是一个统一的整体。系统结构更加简洁。

2）灵活

CBTC系统不需要新增任何设备，自然支持双向运行，并且不因为列车的反方向运行，降低系统的性能和安全。所以，CBTC系统在运营时，可以根据需要，使用不同的调度策略。此外，还表现在CBTC系统可以处理多条线路交叉、咽喉区段列车运行极其复杂的情况。另外，CBTC系统内可以同时运行不同编组长度、不同性能的列车。

3）高效

CBTC系统可以实现移动闭塞，控制列车按移动闭塞模式运行，进一步缩短列车运行间隔。另外，CBTC系统可以进一步优化列车驾驶的节能算法，提高节能效果。

（2）CBTC系统特点

CBTC目前已成为轨道交通运输及信号技术人员和管理人员极度关注的技术。CBTC能得到如此广泛的推广和应用，主要和CBTC的使用特点有关系。

1）安全方面

TBTC系统中的控制信息流是开环的，即发送者只管发送，并不能确切知道接收者是否真正接收到所需信息，这并不能保证行车安全。而CBTC的信息流是闭环传递的。例如，控制中心将线路信息等发送至地面设备中，当列车通过时，由地面设备将事先存储的线路信息和前行列车的速度、位置信息等传至通过列车的车载设备中，车载设备经过综合计算，得出最佳运行速度，完成对通过列车的安全控制，地面设备同时也将通过列车的速度、位置信息传递给控制中心，使控制中心能够监督列车运行，指导后续列车运行。整个过程中信息传输环环相扣，安全、迅速地完成。

2）运输效率方面

由于 CBTC 系统是固定自动闭塞系统，所有闭塞分区一经设计，信号机就有固定位置，而每个闭塞分区的长度要求完全满足最坏列车的运行安全的需要。所谓最坏列车，指它的牵引吨位是设计书规定中最重的，制动率也最低，有规定的运行速度，并且这种情况在该地区的坡道值和弯道值条件下能够在该闭塞分区内刹住车。这些条件显然对于"好车"（即牵引吨位小、制动效率好的列车）有潜在的运输效率影响。一旦规定了最高运行速度，在投产后，实际速度必须在规定范围之下。因此，即使存在线路桥梁、车辆、机车有提速的可能，信号也限制了它们的发展，使得运输效率受到限制，除非重新进行设计计算。

3）工程设计方面

在信号闭塞分区长度设计，即区间信号机的布置由严格的牵引计算来规定时，工程设计人员必须一个闭塞区接着一个闭塞区进行设计。如果在投产后意欲提高运量、提高运行速度、加大运行密度，必须严格核实闭塞分区工程的可能性，这是比较费周折的。

4）信息方面

随着信息社会的发展，对在线路上运行的列车，调度、乘客和车站三者越来越希望能得到它们的实时信息，以便调度员决定是否要修正运行图，乘客知道自己所乘坐的列车能够准时达到，车站知道下一列车何时到达该车站，从而进行相应的客运服务工作等。

5）投资方面

在一次投资方面，希望减少因敷设电缆所需的 40% 资金，并且希望所安装系统的性能价格比有所提高；在日常维护投资开销方面，希望提高劳动生产率来减少维护费用。

6）在天气影响方面

希望避免雨雪等天气影响，对原轨道电路必须经常做适当调整，以避免道岔受上述条件影响而带来不稳定性，由此可能造成不安全性。

7）抗干扰方面

希望减少在 TBTC 系统中信号电路受牵引回流带来的干扰，以避免系统可能带来不稳定性和不安全性。

8）维护工作方面

希望能改善信号工人原来对轨道电路维护时需要沿线步行，并且维护工作繁重的状况。

9）信息共享方面

希望列车的各种信息、多媒体通道等能成为轨道交通信号之外其他工种的同享信息，特别是机务、车辆、公安、工务、运输等，希望能应用多媒体信息，并且有车 – 地间的双向通信。

10）改建方面

TBTC – FAS 系统大部分是单向运行线路，要改为双向运行，必须进行改建，而改建过程必定会严重影响运行，并且改造费用巨大。

11）与城市交通共存问题

由于城市轨道交通系统一般都是客运，且运行密度大、速度中等、站间距离短和列车在站停留时间短等特点，所以它的列车运行系统在 TBTC 方面难以与地面大铁路相兼容。但应用 CBTC 系统后，这类系统就容易相互兼顾，大交通管理同样可以容易实现城市交通管理。

4. CBTC 系统的分类

CBTC 系统应用的技术手段是多种多样的，所以具有不同的体系结构。不同结构完成的功能也是有所差异的，因此，对 CBTC 系统就有分类的必要性。以下按照目前技术水平对 CBTC 系统进行参考性的分类。

（1）从闭塞分区的实现来分类

从闭塞分区进行分类，可以有下列几种。

1）基于通信的固定自动闭塞运行控制系统

基于通信的固定自动闭塞运行控制系统（Fixed Autoblock System CBTC，CBTC – FAS）表示闭塞分区是固定不变的，采用双向通信技术来达到车 – 地之间的信息交换。

在每个闭塞分区的始端可以设有固定信号机作为防护，它的信号显示由控制中心在计算的基础上给定。图 5 – 6 – 1 所示是全部用移动无线通信的 CBTC – FAS 系统，它经过调制的无线射频 RF 使移动列车与控制中心相联系，车站控制中心则依据区间各列车的实际分布，计算出保护信号机可以给出的信号，通过无线中继设备与保护信号机线路设备 LI/O 相连，后者经译码后给出信号显示。它同时也反馈收到的信息及状态显示送给无线中继设备转控制中心，由此构成信息流的闭环。与此同时，运行中的列车也随时与线路设备 LI/O 相联络，报告车的定位与其状态信息等，以构成车 – 地之间的双向通信。

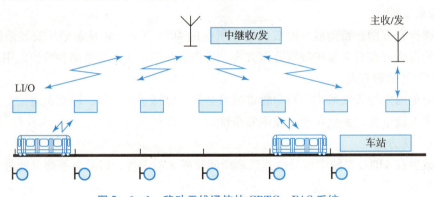

图 5 – 6 – 1　移动无线通信的 CBTC – FAS 系统

应该指出，在图 5 – 6 – 1 所示的 CBTC – FAS 中可以仍然保留轨道电路，但是它的作用不是构成闭塞系统的调节环节，而仅是检测列车的存在及其完整性。正因如此，轨道电路长度要短一些，它的长度可缩短到系统造价不会由于电缆的存在而占有重要成分。因为轨道电路缩短后，可以获得运输效率的提高。

在 CBTC – FAS 系统中，还可以使用轨道间交叉感应电缆通信，图 5 – 6 – 2 是示意图。在图 5 – 6 – 2 中，移动无线通信方法也可以同时保留。

2）移动自动闭塞运行控制

移动自动闭塞运行控制系统（Moving Autoblock System CBTC，CBTC – MAS）表示这类系统也有闭塞分区，但此时闭塞分区有下列特点：

①闭塞分区长度是可变的，它是依据列车本身参数及其所在地段参数实时计算出来的；

②闭塞分区随列车运行而移动；

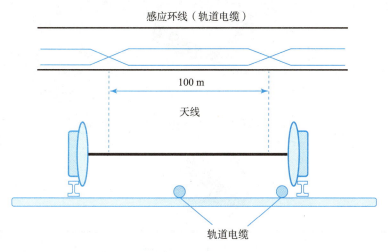

图 5-6-2　轨道间交叉感应电缆传输的 CBTC-FAS 系统

③在 CBTC-MAS 中，闭塞分区已经不再应用地面信号，并且也不需要地面信号，它在车载显示屏上指示出本车距前行列车的距离，或距离下一个车站的距离，等等。

(2) 根据 CBTC 中车-地之间通信方式分类

根据 CBTC 车-地之间通信方式不同，又可分为如下几种。

①采用全程移动无线通信方式（称为 RF CBTC）。

②采用轨道间交叉电缆方式（称为 IL CBTC），如图 5-6-2 所示。

③采用漏泄电缆或漏泄波导方式。

④采用查询应答器方式，即在每个信号机处相应一侧或轨道间设有双向作用的地面有源应答器，而地面有源应答器之间均有电缆相连。应答器获得通过列车的运行信息，它向下一个应答器给出正在通过的列车信息，下一个应答器由此给出相应信号显示。当然，在这种系统中，一方面，列车设有超速防护系统（ATP），另一方面，还应设有连续式无线移动通信系统，同时，应与车站联锁设备相连，以及与调度集中系统相连。这种系统仅在列车密度较小、车速较低范围内采用。

⑤采用卫星通信系统，用它构成列车运行间隔控制系统，图 5-6-3 是其示意图。这种系统在 1990 年日本铁路试用过，卫星在东京 150° 的静止轨道上运行，它距地面 37 000 km，它是一个通用型通信卫星。在地面的先行列车将自己列车编号、列车速度、列车位置等信息通过卫星给后续列车，后者经过运算后决定可以走行的最高速度。出于安全，这类系统只在低速、低密度、小运量地区才能应用，因为它缺少安全保障。除非另外增加其他设备。

(3) 根据应用区间闭塞方式来分类

根据应用 CBTC 区间闭塞方式来分类，主要有如下几种。

1) CBTC—半自动闭塞方式

在该 CBTC—半自动闭塞系统中，无线通信的作用是出发站给机车司机发出无线机车信号，而发出该信号的显示是与发出出发信号机显示相互关联的。即前者只是在出站信号机允许发车的显示下才能获得机车信号，此时无线机车信号可以有记录为凭。此外，区间列车到达接车站前，同样可以获得进站信号一样显示的无线机车信号显示，以避免司机在目视路旁

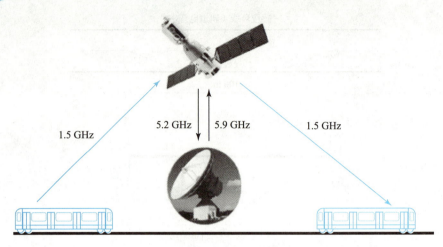

图 5-6-3　日本使用 GPS 列车控制方式示意图

信号机时遇到困难，这些显示也都记录在案。所以，CBTC—半自动闭塞要比 TBTC—半自动闭塞更为方便、清楚、有责任感和安全感。

2）CBTC—自动站间闭塞方式

这种方法与 CBTC—半自动闭塞相类似，只是其办理手续是自动的。CBTC—自动站间闭塞也同样有无线机车信号，它与 CBTC—半自动闭塞方式相似。

3）CBTC—电子路签闭塞方式

区间闭塞方式的路签闭塞在 100 年前就开始应用了，中国铁路在新中国成立初期也有大量应用。从 20 世纪 90 年代开始，在计算机技术、电子网络技术及通信技术的推动下，铁路的路签闭塞方式发展为电子路签闭塞方式，即不存在路签实物，而是以软件的形式模拟电子路签，它在有关计算机及网络中按一定的软件协议运行。

（4）根据 CBTC 应用控制技术水平的高低可以进行分类

采用无线数据电台进行车－地之间双向通信构成 CBTC 的低级系统——CBTC—半自动闭塞系统。图 5-6-4 所示为 CBTC 无线半自动闭塞的一种方式。其中列车与车站控制均有无线数据通信设备，但它们作用的距离有限，例如列车接近车站的 4~5 km 范围内才能构成双向无线数据通信。

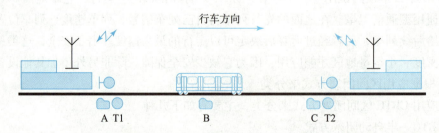

图 5-6-4　CBTC 无线半自动闭塞的一种方式

在这类 CBTC—半自动闭塞系统中，为了构成半自动闭塞系统，并保证区间只允许存在一个列车运行，必须设置类似计轴器之类的设备，如图 5-6-4 中用符号 T1/T2 所示，它用来检查两站之间运行列车完整性，以确保运行安全。因为发车站的计轴器 T1 计数到列车轴数后，可用有线通知前方站。当计轴器 T2 接收到同样轴数的列车后，表示列车已完整地撤离两站之间区间，始发站才可能再发出下一列车。

为了保证 CBTC 系统中数据电台的正常工作，在线路上还辅助设置地面应答器 A、B、C，其中应答器 A 提供列车信息：列车已进入区间，它的工作频率将变更到新频率，例如原来为频率 f_1，则现在将是频率 f_2，这是为了防止无线干扰。应答器 B 提供信息，通知经过的列车已进入双向数据传输信息范围，列车应收到接收车站发来的机车信号信息，这是为了保证行车安全。各应答器也同时提供列车接近车站的精确里程标。应答器 C 告诉通过列车本车站准备了哪个轨道接车、运行速度上限值为多少等有关信息。在该系统中，列车经过应答器 B 之后，车站与列车上的无线数据通信电台就反复双向通信，其中包括列车告知车站该列车编号、时速、去向等信息，而车站告知列车应以何种速度进站或站前停车，进站内哪个轨道，是停车还是通过等有关信息。

无线半自动闭塞代表应用技术水平较低级别的 CBTC 系统，一般适用于新线、运量较小，或速度较低，或该地区人烟稀少，生活困难地区，因为所有小车站的设备均可以采用遥测和遥控来指挥，所以可减少信号技术人员或工作人员。

采用应用技术水平较高的 CBTC 系统，例如，CBTC – MAS 系统等。

需要说明的是，在众多分类当中，以目前主要的信号系统供货商来说，CBTC 主要是采用移动闭塞方式。

5.6.2 CBTC 系统基本原理

CBTC 系统是一个连续数据传输的自动控制系统，利用高精度的列车定位（不依赖于轨道电路），实现双向连续、大容量的车 – 地数据通信，能够执行列车自动防护（ATP）、列车自动运行（ATO）及列车自动监控（ATS）。CBTC 的基本原理如图 5 – 6 – 5 所示。

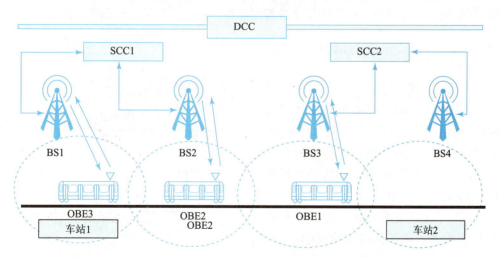

图 5 – 6 – 5　CBTC 系统基本原理

调度控制中心（DCC）控制多个车站控制中心（SCC），实现相邻 SCC 之间的控制交接。SCC 通过管辖范围内的多个基站 BS 与覆盖范围内的车载设备 OBE 实现双向联系。列车在区段内运行时，通过全球定位系统 GPS、查询应答器或里程计装置实现列车位置和速度的测定，OBE 利用无线通过基站 BS 将列车位置、速度信息发送给 SCC。SCC 通过 BS 周期地将目标位置、速度及线路参数等信息发送给后行列车。OBE 收到信息后，根据前车运行状态（位置、速度等）、线路参数（弯道、坡度等）、本车运行状态、列车参数（列车长度、牵引质量、制动性能等），采用车上计算、地面计算或是车上、地面同时计算，并根据信号故障—安全原则，用比较、选择的方式，预期列车在一个信息周期的状态下能否满足列车追踪间隔的要求，从而确定合理的驾驶策略，实现列车在区段内高速、平稳地以最优间隔追踪运行。

列车上的车载控制器 VOBC 通过探测安装在轨道上的应答器，查找它们在数据库中的位置，然后确定列车所在位置，并且还测量自前一个探测到的应答器起已行驶的距离。列车车载控制器 VOBC 通过使用列车到轨旁的双向无线通信向轨旁 CBTC 设备报告本列车的位置。CBTC 轨旁区域控制器 ZCC 根据各列车的当前位置、速度及运行方向等因素，同时考虑列车进路、道岔状态、线路限速及其他障碍物的条件，向列车发送移动授权 MA 信息，即列车可以走多远、多快，从而保证列车间的安全间隔。如同传统的基于轨道电路的系统，CBTC 也以"速度 – 距离模式曲线"的原则控制列车。两种系统的不同之处在于分辨率，在轨道电路系统中，移动授权 MA 是以轨道电路区段为单位来给出的；而在无线 CBTC 系统中，移动授权 MA 是基于更为精确的分辨率。

"移动闭塞"技术将通过 CBTC 系统得以充分实现，也就是说，无须再在轨道上进行固定长度、固定位置的闭塞分区，而是把每一列车加上前后的一定安全距离作为一个移动的分区，列车制动的起点和终点都是动态的。列车的安全间距是按后续列车在当前速度下所需的制动距离加上安全余量计算得出的。列车的最小运行间隔在 90 s 以上，个别条件下可实现小于 60 s 的间隔时间。和传统的固定闭塞、准移动闭塞技术相比，移动闭塞技术实现了车载设备与轨旁设备不间断的信息双向传输，使列车定位更精确、控制更灵活，可以安全有效地缩短列车间隔，提高列车运行的安全性与可靠性，降低列车的运营和维护成本。

5.6.3 CBTC 系统的结构与组成

1. CBTC 系统的结构

CBTC 系统是一个连续数据传输的自动控制系统，利用高精度的列车定位（不依赖于轨道电路），实现双向连续、大容量的车 – 地数据通信，能够执行列车自动防护（ATP）、列车自动运行（ATO）及列车自动监控（ATS）。CBTC 系统主要由移动设备（车载设备）、轨旁设备、通信网络、控制中心组成，如图 5 – 6 – 6 所示。无线 CBTC 采用无线通信系统，通过开放的数据通信网络实现了列车与轨旁设备实时双向通信，信息量大，并通过采用基于 IP 标准的列车运行控制结构，可

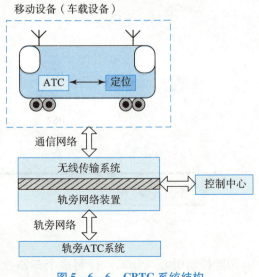

图 5 – 6 – 6　CBTC 系统结构

以在实现列车运行控制的同时，附加其他功能（如安全报警、员工管理及乘客信息发布等）。

CBTC 系统的通信子系统在车－地之间建立连续、双向、高速的传输通道，列车的命令和状态可以在列车和地面设备之间可靠交换，使地面设备和受控列车紧密地连接在一起。所以，"车－地通信"是 CBTC 系统的基础，CBTC 系统的另外一个基础则是"列车定位"。只有确定了列车的准确位置，才能计算出列车间的相对距离，保证列车的安全间隔；也只有确定了列车的准确位置，才能保证根据线路条件，对列车进行恰当的速度控制。CBCT 系统依据列车本身的测速测距和探测地面应答器或其他传感器对列车位置的测量，并查询系统数据库，实现列车的定位。车－地通信和列车定位共同构成 CBTC 系统的两大支柱。

2. CBTC 系统的组成

（1）系统组成

一般典型的 CBTC 系统应当包括：列车自动监控系统（Automatic Train Supervision，ATS）、数据库存储单元（Database Storage Unit，DSU）、区域控制器（Zone Controller，ZC）、计算机联锁（Computer Interlocking，CI）、轨旁设备（Wayside Equipment，WE）、车载控制器（Vehicle On Board Controller，VOBC）和数据通信系统（Data Communication System，DCS，包括骨干网、网络交换机、无线接入点及车载移动无线设备等）。CBTC 系统整体结构框图如图 5 - 6 - 7 所示。其中区域控制中心包括 ZC 和 CI 两部分。整个系统可以划分为 CBTC 地面设备和 CBTC 车载设备两大部分，地面设备和车载设备通过数据通信网络连接起来，构成系统的核心。各子系统将分别实现 CBTC 系统所要求的功能。

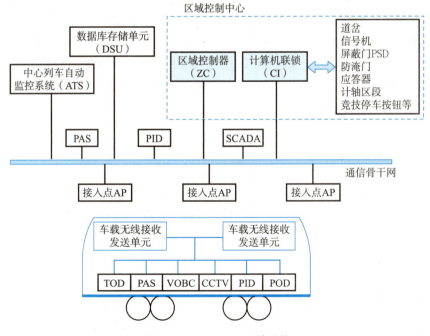

图 5 - 6 - 7 CBTC 系统结构

CCTV—闭路电视；PID—乘客向导系统；SCADA—电力监控系统；
VOBC—车载控制器；TOD—司机显示；PAS—乘客广播系统

（2）CBTC 子系统

1）ATS 子系统

ATS 子系统的主要功能是在控制中心显示控制范围内列车运行状态及设备状态。根据 CBTC 系统的要求，ATS 系统中设置包括操作员工作站、时刻表工作站、培训工作站、其他相应的设备和网络等。

2）CI 子系统

CI 子系统的主要功能是监督和直接控制道岔、轨道区段、信号机及其他室外设备，实现各个设备之间的正确联锁关系，保证列车运行安全；对于来自设备的错误操作，具备有效的防护能力；能够根据进路的始端、终端办理进路、取消进路等。

3）ZC 子系统

ZC 子系统需要根据从 VOBC、CI、ATS 和 DSU 接收到的各种状态信息和数据信息，位于 ZC 控制区域范围内的列车生成移动授权 MA，并及时将 MA 通过 DCS 系统发送给车载 VOBC 设备以控制列车的运行。

4）VOBC 子系统

在 VOBC 中，为确保安全，列车必须对自身位置和运行方向进行精确判定。

为判定位置，列车的车载计算机与转速计、速度传感器、加速度计（用于测量距离、量度和加速度）及轨旁定位应答器共同合作，实现列车的准确定位。

5）DSU 子系统

在 CBTC 系统中，列车定位将不再依据轨道电路，而是由车载本身来实现，这样就需要地面和车载同时拥有一个统一的数据库来实现整个系统的调度和协调统一。数据存储单元 DSU 即用来完成整个 CBTC 系统数据库管理工作的子系统，该数据库将包括静态数据库、动态数据库、配置数据库、参数数据库等。在 CBTC 系统中。数据库的安全性和重要性是显而易见的，因此必须采取冗余设计来实现，其安全可靠性的级别等同于 ZC 和 CI 设备。

以上所列举的，仅是 CBTC 系统的典型结构，实际的系统可能由于不同的设备提供商、不同的工程需要而有所差异。

5.6.4 CBTC 系统功能

1. CBTC 系统基本功能

IEEE 制定的 CBTC 标准列举了典型的 CBTC 系统的基本功能框图，如图 5-6-8 所示。

整个系统包括"CBTC 地面设备（含联锁子系统）"和"CBTC 车载设备"，地面设备和车载设备通过"数据通信网络"连接起来，构成系统的核心。功能框图中还单独列出了"联锁子系统"功能模块，该功能模块与 CBTC 地面设备连接。考虑到不同的线路长度，可能需要多套 CBTC 地面设备，所以，典型框图中还列出了"相邻 CBTC 地面设备"模块。最后，在 CBTC 设备的基础上，增加"ATS 系统"模块，用于实现系统的 ATS 功能。

CBTC 地面设备（含联锁）通过数据通信网络向 CBTC 车载设备传输控制信息，控制列车运行；CBTC 车载设备也通过数据通信网络向 CBTC 地面设备（含联锁）传送列车信息，形成闭环信息传输及控制。这里的数据通信网络就是车-地通信网络，可由多种通信方式组成，如无线电台、裂缝波导管和漏泄电缆等方式。

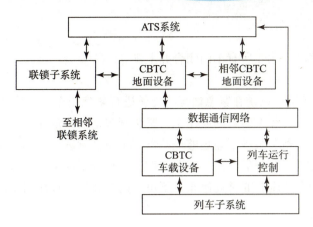

图 5-6-8 典型的 CBTC 系统的基本功能框图

以上是典型的 CBTC 系统的结构，实际的系统可能由于不同的设备提供商、不同的工程需要而有所差异。但是，所有 CBTC 系统均采用数据通信网络，连接 CBTC 地面和车载设备，实现 ATP 功能，控制列车安全运行，其核心是一致的。

2. CBTC 系统的具体功能

（1）列车位置、速度及方向决定

CBTC 系统需要决定每两列车的头部及尾部的位置，通常误差会控制在 10 英尺（3.048 m）以内。CBTC 系统不需要手动输入列车位置及列车长度数据。CBTC 系统需要决定每辆列车的速度和方向，通常精度控制在 2 英里/小时（3.22 km/h）内。

（2）安全的列车间隔

每辆配有 CBTC 的列车在 CBTC 区域内运行时，将拥有一个移动授权（Movement Authority，MA），这是根据运行条件实时计算出来的。列车的 MA 计算是基于列车的安全刹车模式的。总的来说，在任一时刻，一辆列车的允许速度都设置为使列车停在前面列车的安全距离内。一辆给定列车的实时 MA 还受到其他因素的影响。其他影响因素包括区间速度限制、设备的速度限制、任何区间的临时速度限制及 CBTC 系统及轨旁设备的故障等。

（3）超速防护

CBTC 超速防护用于防止列车速度超过最大允许速度。如上所述，列车运行的最大速度是使列车能够安全停在前面列车安全距离的速度。

（4）零速度探测

当列车速度降到 2 英里/小时（3.22 km/h）以下并持续 2 s 时，CBTC 系统应该做出决定。这项功能的主要目的是使在规定时间限制内的一个非常规停车得到批准。CBTC 系统的故障会批准一个非常规停车，从而进行紧急刹车。

当列车速度高于"零速度"时，规定列车控制系统控制的车门是不允许打开的。

（5）车门开启控制联锁

CBTC 系统将禁止列车控制系统开启车门，除非同时满足以下条件：①列车处于零速度状态；②最小服务刹车程序在车门开启时起作用；③将要开启的车门位于"车门开启区域"。只有当车门处于站台内并且列车与站台处同一侧车门开启区域时，才允许车门开启。

(6) 离站联锁

规定禁止列车移动,除非所有车门闭合并上锁。

(7) 紧急制动

根据应用设计,CBTC 系统在紧急情况时能够进行紧急刹车,并能够在条件不满足时制止紧急刹车程序的施行。在大多数的应用中,紧急刹车是在非常规停车未进行的,或者当非常规停车实施后,列车刹车服务不能足够地减慢列车速度时进行。非常规停车通常是由列车防护功能的最大限度刹车实现的,因为列车速度已经超过了规定速度,并且人为或自动控制不能够足够地降低列车速度。非常规停车是不可取的,并且只有在列车速度为零时才能够被重置。

(8) 线路联锁

如果一条线路进行了联锁,那么 CBTC 将提供联锁功能来防止列车相撞或者出轨。这与传统联锁提供的功能是一样的。移动授权 MA 只有在线路锁闭后才能延伸到联锁线路上。一旦 MA 进入联锁路段,线路就将锁闭,直到列车驶出联锁路段。在大多数情况下,虽然联锁在 CBTC 区域外,并由传统的信号进行控制,列车可以无缝地进入或者驶出 CBTC 区域,CBTC 系统将和轨旁设备,以及联锁设备连接,来提供列车所需的防护功能。

总之,CBTC 系统的功能与其结构有关,而其结构又决定了它的应用类别或应用水平,例如,CBTC 半自动闭塞等。另外,它又与在系统中仅有应用机车信号,还是有 ATP、ATS 及 ATO 等有关。

5.6.5 CBTC 系统应用

1. CBTC 系统应用概况

CBTC 系统不仅适用于新建的城市轨道交通线路,也适用于旧线改造、不同编组运行及不同线路的跨线运行。目前全球主要 CBTC 信号系统供应商主要有阿尔斯通、庞巴迪、日立、泰雷兹、日通信号、卡斯柯等。全球范围内,越来越多的国家应用 CBTC 系统,全球约 1/5 的地铁系统选用了 CBTC 系统。

CBTC 系统有两种制式:基于感应环线通信的 CBTC 系统(也称为采用轨间电缆的 ATC 系统)和基于无线通信的 CBTC 系统。基于感应环线通信的 CBTC 系统,已经在武汉、广州地铁正式投入运营;基于无线通信的 CBTC 系统,这几年得到超乎寻常的发展,上海、北京、广州、深圳、南京、西安、成都、沈阳、苏州等城市的轨道交通线路都已经决定选用这种信号制式。初期基本都选用 Alcatel、Alstom、Siemens 等国外厂商提供的 CBTC 系统,而随着改革开放的深入,国内外厂商构成联合体,尤其是浙大网新 US&S 构成的联合体,其开发的 CBTC 系统已被国内多条线路选用。并且国内参与 CBTC 系统开发的厂商也越来越多,显然这有利于今后 CBTC 的发展。

2. CBTC 系统应用实例

北京地铁 15 号线信号系统采用由北京交大/日信联合体提供的 SPARCS 系统(Simple Structure and high Performance ATC by Radio Communication System),是一套基于无线通信的移动闭塞系统(CBTC),该系统可以实现全线自动驾驶。系统整体结构如图 5-6-9 所示。

第五章 列车自动控制系统

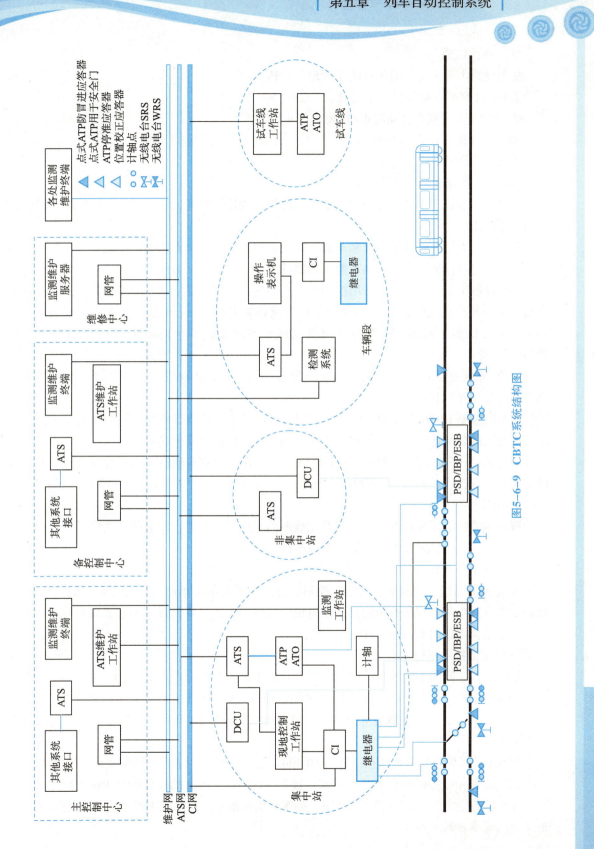

图5-6-9 CBTC系统结构图

(1) 系统组成

整条线路由五个主要的子系统来管理，包括：

①ATS（列车自动监督）子系统。

②ATP/ATO（列车自动防护/驾驶）子系统。

③CI（计算机联锁）子系统。

④MSS（维护支持）子系统。

⑤DCS（数据通信）子系统。

线路的运营管理主要依赖于覆盖整条线路的有线传输网络，该网络为各子系统之间提供双向信息传输。

无线通信为信号轨旁子系统和车载子系统之间提供了双向无线信息传输。沿着全线分布的轨旁无线电台保证了无线网络对整条线路的覆盖，该无线网络传送连续的 CBTC 信息。

ATS 设备位于控制中心、备用控制中心、各车站和车辆段；ATP/ATO 位于 6 个设备集中站和 1 个车辆段内的试车线；CI 位于 6 个设备集中站、1 个车辆段和 1 个停车场；MSS 除位于各设备集中站外，还在各个维护工区设有终端，用于监测全线信号系统的工作状态。

CBTC 系统通过 CI 系统与轨旁的基础设备（信号机、转辙机、次级检测设备（计轴）、紧急关闭按钮等）接口。

列车定位是 CBTC 系统的固有特性，同时也可以通过计轴器来完成辅助的列车定位。该地铁线路正线装配计轴器，车辆段和停车场内则通过轨道电路来确定列车位置。

在车辆段/停车场采用与正线一样的 CI 系统，用于管理车辆段的轨旁设备及试车线，可以方便地实现正线联锁和车辆段/停车场联锁接口及试车线的控制，可以控制列车进/出非 CBTC 区域。

所有主要的子系统设备、有线网及无线网均采用冗余配置，即某单一故障不会影响正常运行，单个通道的故障和干扰不影响子系统间的信息传输。

(2) 车载系统配置

车载 ATP 系统是车载系统的核心控制设备，主要有车头车尾各一套二取二的 ATP/ATO 设备，以及对应每套设备连接的测速发电机、应答器天线、驾驶台 MMI、无线电台组成。

具体结构图如图 5-6-10 所示。

(3) 主要技术指标

①设计行车间隔不大于 90 s，设计折返间隔不大于 108 s。

②控制中心：控制中心 ATS 系统至少能管理 100 列列车，对线路长度不做限制。

③轨旁 ATP 计算：设置有 6 套 ATP，每套至少能管理 20 列列车，完全满足远期的列车管理要求。

④在基于 CBTC 信号系统的 ATO 控车模式下，列车在站台精确停车达到：停车精度在 ±0.3 m 范围内的概率≥99.99%；停车精度在 ±0.5 m 范围内的概率≥99.999 8%。

⑤在后备模式点式 ATO 控车模式下，列车在站台精确停车要求达到：停车精度在 ±0.5 m 范围内的概率≥99.999 8%。

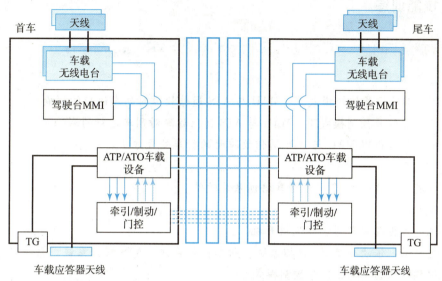

图 5-6-10　车载设备结构图

⑥当列车在站台停车精度 >0.5 m 时，车载信号设备不能打开车门/屏蔽门。
⑦列车自动控制系统的信息表示采集周期和控制命令反应时间均不大于 1 s。
⑧热备切换时间不影响设备工作的连续性，可做到无扰切换。
⑨列车到达折返站能可靠实现无人自动折退的正确率不低于 99.99%。
⑩对整个系统的运行状态监测数据至少可保存 1 年。

思考与练习

1. 什么是 CBTC 系统？
2. 简述 CBTC 系统的优势及特点。
3. 简述 CBTC 系统的分类。
4. 简述 CBTC 系统的基本原理。
5. 简述 CBTC 系统的结构一般模型。
6. 简述 CBTC 系统的组成。
7. CBTC 系统的一般功能有哪些？
8. CBTC 系统的具体能实现哪些功能？
9. 简述 CBTC 系统的应用情况。

技能训练

技能训练1　ZC 移动授权单元 MAU 与 ATS 通信故障行车处置

1. 实验目的

①了解 CBTC 信号控制模式下，MAU 与 ATS 通信故障对列车运行的影响。

②了解后备信号控制模式下，MAU 与 ATS 通信故障对列车运行的影响。

③了解和掌握出现 MAU 与 ATS 通信故障时的行车处置方法。

2. 实验设备

城市轨道交通 ATC 行车调度仿真培训系统软件。

3. 实验内容

①开机：数据库服务器、学生机开机。

②系统启动：依次登录 ZC 模拟系统、列车模拟系统、ATS 模拟系统。系统登录后，各个区域集中站默认为 CBTC 信号控制模式。

③创建列车：ATS 模拟系统中，在月牙山站 1 创建 01 号列车。

④列车初始化：列车模拟系统中，对 01 号列车初始化：设置运行方向为下行，上电，缓解紧急制动，设置驾驶模式为 ATO 模式。

⑤分配运行线：ATS 模拟系统中，给 01 号列车分配 CBTC01 运行线。

⑥列车运行：列车模拟系统中，选中 01 号车，按压"ATO 发车"按钮持续 2 s 以上，01 号列车从月牙山站 1 向大板站 1 运行。

⑦设置故障：在 ZC 模拟系统中，设置 MAU 与 ATS 通信故障。

⑧列车运行：列车运行到故障设置前接收的 LMA 终点，即大板站 1 站台停车，进入停站过程。

⑨设置故障恢复：在 ZC 模拟系统中，设置 MAU 与 ATS 通信故障恢复。

⑩列车发车：在 ATS 模拟系统中，对 01 号列车进行"发车"操作，重新建立进路，开放信号。

⑪列车运行：列车模拟系统中，选中 01 号车，按压"ATO 发车"按钮持续 2 s 以上，01 号列车从大板站 1 向枫林桥站 1 运行。

⑫设置故障：在 ZC 模拟系统中，设置 MAU 与 ATS 通信故障。

⑬列车运行：列车运行到故障设置前接收的 LMA 终点，即枫林桥站 1 站台停车，进入停站过程。

⑭切换信号模式：在 ATS 模拟系统，将全线所有集中站信号模式由 CBTC 模式切换到后备模式。

⑮调令发布：在 ATS 模拟系统，向 01 号列车发布"列车以可用模式运行"调令。

⑯调令确认：在列车模拟系统，确认该调令后，将 01 号列车切换到 WSP 模式。

⑰列车发车：在 ATS 模拟系统中，对 01 号列车进行"发车"操作，重新建立进路，开放信号。

⑱列车运行：牵引制动手柄推到"牵引"位，列车继续运行。

⑲退出系统。
⑳学生机关机，复原现场。
㉑退出通信监控服务程序，数据库服务器关机。

4. 注意事项
①注意设备及人身安全，做好安全防护。
②实验完成后必须试验良好。

技能训练2　ZC移动授权单元故障行车处置

1. 实验目的
①了解 CBTC 信号控制模式下，ZC–MAU 故障对列车运行的影响。
②了解后备信号控制模式下，ZC–MAU 故障对列车运行的影响。
③了解和掌握出现 ZC–MAU 故障时的行车处置方法。

2. 实验设备
城市轨道交通 ATC 行车调度仿真培训系统软件。

3. 实验内容
①开机：数据库服务器、学生机开机。
②系统启动：依次登录 ZC 模拟系统、列车模拟系统、ATS 模拟系统。系统登录后，各个区域集中站默认为 CBTC 信号控制模式。
③创建列车：ATS 模拟系统中，在月牙山站 1 创建 01 号列车。
④列车初始化：列车模拟系统中，对 01 号列车初始化：设置运行方向为下行，上电，缓解紧急制动，设置驾驶模式为 ATO 模式。
⑤分配运行线：ATS 模拟系统中，给 01 号列车分配 CBTC01 运行线。
⑥列车运行：列车模拟系统中，选中 01 号车，按压"ATO 发车"按钮持续 2 s 以上，01 号列车从月牙山站 1 向大板站 1 运行。
⑦设置故障：在 ZC 模拟系统中，设置 ZC–MAU 故障。
⑧列车制动：故障设置后，01 号列车紧急制动。
⑨设置故障恢复：在 ZC 模拟系统中，设置 ZC–MAU 故障恢复。
⑩列车发车：在 ATS 模拟系统中，对 01 号列车进行"发车"操作，重新建立进路，开放信号。
⑪列车运行：列车模拟系统中，选中 01 号车，缓解 EB，然后切换到驾驶模式到 ATO，按压"ATO 发车"按钮持续 2 s 以上，列车继续运行。
⑫设置故障：在 ZC 模拟系统中，设置 ZC–MAU 故障。
⑬列车制动：故障设置后，01 号列车紧急制动。
⑭切换信号模式：在 ATS 模拟系统，将全线所有集中站信号模式由 CBTC 模式切换到后备模式。
⑮调令发布：在 ATS 模拟系统中，向 01 号列车下达"列车以 WSP 模式运行"调令。
⑯调令确认：在列车模拟系统中，确认该调令后，将 01 号列车切换到 WSP 模式。
⑰列车发车：在 ATS 模拟系统中，对 01 号列车进行"发车"操作，重新建立进路，开

⑱列车运行：牵引制动手柄推到"牵引"位，列车继续运行。
⑲退出系统。
⑳学生机关机，复原现场。
㉑退出通信监控服务程序，数据库服务器关机。

4. 注意事项

①注意设备及人身安全，做好安全防护。
②实验完成后必须试验良好。

技能训练 3 绘制 CBTC 系统列车限制速度曲线

1. 实验目的

①掌握 ATP 系统速度控制模式相关原理。
②了解利用用 C 语言编程及 MATLAB 编程绘制 CBTC 系统列车限速曲线的方法。

2. 实验设备

学生计算机、C 语言软件、MATLAB 7.1 以上软件。

3. 实验内容

（1）曲线参数要求

No.1：

已知：列车在一段长 1 500 m 的试验线上运行。列车长 55 m，最大牵引加速度为 1.7 (m·s^{-1})/s，最大制动减速度为 1.5 (m·s^{-1})/s，牵引切断延时 6 s。列车运行起点在 60 m 处，沿着里程增加的方向运行。安全要求如下：

全线要求限速 100km/h；试验时为保证安全，要求列车运行时不得超过 1 366 m 处。

问题：请编程列车在线路上各点的安全运行速度（每隔 1 cm 计算一个速度点）。安全运行速度是指：为保证行车安全，当列车速度超过此速度值后，必须采取制动措施。

No.2：

在 No.1 的基础上新增的条件：

在 480～960 m，要求限速 60 km/h。

No.3：

在 No.1 的基础上新增的条件：

在 183～480 m，要求限速 80 km/h；

在 480～960 m，要求限速 40 km/h。

（2）超速防护曲线的计算

No.1：

①首先思考列车运行的超速防护曲线。通过公式 $v \times v = 2 \times a \times s$，可以计算出曲线拐点 A（距离终点 257.2 m 处），如图 5-6-11 所示。

②由于有 6 s 的牵引切断延时，所以真正的 A 点应该左移（距离终点 423 m 处），如图 5-6-11 蓝线所示。

所以防护曲线的弯曲部分公式为：

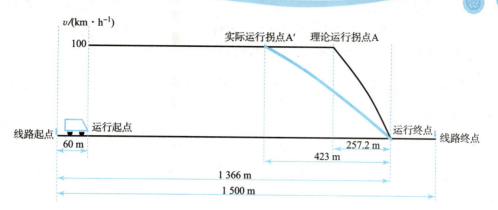

图 5-6-11 ATP 制动点位置图

$$6 \times v + v \times v/2 \times a = 1\,366 - x$$

式中，v 为限速；a 为制动加速度；x 为曲线上点的 x 轴坐标。

No.2：

曲线部分的计算和 No.1 相同，因为在 480～960 m，要求限速 60 km/h，所以 480 m 前有一个拐点，960 m 处有一个跳变，之后允许的最大速度需要代入公式进行计算。另外，需要计算（60，480）段的最大允许速度：

$$6 \times v + (v \times v - v_0 \times v_0)/2 \times a = 183 - 60$$

No.3：

曲线部分的计算和 No.1 相同，在 183～480 m，要求限速 80 km/h；在 480～960 m，要求限速 40 km/h；所以，在 60～183 之间，匀速 80 km/h 即可。

（3）编程思路

No.1：

将匀速运动设想成反向加速模型，用 C 语言进行编程获得数据。

C 程序：

```
#include <stdio.h>
#include <math.h>
Int main()
{
    Int s;double v;
    FILE * fpt
    fpt=fopen("0.1.txt","w");
    s=6000;
    (while s<=1 36600)
{s++;
    v=sqrt((136600-s)* 300 +8100)-900;
        if(v<=10000/3.6)
        {v=10000/3.6;
```

```
            fprintf(fpt,"%d,%f/n",s,v);}
    else { fprintf(fpt,"%d,%f/n",s,v);
    }
}
return();
}
```

其中，s 为距离，v 为速度，应用公式为匀加速度的公式 $s = v_0^2 + \frac{1}{2}at^2$。得到的结果导入 MATLAB 中进行绘图。

MATLAB 程序：

```
Data = load("0.1.txt")
x1 = Data(:,1);
y1 = Data(:,2);
plot(x1/100,y1* 3.6/100)
axis([0 1500 0 110]);
set(gca,'xstic',0:100:1500);
set(gca,'ystic',0:10:110);
grid on
```

No.2：

C 程序：

```
#include <stdio.h>
#include <math.h>
Int main()
{
    int s;
    double v;
    double v1;
        FILE * fpt
        fpt = fopen("0.2.txt","w");
        s = 6000;
        (while s <= 48000)
{
        s ++;
        v = sqrt(2* (48000 - s)* 150 + (6000/3.6)* (6000/3.6) + 81000) - 900;
        if(v <= 10000/3.6);
        {v = v;
```

```
            fprintf(fpt,"%d,%f/n",s,v);}
else
        {v=10000/3.6;
         fprintf(fpt,"%d,%f/n",s,v);}
}
        While((s>48000)&&(s<=101500));
{
s++;
  v=6000/3.6;
  fprintf(fpt,"%d,%f/n",s,v);}
     a=101500;
    While((s>=101500)&&(s<=136600))
{
s++;
  v1=sqrt(2*170*(113613-101500)+(6000/3.6)*(6000/3.6));
  v2=sqrt(2*150*(136600-s));
     if(v>=v1)
{v=v1;
  fprintf(fpt,"%d,%f/n",s,v);}
else
{v=v;
     fprintf(fpt,"%d,%f/n",s,v);}
}
return();
}
```

MATLAB 程序：

```
Data=load("0.2.txt")
x1=Data(:,1);
y1=Data(:,2);
plot(x1/100,y1*3.6/100)
axis([0 1500 0 110]);
set(gca,'xstic',0:100:1500);
set(gca,'ystic',0:10:110);
grid on
```

No.3：
C 程序：

```c
#include <stdio.h>
#include <math.h>
Int main()
{
  int s;
  double v;
  double v1;
    FILE * fpt
    fpt = fopen("0.3.txt","w");
    s = 60;
      while(s <= 48000)
{
s++;
    v = sqrt(2*(48000-s)*150+(4000/3.6)*(4000/3.6)+81000)-900;
      if(v <= 8000/3.6);
        {v = v;
         fprintf(fpt,"%d,%f/n",s,v);}
else
  {v = 8000/3.6;
    fprintf(fpt,"%d,%f/n",s,v);}
}
    While((s>48000)&&(s <= 101500));
{
s++;
 v = 4000/3.6;
    fprintf(fpt,"%d,%f/n",s,v);}
s = 101500;
    While((s >= 101500)&&(s <= 136600))
{
s++;
    v1 = sqrt(2*170*(117934-101500)+(4000/3.6)*(4000/3.6));
    v2 = sqrt(2*150*(136600-s));
      if(v >= v1)
{v = v1;
    fprintf(fpt,"%d,%f/n",s,v);}
else
  {v = v;
```

298

```
        fprintf(fpt,"%d,%f/n",s,v);}
}
return();
}
```

MATLAB 程序：

```
Data = load("0.3.txt")
x1 = Data(:,1);
y1 = Data(:,2);
plot(x1/100,y1*3.6/100)
axis([0 1500 0 110]);
set(gca,'xstic',0:100:1500);
set(gca,'ystic',0:10:110);
grid on
```

4. 实验结果

编程成功后，MATLAB 软件仿真结果如图 5-6-12～图 5-6-14 所示。

（1）No. 1

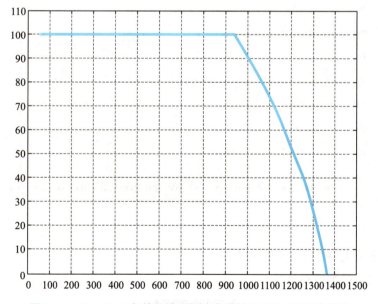

图 5-6-12　No. 1 条件下绘制限速曲线的 MATLAB 仿真结果

(2) No. 2

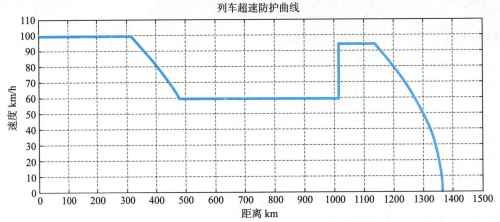

图 5-6-13　No. 2 条件下绘制限速曲线的 MATLAB 仿真结果

(3) No. 3

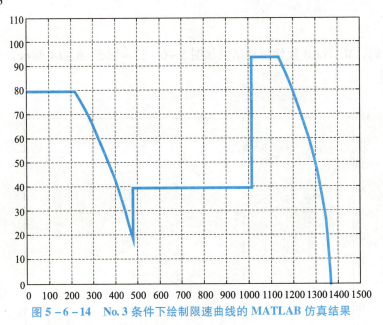

图 5-6-14　No. 3 条件下绘制限速曲线的 MATLAB 仿真结果

5. 注意事项

①注意设备及人身安全，做好安全防护。

②实验完成后必须试验良好。

第五章　测试题

第六章
列车定位与车－地通信技术

随着微电子技术、通信技术、计算机技术、网络技术的发展，行车指挥已经演变成多个部门相互配合、相互协调的信息化和立体化指挥体系。城市轨道交通信号系统从其发展及车－地通信角度看，大体上经历了基于轨道的电路列车自动控制（ATC）系统和基于通信的列车自动控制（CBTC）系统。

在 CBTC 系统中，列车定位和移动授权依赖无线信息传输，如果某列车或地面某点发生无线通信中断或故障，就会失去对列车的定位，将对运营造成较大的影响，且故障处理可能比原来的轨道电路系统复杂，所以车－地通信技术是 CBTC 系统的关键技术之一。

在城市轨道交通信号系统中，轨道定位主要采用轨道电路、计轴器（信标）、电缆环线、裂缝波导、扩频电台等技术手段，列车自身的定位可依赖于安装在轮轴上的编码里程仪实现，通过车－地之间的信息传输通道，实现轨旁与列车之间的实时信息交换。

实现列车运行控制的关键技术包括列车定位技术、列车－地面之间的双向通信技术及列车的完整性检测技术。

第一节 列车定位技术

任务导入

列车定位检测设备能够实时、准确地确定列车在线路中的位置，保证轨道交通安全运行，提高运行效率，是信号系统构成的关键设备之一。列车自动控制系统利用轨旁及车载设备对列车进行实时的跟踪。

学习要点

知识目标

1. 掌握列车定位技术的作用；
2. 掌握列车定位技术的分类；
3. 了解基于轨道电路的定位的特点；
4. 掌握基于计轴器的定位原理；
5. 掌握基于查询–应答器的定位原理；
6. 掌握基于电缆环线的定位原理；
7. 了解基于无线扩频通信的定位原理；
8. 了解基于漏泄波导、漏泄电缆的定位原理。

技能目标

1. 会区分不同形式的轨道电路设备；
2. 会区分不同形式的计轴设备；
3. 会区分不同形式的应答器设备；
4. 会区分不同形式的电缆环线设备。

相关案例

北京市轨道交通亦庄线、机场线采用阿尔斯通公司的基于无线裂缝波导的列车定位设备；天津地铁2号线、3号线采用基于漏泄电缆的列车定位设备；长春轻轨3号线、4号线

采用中国铁路通信信号设计院自主研发的FZL100型数字轨道电路作为列车定位设备。

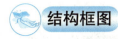
结构框图

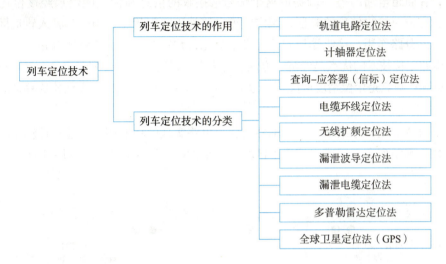

6.1.1 列车定位技术的作用

列车定位技术在现代轨道交通行车安全和指挥系统中的作用主要体现在以下几个方面：
①为保证列车安全间隔提供依据；
②提供区段占用/空闲信息，作为转换轨道检测信息和速度控制信息发送的依据；
③为列车自动防护（ATP）系统提供准确位置信息，作为列车车站停车、打开车门及屏蔽门的依据；
④为列车自动驾驶（ATO）系统提供精确位置信息，作为列车计算速度曲线，实施速度自动控制的主要参数；
⑤为列车自动监控（ATS）系统提供列车位置信息，作为显示列车运行状态的基础信息；
⑥在某些CBTC系统中，作为无线基站接续的依据。

列车定位技术的重要作用决定了它首先必须能够保证提供正确的列车位置信息，随着轨道交通朝着高速、便捷、舒适的方向发展，对列车定位技术的精密度提出了更高的要求，任何列车定位技术都需要经过信息数据的采集、传输、计算等环节，造成列车位置信息的时延是不可避免的，因此提高信息及时性、减少信息误差显得十分重要。

6.1.2 列车定位技术的分类

1. 轨道电路定位法（包括无绝缘音频轨道电路与数字轨道电路）

从分割方法不同的角度，轨道电路分为机械绝缘轨道电路和电气绝缘轨道电路。

基于轨道电路设备的列车定位方法是将钢轨分割成不同的区段来实现，在每个区段的始端加上发送设备，终端加上接收设备，构成信息传输回路。

以无绝缘音频轨道电路为例，当轨道区段空闲时，信息由发送端通过轨道传输至接收端,接收端轨道继电器励磁吸起,当有列车进入轨道区段时,轮对将两根钢轨短路,接收端轨道继电器失磁落下,从而达到列车检测与定位的目的。

以数字轨道电路为例,数字轨道电路的发射单元以差分模式向另一端通过铁轨传输一个调制信号,在轨道电路的另一端提取这个信号。接收的信息和传送的信息经逐位比较确认相,同时,完成对接收信息的验证,判定轨道电路处于空闲状态;当列车驶入轨道区段,由于列车轮对的分路作用,接收端检测信号发生变化,判定有车占用该轨道电路。

轨道电路定位技术的优点是经济、方便、可靠性高,既可以实现列车定位,又可以检测轨道的完好情况;缺点是定位精度取决于轨道电路的长度,定位精度差,无法构成移动闭塞。

2. 计轴器定位法

在城市轨道交通信号系统中,计轴器与轨道电路实现的功能相同。通过计轴系统实现列车轮对计数,判断列车占用或出清轨道区段。计轴设备工作原理如图 6-1-1 所示。

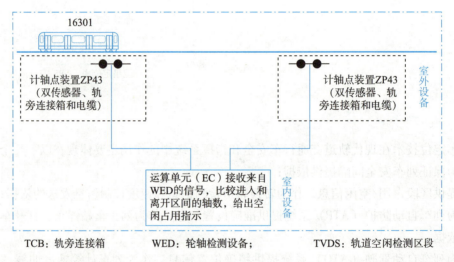

图 6-1-1 计轴设备工作原理

在轨道电路定位法和计轴器定位法中,列车是在区间的始端还是终端是无法判断的,对列车定位时的最大误差就是一个区段的长度。为了得到较为准确的位置信息,在计算具体位置信息时,通常要引入列车的即时速度信息。如在某点一个速度采样时间点 t_n 上测得列车的即时速度为 $v(t_n)$,列车的即时位置:

$$S = S_0 + \sum v(t_n) \cdot \Delta t$$

式中,S_0 为初始位置;Δt 为列车采样时间间隔。

引入测速信息后,减少了定位误差。目前使用较多的列车测速一般是通过测量车轮转速,然后将车轮转速换算为列车直线速度。

3. 查询-应答器(信标)定位法

应答器(信标)是短程无线传输设备,沿轨道交通线路布置,反映线路绝对位置。有源应答器(信标)可实现车-地双向通信,无源应答器在列车经过其所在位置时,车载天线发射电磁波激励地面应答器工作,并传递绝对位置信息给列车。由于应答器(信标)提供的位置精度很高,达到厘米量级,常用应答器(信标)作为修正列车实际运行距离的手段。

采用应答器（信标）定位技术的信息传递是间断的，当列车从一个信息点获得地面信息后，到下一个信息点才能更新信息，若其间地面情况发生变化，就无法立即将变化的信息实时传递给列车，因此应答器（信标）技术往往作为其他定位技术的补充手段。

目前，在多数城市轨道交通线路中使用信标定位消除累计误差。通过多组传感器组合防护实现列车的精确定位。在阿尔斯通公司应用于上海地铁 10 号线的 URBALISTM 解决方案中，确认了以下方式：

①主动列车检测，根据每个列车发送的位置信息计算列车位置。

②辅助列车检测，根据轨旁计轴设备或停车场轨道电路检测列车位置。辅助列车检测用于检测静音列车位置。

车载控制器通过读取沿线分布的精确位置信标计算自己的位置。当车载控制器通过一个信标时，将获取信标名和位置参数，并根据该信标计算其在线路中的位置，报告给轨旁设备，车载 ATP 周期性地估算本车的安全位置。在两个定位点之间，根据一个定位信标的位置，计算本车最大和最小可能位置。列车的实际位置总在这两个位置之间，这两个可能位置作为定位误差。随着列车的运行，该误差将由于车轮的空转、打滑效应而增加。编码里程计连接在车轴上，位置测量与车轴直径有关，用于检测列车的移动数据。

4. 电缆环线定位法

图 6-1-2 为利用电缆环线进行列车定位的原理图。沿着轨道线路中间铺设电缆环线，每隔 25 m 交叉一次。列车经过电缆交叉点时，通过车载设备检测环线内信号的相位变化，相位变化原理如图 6-1-3 所示。车载 ATP 系统根据相位变化的次数进行计数，从而确定列车运行的距离，达到对列车进行定位的目的。

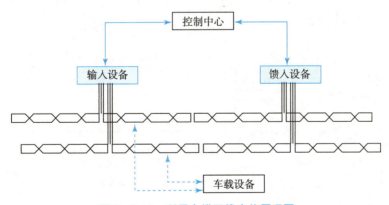

图 6-1-2 利用电缆环线定位原理图

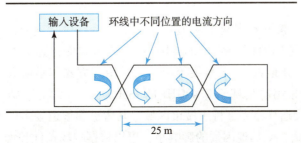

图 6-1-3 环线交叉点相位变化原理

5. 无线扩频定位法

无线扩频定位法采用无线扩频通信、伪码测距和计算机信息处理技术，实现对复杂环境中列车的实时准确定位、跟踪。

无线扩频定位法基本原理：地面设置测距基站和中心控制站，在列车两端安装无线扩频通信发射机。发射机向地面测距基站发射定位信息，测距基站收到定位信息后，使用 DSP 信息处理技术计算出伪距，并通过无线或在线链路送至控制中心进行信息处理，其定位结果显示在电子地图上，并通过无线方式传递至列车上。这种方法定位较精确，是一套完全独立的定位系统。

无线扩频技术利用车站、轨旁盒列车上的扩频电台，一方面，通过这些电台在列车与轨旁控制室之间传递安全信息；另一方面，也利用它们对列车进行定位。轨旁电台的位置是固定不变的，并经过精确测量，所有的电台都由同步时钟系统精确同步。轨旁计算机或车载计算机利用不同电台传递信息的时间延时可以精确计算出列车的位置。

图 6-1-4 为基于无线扩频通信的列车定位原理图。分布的电台构成无线通信网，站间可以通过无线电可靠覆盖且有冗余，这种冗余是一种自愈式结构，当其中一个电台故障时，系统可以重新组织，并自动报告故障电台位置或者编号，不会影响通信和对列车的控制。通常一个电台的信息会有两个甚至三个电台接收，无线扩频技术在恶劣电磁环境下具有可靠的信息传输能力。

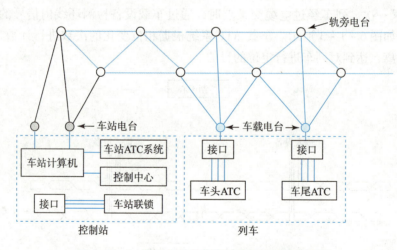

图 6-1-4　基于无线扩频通信的列车定位原理图

无线扩频通信定位技术每隔 0.5 s 对每辆车的位置进行检测，对列车的定位精度可达到 ±0.5 m。

目前，采用无线扩频技术实现车-地双向通信的系统供货商有加拿大阿尔卡特公司、法国阿尔斯通公司、德国西门子公司、美国 USSI 公司和庞巴迪公司。上海地铁 8 号线、北京地铁 10 号线及广州地铁 4、5 号线等项目均采用此方式。根据 IEEE 802.11 无线局域网的标准，目前广泛采用的是基于 2.4 GHz 的 ISM 频带，无线电台方式传输的最大距离约为 400 m。由于轨道交通线路多穿行于城市区域，其弯道和坡道较多，增加了无线电台的体积较小，安装比较灵活，受其他因素的影响小，可以根据现场条件和无线场强覆盖需要进行设计和安装,且安装和维护容易,成本低。无线电台在隧道内传输受弯道和坡道影响较大,同时隧道内的反射比较严重,需要考虑多径干扰等问题。无线电台在地面和高架线路安装比较容易,但无法做到一次性预先设计,容易受周围无线环境的影响和同频干扰。无线电台的传输距离小,为保证在一个轨旁电台故障时,通信不中断的可靠性,往往需要在同一个地点设置双网覆盖,进一步缩短了轨旁电台布置间距,列车在各个轨旁电台之间的漫游和切换特别频繁,大大降低了无线传输的连续性和可靠性。

6. 漏泄波导定位法

微波漏泄波导管是一种车 – 地双向数据传输的无线信号传输媒介,具有信号覆盖均匀、传输频带宽、传输损耗小、可靠性高、抗干扰能力强的特点,并能同时传输多媒体信息。漏泄波导管为中空铝质矩形管,顶部朝车辆天线方向等间隙开有窄缝,使得无线载频信息沿波导管裂缝向外均匀辐射。在波导管附近适当位置设置无线接收器,可以接收波导管裂缝辐射的信号,并通过处理得到有用的数据。

波导管沿轨道沿线铺设,其顶部固定距离(约 6 cm)开有裂缝(宽 2 mm,长 3 mm),让无线电波从裂缝中向外泄漏出来,因其波导物理特性和衰减性能较好,传输距离较远,最大传输距离可达到 1 600 m,且沿线场强均匀覆盖,呈现良好的方向性分布,抗干扰能力较强。适合于地下隧道内使用,传输距离优于同轴电缆,可减少列车在各个无线接入点 AP 之间的漫游和切换,提高了无线传输的连续性和可靠性。相对于无线自由波传输方式,波导管无线电波主要在波导管中传输,并且局限在一个很小的反位,因此这种方式产生的无线电干扰小,受到的干扰也小。

当列车通过时,车在天线与波导管通过电磁感应耦合实现信息的实时传递、双向通信构成了列车和地面轨旁设备的闭环通信数据系统,既能传输相关的列车控制信息,也能精确计算列车位置。具体传输原理如图 6 – 1 – 5 所示。

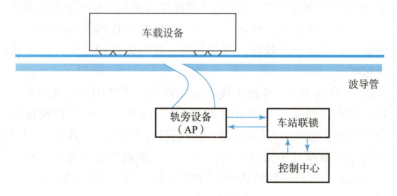

图 6 – 1 – 5　波导管传输原理

波导管作为微波传输的一种载体,其本质是一种连续加长天线。一方面,控制中心通过通信网络与车站及轨旁无线接入点 AP 联系通信,无线接入点 AP 将信息送到波导管,通过裂缝传输给车载设备;另一方面,车载计算机接收地面信息,计算列车具体位置,通过波导管向控制中心传送列车相关信息,从而实现了列车定位功能。

裂缝波导管可以根据现场条件安装在隧道底部钢轨旁(适用于地下、地面、高架或混合线路)、隧道侧墙(仅适用于全地下线路)或隧道顶部(仅适用于全地下线路,且三轨供电)。裂缝波导管的安装位置必须与车载天线位置对应,其安装精度要求较高,对于波导管内部和表面的维护量较大,工程施工麻烦,同时需要解决好防水、热胀冷缩、防止沙尘侵入和污物覆盖等问题,后期对线路的养护有影响。

北京首都国际机场 CBTC 信号系统,采用阿尔斯通(ALSTON)公司的无线裂缝波导传输技术,确保车载信号 ATP/ATO 设备和地面轨旁 ATP/ATO 设备之间的双向连续大容量的通信信息传输。

7. 漏泄电缆定位法

漏泄电缆(Leaky Coaxial),全称漏泄同轴电缆(Leaky Coaxial Cable),简称漏缆。所谓漏泄电缆,就是在同轴电缆的外导体上,沿纵向开有用作辐射的周期性槽孔,由于这种电缆具有同轴电缆盒线型天线的双重功能,有时又被叫作辐射电缆(Radiating Cable),或同轴天线,它主要由内导体、绝缘介质、带槽孔外导体和电缆护套等组成。

按漏泄原理的不同,漏泄电缆分为耦合型、辐射型和漏泄型 3 种。漏泄电缆作为解决无线电波在隧道中传输的最佳途径之一,已经在地铁建设中得到了很好的应用。

目前利用漏泄同轴电缆进行无线传输的信号系统供货商有阿尔斯通公司和庞巴迪公司,庞巴迪公司 CITYFLO650 漏泄电缆已经在西班牙马德里地铁中得到成功应用。无线传输媒介采用的是基于 2.4 GHz ISM 频带的漏泄同轴电缆,漏泄电缆的传输特性和衰减性能较好,传输距离较远,最大传输距离达到 600 m,且沿线无线场强覆盖均匀,呈现良好的方向性分布,抗干扰能力较强,适合于狭长的地下隧道内使用。其减少了列车在各个无线接入点 AP 之间的漫游和切换,提高了无线传输的连续性和可靠性。另外,漏泄同轴电缆的安装要求不高,可根据现场条件安装在隧道侧墙(仅适用于全地下线路)或隧道顶部(仅适用于全地下线路,且三轨供电),其与列车车载天线的安装位置基本对应。漏泄同轴电缆在地面和高架线路安装比较困难,且美观效果较差。为此,阿尔斯通公司与庞巴迪公司通过采用漏泄同轴电缆与无线电台混合组网的方式,对于地下线路部分采用漏泄同轴电缆覆盖,地面及高架线路部分采用无线电台进行覆盖,解决了漏泄同轴电缆在地面及高架区段安装的问题。同时,因漏泄同轴电缆的安装位置较高,不会影响一般轨旁维护工作,其自身安装调试完成后,维护工作量很小。

以天津地铁 2、3 号线为例,车地无线通信(TWC)系统用于实现列车与轨旁控制设备之间的数据交换。TWC 系统主要工作原理如图 6-1-6 所示。列车控制数据由无线通信处理器通过轨旁数据网络发送至所有轨旁无线电台组件(WNRA),其通过 UDP/IP 协议实现。WNRA 将无线信号通过漏缆发送给列车的移动电台,由列车通信处理器接收控制数据。列车信息也相应地通过无线网络传输给轨旁区域控制设备。漏缆的安装位置与列车接收天线的

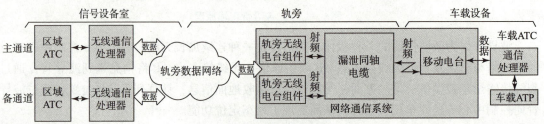

图 6-1-6 TWC 系统主要工作原理

位置相对应，漏缆安装在隧道顶部线路中心正上方，距车辆限界 0.5~2.0 m。漏缆配置如图 6-1-7 所示。沿着每侧轨道设置漏缆，并由一对冗余的 WNRA 驱动，使用信号耦合分配器实现冗余 WNRA 的主备切换。这种配置方案确保了出现单点故障情况下，不会对信号系统的正常运行产生任何影响。

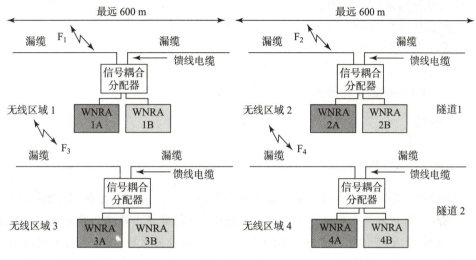

图 6-1-7 漏缆配置

8. 多普勒雷达定位法

多普勒雷达测速是一种直接测量速度和距离的方法。在列车上安装多普勒雷达，始终向轨面发射电磁波，由于列车和轨面之间有相对运动，根据多普勒频移效应原理，在发射波和反射波之间产生频移，通过测量频移就可以计算出列车的运行速度，进一步计算出列车运行的距离。克服了车轮磨损、空转或滑行等造成的误差，可以连续测速、测向和定位。

9. 全球卫星定位法（GPS）

GPS 系统由位于地球上空 24 颗卫星和监视管理这群卫星的 5 个地面站组成。这些卫星用原子钟作为标准时间，24 h 连续向地球播发精确的时间及位置信息。配有 GPS 接收机的用户，可在地球上任何地方、任何时刻收到卫星播发的信息，通过测量卫星信号发射和接收的时间间隔，计算出用户至卫星的距离，然后根据 4 颗卫星的数据，即可实时地确定用户所在地理位置。

其他定位方法还有车轴转速测距定位法、光纤陀螺法等。通常，城市轨道交通系统中需要综合运用多种定位技术，取长补短，从而满足城市轨道交通系统对列车定位的需求。

1. 简述列车定位技术的作用。
2. 简述轨道电路定位技术的特点。

3. 简述计轴设备工作原理。
4. 简述在阿尔斯通公司应用于上海地铁 10 号线的 URBALISTM 解决方案中，确认了哪几种方式。
5. 简述无线扩频定位法的基本原理。
6. 简述漏泄波导定位法的特点。
7. 简述漏泄电缆分为哪几种类型。
8. 简述同步环线室内、室外设备结构。
9. 简述同步环线主要有哪些功能。
10. 简述同步环线的工作原理。

知识链接

LZB700M 型城市轨道交通信号系统列车定位技术

西门子信号控制系统在中国城市轨道交通中得到了广泛应用，其中 LZB700M 型准移动闭塞列车运行控制系统，先后在广州、深圳、南京、上海等多个城市的多条城市轨道交通线路上推广。LZB700M 型信号系统以 FTGS917 型轨道电路作为区段空闲/占用检测设备，并通过轨道电路向列车发送特定报文实现列车的粗略定位，采用测速电动机进行精确定位，同时还采用步环线进行站台区段的辅助定位。LZB700M 型信号系统包含 ATS 系统、ATP 系统、ATO 系统和 SICAS 联锁系统等，其结构框图如图 6-1-8 所示。

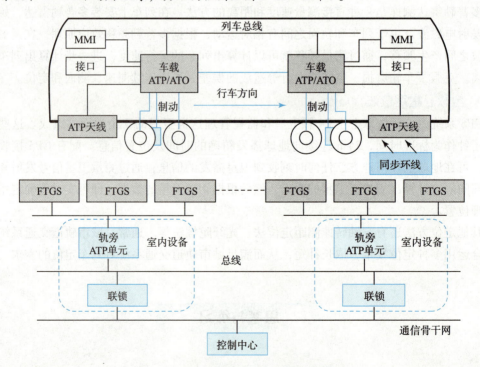

图 6-1-8 LZB700M 型信号系统的结构框图

1. 基于轨道电路的粗略定位

1）工作原理

FTGS 轨道电路有使用 4 种频率的 FTGS-46 型和 8 种频率的 FTGS-917 型两种型号。

FTGS 型轨道电路采用电气绝缘节（S 棒）将钢轨分割成若干长度不等的区段，用于检查和监督轨道区段是否空闲，并将空闲/占用信息传给联锁系统。另外，轨道电路还负责将 ATP 报文传送到列车上，从而对列车进行控制，实现列车运行自动驾驶。

FTGS-917 型轨道电路除了通过继电器的吸起和落下状态检测轨道区段的空闲、占用，并将该信息发送至联锁外，还可通过报文转换板完成位模式和 ATP 报文模式之间的转换。列车进入某轨道区段时，该区段轨道继电器落下，联锁和轨旁 ATP 系统都会得到该区段被占用的信息，同时，轨旁 ATP 系统开始发送 ATP 报文，并使报文传输的方向总是迎着列车运行的方向。

2）报文的接收与监督

ATP 运行报文可划分为 B 型（运行命令报文）、K 型（简短报文）、N 型（紧急制动）和 C 型（ATO 控制报文）几种。其中，B 型报文包括下一区段入口速度、目标距离、目标速度、区段限速、轨道电路频率、区段长度、门释放信息、同步环线标志、停车点标志、DTRO 信息等重要数据，是实现列车正常运行所必需的报文类型。车载 ATP 单元接收到 ATP 报文后，即可从 B 报文中得知目前列车所处的轨道区段位置。K 型报文用于列车快速确认已进入了新的轨道电路，只有在列车通过轨道电路变更点处，即本轨道区段刚被占用时才发出。

在故障—安全传输结构内，从轨道传来的数据通过循环传输、编码冗余、一致性试验等多种措施来防止错误传输。

为了通过 FTGS 接收报文，ATP 车载单元必须相应地控制 ATP 天线按照各自的有效频率（当前区段和下一区段的频率）进行设定，轨道电路变更点也必须被识别。列车接收有效报文发送故障，若时间在 5 s 以上且走行距离超过 10 m，也将导致启动搜索，运行中的列车将产生紧急制动。

3）轨道电路变更点

按照下一个轨道电路音频设定的 ATP 天线，已经接收到预告轨道电路识别号的有效报文，就认为到达了轨道电路变更点处。如图 6-1-9 所示，正常情况下，在 ATP 车载单元启动后，即开始对所有频率的音频进行搜索，并确定一个足够高的频率作为当前轨道电路使用的频率。当找到一个接收频率时，2 个 ATP 天线中的一个将按照找到的频率进行设定，另一个直到收到有效的报文后，根据报文内容，再将该 ATP 天线调谐至下一个轨道电路的频率。如果没有找到任何接收频率，则不断启动搜索。列车在 ATP 监督模式下运行时，由已经按照当前轨道电路音频设定的 ATP 天线负责接收轨旁发出的 ATP 报文信息，另一个 ATP 天线按照下一个轨道电路的音频预先设定。通过轨道电路变更点后，预先设定的 ATP 天线开始负责接收 ATP 报文，而另一个则继续预先设定再下一个轨道电路的频率。

2. 基于测速电动机的精确定位

为了使车载单元能够实时获得列车在某个轨道区段上的具体位置，分别在列车的第 1 对

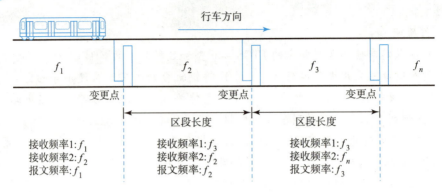

图 6-1-9 轨道电路和接收频率

轮对和第 4 对轮对上安装了测速电动机,用于向 ATP 车载单元提供当前车轮旋转的方向和 2 个运行方向上测速电动机的脉冲计数,实现精确测速和测距功能。

1)工作原理

每个测速电动机内部分别具有 45 kHz 和 60 kHz 两个结构相同的振荡回路,以保证可以检测并确认测速电动机脉冲发生器的故障。测速电动机脉冲发生器采用电涡流原理设计,借助于磁性齿轮计算车轮的旋转频率。车轴通过一个驱动舌簧来驱动磁性齿轮,经过一个齿和一个齿槽后,感应探头上的频率先变大,后变小。磁性齿轮上包括 16 个齿和 16 个齿缝,那么车轮旋转一周,频率就变化了 32 次,一个测速电动机内部的 2 套系统就总共产生了 64 次变化。

脉冲发生器输出的正弦波进入模/数处理板块,在模/数处理板块中包含有数字鉴频器和计数器,并将车轮旋转一周产生的 64 次频率变化转换为 64 个高低电平。列车定向的距离 S 测量计算方法为:

$$S = FR \cdot \pi \cdot d \cdot WI/W$$

其中,FR 为转动的当前方向(+1 或 −1);d 为设定的车轮直径;WI 为测量期间测速电动机的脉冲计数;W 为车轮每转一圈的测速电动机的脉冲计数。

2)变更点处距离测量的同步

车载 ATP/ATO 系统为了确定列车在每个轨道区段上的准确位置,需要在轨道电路变更点后重新同步距离测量的数据。只要在某一新的音频频率上接收到有效报文(应包含上一区段所接收到的轨道电路识别号),就表示识别到了轨道电路变更点。当列车的第 1 对轮对进入下一轨道区段时,下一轨道区段即由"空闲"状态变为"占用"状态,轨旁 ATP 系统开始通过轨道电路发送 ATP 报文。当位于列车第 1 对轮对前方的车载 ATP 天线接收到第 1 条 K 型报文后,车载系统就认为列车到达了轨道电路的变更点,将区段运行距离测量值清零,并开始重新计算,计算得到的值即为列车在该新的轨道区段上所运行的精确位置,如图 6-1-10 所示。

对于轨道电路变更点的距离测量同步,在实际运用中,由于列车检测设备、轨旁 ATP、车载系统等都存在一定时间的延迟,故都会导致较大的距离同步误差。为了消除该误差,车载系统在识别到轨道电路变更点之后,应将上一区段的距离测量值减去上一区段的区段长度,作为下一区段的距离测量起始值。

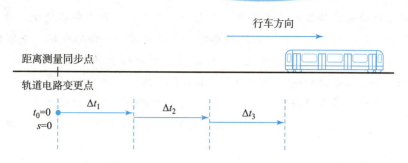

图 6-1-10 轨道电路变更点的距离测量同步

3. 基于同步环线的辅助定位

在车站范围内,只是依靠轨道电路的停车点是不能满足车站要求的停车精度的,因此就需要采用特殊的同步环线进行附加的局部同步,使列车能在站台精确地停车。

1) 主要功能

同步环线主要功能是用于列车车站精确停车,在车站区域列车停车精度一般要求达到 ±0.3 m。

为了实现列车精确停车,车站内的位置调整点由多交叉的同步环线提供。同步环线的头和尾是所谓的环路边界。ATP 车载设备能接收到这些交叉点,并把每个交叉点的处理信号传给 ATO。ATO 计算每个交叉点间的距离,粗调点只有在期望的位置窗口内才能被识别到。假如识别到粗调点,则下一个交叉点便可用作位置同步。这些交叉点的位置已预设在 ATO 中,结合车载自动控制系统实现精确停车的功能。

2) 设备组成

以 LZB700M 为例,该设备中同步环线由室内同步环线机柜、室外轨旁连接盒及环线构成。每个同步环线机柜可以控制两组同步环线,机柜主要的元件有单元框架、风扇、电源单元、控制继电器模块、环线控制器和调整电阻等。室外轨旁连接盒主要由调谐板和接线板组成。图 6-1-11 为 LZB700M 信号系统同步环线结构框图。

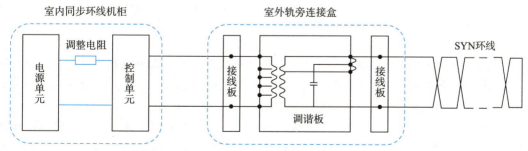

图 6-1-11 LZB700M 信号系统同步环线结构框图

同步环线通过室内同步环线机柜向室外提供一个稳定的音频电压,在 40~60 V。在 LZB700M 型系统中,同步环线在设计上有四种频率:4.75 kHz、5.25 kHz、5.75 kHz、6.25 kHz,相同站的同步环线使用不同的频率,可以避免互相干扰。为了使环线的电流达到最大值,可通过改变传输电缆的调整电阻来实现。一个同步环线机柜里可以输出两组同步环线的调制信号。

调谐板是室外轨旁连接盒的主要元件,它由一个变压器和五个电容组成。为了使环线的电流 $I_{LL} > 1.5$ A,电容与环线并联,同环线电缆的电感构成一个谐振电路,电容值由同步环线(SYN)的发送频率和环线长度确定,可以通过对调谐板上的接线端子 13~0 的跳线实现。变压器的作用是匹配传输电缆的特性阻抗和匹配谐振电路的电阻,变压器的变比是由远距离传输电缆的型号、长度及发送频率确定,也是通过调谐板上的接线端子 1~12 的跳线实现。针对站台每一 SYN 环线,由室内控制柜发送 4.5~7.5 kHz 的交流信号,经轨旁调谐单元传送到 SYN 环线,环线中要求电流为 1.5~2 A。

广州地铁 1、2 号线使用的 SYN 环线长度为 142.8 m,规格为 2 mm×1.4 mm。SYN 环线在两根钢轨间整齐地绕成一个个长方形,铺在地面或者枕木上。

3) 工作原理

车站内附加位置同步原理如图 6-1-12 所示。SYN 环线的始端和终端是所谓的环线边界,与车站区中央对称,导线按确定的距离交叉,通常说的距离是 8 根枕木的距离(大约 4.76 m)。另外,还有一个近似点的距离是 4 根枕木的距离(大约 2.38 m)。SYN 环线一共有 36 个交叉点,每个交叉点都会在靠近铁轨的两侧处产生两个感应磁场,ATP 车载单元通过车头两侧的两个 ATP 天线接收每个交叉点的信息,只要其中一个天线接收到信息 ATP 车载单元,就认为交叉点存在,这样 ATP 车载单元就可靠地读出每个交叉点的位置,如果丢失一个交叉点的位置,就会造成停车不准确。

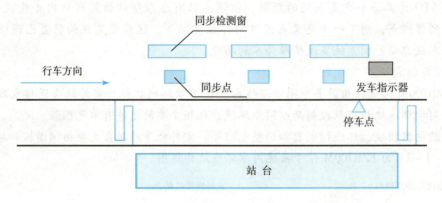

图 6-1-12　车站内附加位置同步原理图

当列车驶入站台前一个轨道电路区段时,ATP 车载单元通过 ATP 天线接收到前方站台轨道区段的报文,打开同步环线的功能,准备接收同步环线的信息。列车运行至环线的每一个交叉点,ATP 车载单元都将接收到交叉点信息(产生一个"0"信号),产生一个站台的停车点,计算目标距离,来控制列车的速度。列车驶入站台后,当 ATP 天线接收到第一个 SYN 环线的交叉点的信息,ATP 车载单元就更新一次目标距离,并计算接收到环线交叉点的个数。ATP 车载单元在接收到第 14 个交叉点时,列车再次更新一次目标距离,来调整列车的速度。列车经过第 20 个交叉点时,列车又再一次更新目标距离,由于速度比上一次更新点要慢,因此距离的预测比上一个更新点精确,车速的控制更加精准。在经过第 32 个交叉点时,列车最后一次更新目标距离,这时速度已经很低,所以这个距离的预测会越来越准确。最后,列车就会精确地停在预定的停车窗内。SYN 环线上的第 14、20、32 个交叉点通常称为近似点,ATO 车载单元就是利用这几个近似点的预定位置改写当前的位置,产生新的当前精确局部同步。列车通过识别交叉点可以确定其所在的位置与停车点距离，进而调整ATO运行曲线，达到控制列车精确停车的目的（+0.5 m）。ATO车载单元存储的预定交叉点见表6-1-1。

表6-1-1　ATO车载单元存储的预定交叉点

交叉点号	至停车点距离/m	同步（真/假）	交叉点号	至停车点距离/m	同步（真/假）
1	139.02	—	18	67.62	—
2	134.26	—	19	62.86	—
3	129.50	—	20	58.10	真
4	124.74	—	21	53.34	—
5	119.98	—	22	48.58	—
6	115.22	—	23	46.20	—
7	110.46	—	24	43.82	—
8	105.70	—	25	41.44	—
9	100.94	—	26	39.06	—
10	98.56	—	27	34.30	—
11	96.18	粗同步点	28	29.54	—
12	93.80	—	29	24.78	—
13	91.42	粗同步点	30	20.02	—
14	86.66	真	31	15.26	—
15	81.90	—	32	10.50	真
16	77.14	—	33	5.74	—
17	72.38	—	34	0.98	—

　　定位设备是城市轨道交通信号系统中的关键设备，提高列车定位精度不但是确保行车安全的前提，还能有效缩短列车追踪间隔，提高运营效率。

第二节　车-地通信方式

任务导入

　　在城市轨道交通信号系统中，列车自动控制系统的车-地通信信道主要采用点式和连续式两种通信方式来实现列车与轨旁设备间的信息传输。地到车的信息主要是列车自动防护

（ATP）信息，车到地的信息主要是列车动态信息（包括列车位置、速度、驾驶模式、停车保证等）和车载信号设备及列车车辆相关状态信息等。为了实现精确、安全、可靠地控车目标，要求车-地通信通道具有高可靠性、安全性和兼容性。

知识目标

1. 掌握点式通信方式的基本原理；
2. 了解无线通信方式的扩频技术；
3. 掌握漏泄波导方式的设备组成及工作原理；
4. 掌握各种车-地通信方式的主要技术指标。

技能目标

1. 认识点式应答器设备；
2. 认识感应环线设备；
3. 认识轨旁无线通信设备。

2011年7月28日，上海地铁10号线发生"开错方向"事件，本应开往航中路方向的上海地铁10号线列车，却反常地朝着虹桥火车站方向开出。线路实施CBTC信号升级的调试中发生信息阻塞故障为本次事故的主要原因。

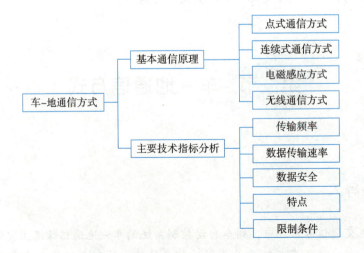

6.2.1 基本通信原理

1. 点式通信方式

点式通信是指在线路上特定的点进行车-地信息传输，其通道主要用应答器建立。应答器车-地通信子系统布置图如图6-2-1所示。

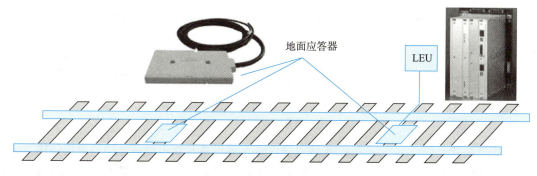

图6-2-1 应答器车-地通信子系统布置图

应答器是基于感应耦合和移频键控技术的数字式转发器。根据使用性质不同，可分为固定数据应答器和可变数据应答器，二者均由来自列车的能量信号触发。

应答器通常安装在道床上或其他有效位置。当列车经过应答器时，被激活的应答器向车载天线发送一个用于识别应答器的报文（识别号）。车载ATP设备可以依据该报文中的线路坐标的绝对位置信息，进行列车定位修正，同时，也从应答器获取其他控车信息。

对于点式通信级的应答器，它主要为列车防护提供点式列控信息。其中，固定数据应答器是无源的，用于存储一个可重复编程的报文。可变数据应答器是有源的，它通过轨旁电子单元（LEU）和相应信号机相连；正常情况下，可变数据应答器接收LEU连续发送的报文，该报文内容取决于与LEU连接的信号机的显示信息，变化的显示信息再通过应答器向列车传送；一旦与轨旁电子单元的连接中断，将向通过列车传送存储的报文。

2. 连续式通信方式

连续式通信是在线路全线进行车-地信息传输。目前，城市轨道交通交通领域主要采用感应环线、无线电台、漏泄波导作为连续式通信的媒介。其中，感应环线属于电磁感应式，漏泄波导和无线电台属于无线通信式，其信息传输量较电磁感应式的大。

3. 电磁感应式

感应环线通信是基于数据的电磁传输，环线电缆由扭绞铜制线芯、绝缘和防护外层组成，它通常敷设于两钢轨之间，作为发送和接收天线使用，与相应的车载天线一起，实现车载设备和轨旁设备之间的双向通信和数据交换。

一个环线区段的最小长度是40 m，最大长度是350 m，环线之间是相互分离的，仅在区域边界处相互邻接。

为了解决与钢轨及相邻环线的退耦问题，电缆每隔25~100 m进行交叉，车载设备在经过每个交叉时检测到信号相位的变化，以此进行列车的定位计算。

感应环线车-地通信子系统主要由室内环线控制单元、车载通信单元和天线、室外轨旁远程终端盒与感应环线电缆组成。其轨旁布置如图 6-2-2 所示。

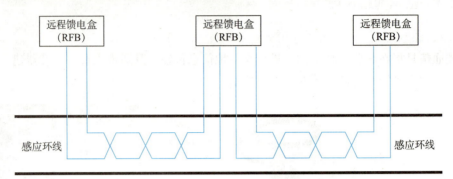

图 6-2-2 感应环线通信子系统布置图

4. 无线通信式

无线通信式利用自由空间微波/无线电波实现车载设备和轨旁设备之间的数据传输。

在无线通信中通常采用扩频技术，即在发射链路的某处引入相应的扩频码（扩频码通常称为伪随机码（PRN）或伪随机序列，它是类似于噪声的随机数字序列），将传输的信号扩展到一个更宽的频带内，从而对其他系统表现为噪声；在接收链路中数据恢复之前移去扩频码，在信号的原始带宽上重新构建信息，从而提高无线传输的抗干扰性和安全性。根据伪随机码插入通信信道的位置不同，可以得到直序扩频（DSSS）、跳频扩频（FHSS）、跳时扩频（THSS）几种扩频调制方式，其中 DSSS 和 FHSS 是现在最常用的两种技术。

无线电台：无线车-地通信子系统，由轨旁无线传输网络和车载无线设备两部分组成。

轨旁无线传输网络：由光纤骨干网和无线局域网（轨旁读取点（AP）、无线天线）构成，轨旁无线方向性天线通过轨旁读取点（AP）与光纤骨干网连接，并与车载无线天线一起把车载设备和轨旁设备联系起来。

轨旁无线传输网络典型布置如图 6-2-3 所示。

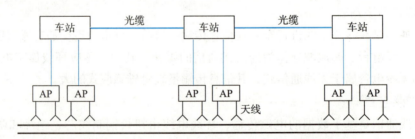

图 6-2-3 轨旁无线传输网络典型布置图

漏泄波导：波导信息网络是利用微波波导作为信息传输媒介来实现车-地双向连续信息传输的。其传输原理如图 6-2-4 所示。

漏泄波导采用铝质矩形管道，沿其宽边面向车载天线按均匀间隔开有窄缝，使载频范围内的微波沿波导均匀辐射。在波导上方规定距离内的车载接收器可以接收波导裂缝辐射的信号。

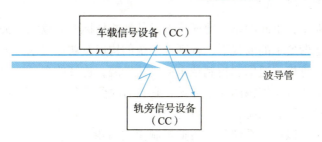

图 6-2-4　漏泄波导传输原理

波导信息网络轨旁子系统产生一个高频的连续波，除传递列控信息外，当这一连续波沿着波导传输时，波导上方辐射的尖峰数等于波导的缝隙数，在检测尖峰的过程中，列车经过的距离等于两个波导缝隙的距离，从而实现列车位置的精确测量。由于这一测量过程独立于轨道与车轮的接触，当车轮打滑或空转时，可以用它来对里程仪加以校正。

波导信息网络子系统包括固定在轨旁的漏泄波导、基站及车载天线三部分。

6.2.2　主要技术指标分析

根据点式和连续式车-地通信原理，结合它们在城轨交通领域的实际应用情况，可对各种方式的主要技术指标加以分析总结，详见表 6-2-1。

表 6-2-1　各种车-地通信方式的主要技术指标

传输媒介	应答器	感应环线	无线电台	漏泄波导
传输模式	车到地单向传输	车-地双向传输	车-地双向传输	车-地双向传输
传输频率/kHz	车到地（激活信号）27×10^3 地到车（数据通信）$4\,123\times10^3$	车到地：56 地到车：36	214×10^3 或 518×10^6	214×10^3 或 518×10^6
数据安全	报文信息采用编码技术，控制发送功率，保证在规定的距离外不发生交叉干扰	报文信息采用编码技术，且数据保护程序工作于故障安全系统；采用独立的传输通道	报文信息采用编码过程保护；采用直接序列扩频（DSSS）或跳频（FHSS）技术	报文信息采用编码过程保护；采用直接序列扩频（DSSS）技术
特点	实现地到车信息的单向传输；轨旁设备少，维护成本低；可实现列车精确定位	实现车-地双向信息传输；基本不受牵引回流、道床漏泄、防迷流网的影响；列车位置检测精度较高；避开了轨道电路的传输方向性，信息传输可靠性高	实现车-地双向信息传输；基本不受牵引回流、道床漏泄、防迷流网的影响；轨旁设备简单，安装维护成本低；采用数据传输模块，组网灵活，易于实现互联网通	实现车-地双向信息传输；基本不受牵引回流、道床漏泄、防迷流网的影响；传输频带宽、速度高、信息量大；传输损耗小；可实现精确定位
限制条件	不能实现车地信息的连续传输；信息传输量小	对轨旁设备电磁环境要求较高；对轨道维护有影响	信息保密性要求高；要求具有抗外界无线干扰的措施	安装精度要求严格；对轨道维护有影响

从以上分析可看出，不同的车－地通信方式其性能指标差异较大。关于车－地通信媒介的选择，应在满足运营要求的前提下，视列控系统的构成及功能要求等因素而定。

近年来，随着计算机、通信和控制技术的飞速发展，连续的车－地通信方式已逐步成为主流，尤其是基于无线数据传输的通信方式，它具有轨旁设备少、组网灵活等特点，非常有利于线路衔接、平稳过渡和系统扩展，将是今后技术发展的趋势。点式通信通常仅作为连续式通信的后备级使用，以保证系统具有后退控制模式功能。

我国城市轨道交通主要采用无线 AP 传输方式、漏缆传输方式、波导管传输方式、感应环线方式四种无线通信传输方式。

在我国已经开通使用的武汉轻轨和广州地铁 3 号线是采用加拿大阿尔卡特公司的 SelTrac MB 系统，用感应环线实现车－地信息双向传输；北京地铁 10 号线和奥运支线、广州地铁 4 号线采用德国西门子公司的 Trainguard MT，用点式 AP 实现无线信息传输；北京地铁 2 号线改造、机场线采用法国阿尔斯通公司的 URBALISTM，用波导管和点式 AP 实现无线信息传输；已运营或即将建成项目（广州地铁 5 号线、广佛线、上海地铁 6、7、8、9 号线、北京地铁 4 号线、沈阳地铁 1、2 号线、成都地铁 1 号线等），都选择了基于点式 AP 无线通信的 CBTC 系统，它已经成为我国城市轨道交通信号系统选型的主流制式。

CBTC 系统采用当前先进的计算机技术和信息传输技术，不与牵引供电争轨道，有利于牵引供电专业合理布置设备；不需要在轨道上安装设备，易形成疏散通道。采用 CBTC 技术，具有多方面优势（提高效率、易于延伸线建设和改造升级），可以充分利用国内现有的信号产品和资源，易于实现国产化。

思考与练习

1. _____ 是基于感应耦合和移频键控技术的数字式转发器。根据使用性质不同，可分为 _____ 和 _____，二者均由来自列车的能量信号触发。

2. 感应环线为了解决与钢轨及相邻环线的退耦，电缆大约每隔 _____ 进行交叉。

3. 无线通信式是利用自由空间微波/无线电波实现 _____ 和 _____ 之间的数据传输。

4. 波导信息网络子系统包括固定在轨旁的 _____、_____ 及 _____ 三部分。

5. 我国城市轨道交通主要采用 _____、_____、_____、_____ 四种无线通信传输方式。

知识链接

定位及车－地通信设备维修

1. 设备维修的不安全因素

①同步、定位设备存在的不安全因素。任何同步、定位装置与原设计发生变更都将影响

到行车安全。

②车-地通信设备存在的不安全因素。车-地通信设备可靠性、安全性通信，影响行车安全；车-地通信设备的电磁兼容、抗干扰特性，直接影响设备的可用性。

③维修不当造成的损害。维修不当不仅对设备会造成损害，甚至会危及人身安全。

2. 设备维护的防范措施

（1）同步、定位设备安全防范控制措施

①不允许擅自改变任何同步、定位装置的物理位置，否则将发生危险。

②同步、定位设备在投入运营前，必须经过一致性检查，核对列车存储的数据库与现场同步、定位设备物理位置是否一致。

③在运营维护中，若因换轨等作业需移动同步、定位设备时，必须在原安装位置做好标记，作业完毕必须将设备移回到原来的位置。

（2）车-地通信设备安全防范控制措施

①确保设备正常工作。

②对于开放式的无线通信系统，须考虑数据加密，严防外界的非法入侵。

③车-地通信设备须采取特殊措施提高电磁兼容特性，提高设备的抗干扰性能。

（3）维修防范控制措施

根据开发商提供的维护指引，运营商应制定相应的规章制度来确保设备的安全可靠，对设备制定不同的检修规程及工作内容，对设备进行定检定修。加强人员的技能培训，用培训来提高人员的技能，用规章来约束人员的行为。

3. 主要维修工具

（1）主要工具

①紧固工具，如扳手、旋具等。

②板件插拔专用工具。

③板件插头配置工具，如顶针。

④其他电子检测工具，如示波器、万用表、频谱分析仪等。

（2）专用工具

①专用诊断软件。它是指由开发商提供的日常维护诊断软件，主要用于故障的读取和分析。该软件因设备的不同而有所差异。通过该软件，维护人员能轻松地将存储于设备内的故障信息下载到计算机中，根据开发商提供的指导分析故障。

②场强综测仪。它主要适用于基于无线通信的场强测试，根据开发商提供的设备参数，定期对无线场强进行测量。

③专用编程工具。例如对应答器进行编程和故障处理，需要专用的编程工具进行维护。

④光缆测试工具。例如对无线通信子系统中的传输光缆进行维护和故障处理。

技能训练

技能训练1　同步环线的调整与维护与故障处理

1. 实验目的

①掌握同步环线的结构、工作原理、作用及特点。
②掌握同步环线电容参数的调整方法。
③掌握同步环线的故障处理方法。

2. 实验设备

车站同步环线室内外设备、示波器、万用表、扳手、旋具等。

3. 实验内容

（1）同步环线的调整与维护

同步环线的调谐与设置是由线路导体发送器提供调频信号，经过传输电缆和调谐板送到线路导体（SYN 环线）的。调谐板安装在轨旁连接盒内，它由变压器和电容器 $C_1 \sim C_5$ 组成。

为了使环线电流 $I_{LL} > 1.5$ A，$C_1 \sim C_5$ 电容可选择与环线并联，与环线电缆的电感构成谐振回路。针对相应的 FTGS46 频率，通过调整电容值，使调谐电路的环线产生最大电流值，电容值 C 由环线长度和所用的频率确定。

室外变压器有几个用于匹配谐振电阻的抽头。抽头用于匹配远距离传输电缆的型号、长度及发送频率，并通过跳线实现。

S25533-D19-A1 型调谐板用于长环线，S25533-D19-A2 型调谐板用于短环线。参数见表6-2-2。

表6-2-2　调谐板参数

调谐单元类型	调整电容范围/μF	变比范围 K
S25533-D19-A1	0.67~2.99	0.61~1.8
S25533-D19-A2	3.01~13.1	0.61~4.5

1）初调

①电容 C 的确定与调整。根据 FTGS 发送器的频率和环线的长度，电容 C 值可以确定，可以通过对调谐板上连接端子的跳线来选择 C 值。（注意：没有用到的跳线要用绝缘胶带包着，不能弄断。）

②变压器变比 K 的确定与调整。变压器变比取所用电缆的导线参数，变比可根据传输电缆的类型、FTGS 发送器的频率及环线的长度确定。同时，可以通过改变一次绕组接线端的连接位置及用跳线改变二次绕组的抽头位置来调整变比 K。

2）精确调整

①通过电容 C 调整环线最大电流。通过调整相邻的电容值 C，能使环线电流达到最大值，环线电流的测量可用合适的电流表来进行（如 FLUKE99 型示波器带有 FLUKE801-110s 型电流感应器）。

②通过调整变比 K 使环线电流达最大值。通过调整变比 K 的临界值，也能使环线电流 I_{LL} 达到最大值。

③调整传输电缆的调整电阻 R_{KA} 使环线电流达最大值。借助调整电缆的调整电阻 R_{KA}（0~400 Ω），环线所需要的电流值 I_{LL} 可调出。电缆的调整电阻及 R_{KA} 由两节相连的电阻构成，它安装在室内的发送柜中，要用专用的短接件改变 R_{KA} 的阻值。

④调整电容值 C，使环线电流确实达到它的最大值。

(2) 同步环线的故障处理

1) 日常故障处理

同步环线设备的维护通常采用日常维护和故障检修，日常维护重点是环线形状的整治，确保每一交叉点的位置偏移量在允许范围内（+20 mm），并定期测试环线中电流是否满足要求。其主要检查内容如下：

①检查棒、线和防护套管绝缘层。

②检查和调整棒、环线的形状。

③检查各种紧固件。

④检查所有轨端接续线、轨旁盒接地线是否焊接良好。

⑤检查各轨旁盒外、内部部件状况，检查内部布线连接和电缆引入端的牢固程度。

⑥SYN 环线电流测试（1.6~1.9 A）。

⑦清除轨旁盒内外的灰尘、杂物，调整好橡胶密封圈，盖紧盒盖。

故障检修方法是通过观察室内控制柜单元前面板 LED 显示确定故障点。对于故障点，可以通过更换备件的方法来排除。

2) 常见故障处理

故障现象 1：同步环线柜报警单元有红灯亮。

处理程序：①按压复位按钮，看能否恢复。如不能，检查电阻单元环线到室外配线有无断路。②测量室外环线电流，如正常，更换报警单元；如不正常，调整环线电流。③检查配线。

故障现象 2：同步环线柜报警单元无红灯亮，采集板继电器有动作声音。

处理程序：①检查配线，检查分线架 60 V 供电开关及 60 V 供电线路；②更换采集板模块；③逐块更换环线柜板块。

故障现象 3：多列车停车不准。

处理程序：①如发送单元的 L_2/L_3 同时亮，将采集板上对应环线的连接端子 X11 或 X21 的 1 和 4 端子连接，如故障仍然存在，更换采集板；②检查室内设备是否正常，测量机柜 3、4 端电压与频率，如频率不正常，更换发送单元；如电压不正常，更换放大、滤波单元；③测量室外交流电流（1.6~1.9 A），如在范围外，调整环线电流；④连接计算机与轨旁 ATP 单元，检查环线有否连接，如未连接，检查分线架上的采集板与 ATP 配线，逐块更换分线架上的采集板、相应 STE–LA3 单元。

4. 注意事项

①使用万用表注意量程选择。

②安全使用扳手、旋具等工具。

③按照标准使用示波器。

技能训练 2　感应环线的调整与维护与故障处理

1. 实验目的
①掌握感应环线的结构、工作原理、作用及特点。
②掌握感应环线电流参数的调整方法。
③掌握同步环线的高阻测试与故障处理方法。

2. 实验设备
车站感应环线室外设备、示波器、高阻表、扳手、旋具等。

3. 实验内容
（1）感应环线的调整与维护
1）感应环线外观检查
①安装装置不超限。对正常线路，轨面以下 40 mm（+0~10 mm）；对道岔区域，轨面以下 15 mm（+0~-5 mm），环线支架离环线侧钢轨距离 717 mm，牢固，不晃动。
②导线、引接线、防护管、接地线连接牢固，且无绝缘破损。防护管无裂纹及老化现象。
③各种紧固件无破损、脱落现象。
④各种螺栓紧固，无生锈、滑牙、松动现象。
⑤箱盒外观良好，无生锈、脱漆、变形现象，内部干燥、清洁，有防潮、防湿措施。
2）感应环线参数测量
对于远端馈电连接，测得的电流值应为 300~600 mA；对于近端馈电连接，测得的电流值为 160~250 mA，可以通过调整 SENDV 板上的 L_1 来调整。
3）轨旁机柜设备外观检查
①检查设备运转状态，有无异状。
②检查所有接线端子、接地线连接牢固。
4）轨旁机柜设备参数测量，详见设备规格书
（2）感应环线的高阻测试
图 6-2-5 所示为典型的环线电缆馈电和端接配置。每年应当对系统中每根感应环线的电缆进行一次高阻测试。

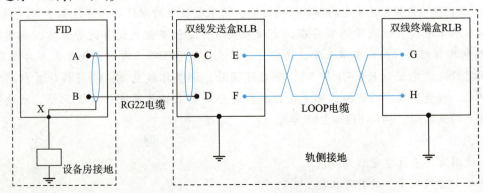

图 6-2-5　典型的环线电缆馈电和端接配置

①环线电缆连接。如图 6-2-5 所示，断开环线发送盒端子 E 和 F，以及环线终端盒端子 G 和 H 之间的环线电缆连接。

②如果环线电缆的接线端子在 FID 机柜内（即没有远端环线发送盒），则断开端子 A、B、C 和 H 处的环线电缆，并转到第⑥步。

③将高阻表（AMC-2 型或类似设备）的黑表笔接到环线发送盒的接地点，红表笔调接到电缆 E 的末端，并进行首次测量。

④将红表笔从电缆 E 断开，并连到电缆 F，进行第二次测量。

⑤将高阻表的黑表笔连到端子 E 处断开的环线电缆的末端。将红表笔连到从端子断开的环线电缆的末端。进行高阻表测试。转第⑧步。

⑥将黑表笔连到端子 X，第一次测量时，先将红表笔连到端子 A 处的电缆末端。第二次测量时，将红表笔连到端子 B 处的电缆末端。

⑦将高阻表的黑表笔连到端子 A 处断开的环线电缆末端，将红表笔连到端子 B 处断开的环线电缆末端进行测量。

⑧当所有测试通过后，重新连接环线电缆。

（3）感应环线的故障处理

1）主要故障现象

感应环线主要存在的故障是环线破损、断线。当出现室外感应环断线故障时，中央 SMC 及各站 LSMC 上相应环线区域显示黑色；中央 SMC 及各站 LSMC 均出现报警；VCC 操作终端出现报警；所有未通过该区域的通信列车在故障点安全距离前停车，位于该区域的通信列车产生紧急制动。

2）故障处理方法

①剥离需要接续的环线两头，将环线两端的铜芯裸露出 1~2 mm 的长度，并完整地截下一段环线的黄色外皮，以备后用。

②从将要连接的环线上的一段环线上套上冷缩套管。

③将环线两头铜芯连接在感应环线接续铜头里，用压接钳压紧、固牢。

④由里到外对环线各材料分别进行接续：绝缘胶、防火胶、防沥胶、环线黄色外皮、绝缘胶、冷缩套管。

⑤在撤换损坏的环线时，更换环线、更换支架和环线接续要同时进行，以节省时间。

4. 注意事项

①故障处理人员到现场查看确认环线损坏情况时，一定要仔细测量大概需要更换的环线长度。

②换下已经损坏的环线时，一律将接续点放在靠近铁轨一侧的环线上，轨道中间环线上不可以接续。

③更换新的环线支架时，使用 T 字架测试环线支架与轨面之间的高度（两轨面的中间点与环线支架的最高点的距离），线路中间的感应环线应不低于轨面 40 mm，道岔区域应不低于 15 mm。但两者架设环线时，都不能超过轨面，若感应环线电缆下垂超过 75 mm，必须将其拉直校正。

第六章　测试题

参 考 文 献

[1] 刘伯鸿，李国宁．城市轨道交通信号［M］．成都：西南交通大学出版社，2011．
[2] 吴金洪，张瑾．城市轨道交通列车运行控制［M］．北京：国防工业出版社，2014．
[3] 贾文婷．城市轨道交通列车运行控制［M］．北京：北京交通大学出版社，2012．
[4] 贾毓杰．城市轨道交通通信与信号［M］．北京：机械工业出版社，2017．
[5] 米秀杰，谭丽娜．城市轨道交通信号设备检测与维护［M］．北京：北京理工大学出版社，2016．
[6] 李晋．信号检修工［M］．北京：中国劳动社会保障出版社，2010．
[7] 陶启沪．铁道信号基础设备及原理［M］．北京：中国铁道出版社，2000．
[8] 何宗华，等．城市轨道交通通信信号系统运行与维修［M］．北京：中国建筑工业出版社，2006．
[9] 林瑜筠，魏艳．城市轨道交通挤出设备［M］．北京：中国铁道出版社，2012．
[10] 郝瑞庭．基于无线中转传输方式的车–地双向通信系统应用［J］．现代城市轨道交通，2015（2）．
[11] 赵德生．中国铁路列控系统技术及发展趋势［J］．高速铁道技术，2018（1）．
[12] 罗勋．基于既有线固定闭塞信号系统升级的方案研究［J］．铁道通信信号，2015（2）．
[13] 黄新义．LZB700M型城市轨道交通信号系统列车定位技术浅析［J］．铁道通信信号，2014（5）．